U0581685

《中国通史》第六册

蔡美彪　周清澍　朱瑞熙　丁伟志　王忠　著

人民出版社

天津蓟县辽独乐寺观音阁

河北宣化辽墓壁画散乐图

辽宁宁城出土辽三彩印花盘

北京出土辽白瓷童子壶

甘肃武威西夏墓出土板画侍者像

青海互助出土西夏牡丹纹瓷罐

辽宁辽阳出土金黑花四系瓷瓶

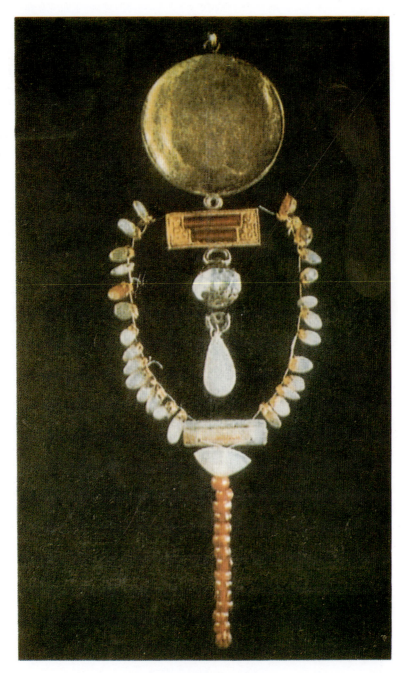

黑龙江绥滨出土金佩饰

第六册编写说明

（一）本册三章包括辽、夏、金统治下各民族历史的简述。它和第五册两章所叙述的宋代，处在约略相同的时期。在这个时期里，契丹、党项、女真等族人民都对我国历史的发展，作出了自己的贡献。本书没有沿用宋辽夏金综合叙述的体例，而把辽朝、西夏和金朝各列为专章，分别叙述他们的政治、经济、文化的发展状况。不过，由于资料的缺乏和研究的不足，本书的叙述还只能是初步的。

（二）契丹、党项、女真等族，和我国的许多民族一样，遵循着人类社会发展的普遍规律，也都经历了从原始的氏族公社制经过奴隶制发展到封建制的历史过程。本书认为：辽、夏和金朝，当他们开始建国时，都还是产生于氏族公社废墟上的奴隶主的国家。但当各族奴隶主进入汉族地区和汉族地主一起统治了汉族人民，这些民族便不能不适应封建社会的生产力水平，逐渐采用封建的生产关系和政治制度，从而由奴隶制较快地过渡到封建制。这个过程不能不伴随着两种制度、两种文化之间的斗争。斗争反映到辽、夏、金统治集团的内部，他们各自依据不同的历史条件，形成为各具特点的发展道路。各族人民的反抗斗争推动了这个过渡的进程。大致说来，辽朝在景宗到圣宗时期，西夏在崇宗到仁宗时期，金朝在海陵王到世宗时期，逐步完成了从奴隶制到封建制的转化。本书所作的这些基本的分析，是否符合于历史的实际，希望得到史学界的同志和读者的指正。

（三）中华民族的悠久的历史，是由各族人民共同创造的。契丹、党项、女真族人民和汉族人民一起，开发了我国北部的广大地区，发展了社会生产，也创造了绚丽多彩的文化。本书对辽、夏的经济、文化状况，各立专节，介绍各个领域的成就。金朝的经济发展和各民族的文化交流，结合政治状况综合叙述。金文化基本上是北宋文化的继承和发展，并为元代的北方文化奠立了基石。因此，将在另章（见本书第七册）与宋、元文化一并叙述，以便表明前后的联系和发展。

（四）研究辽、夏、金的历史，材料少而问题多，是人们公认的困难。虽然中外学人曾经作过许多考订工作，但很多问题仍是众说纷纭，或者并未取得成果。本书编写时，编者不得不先对有关史实和史料的一些问题，包括若干译名、译语问题，进行必要的考订和诠释。但由于编写体例的限制，书中只能写入考释的结果，而未能详细说明考释的依据和理由。有关这方面的问题，只好待另文讨论。请读者鉴谅。

（五）本册由本书主编蔡美彪总写。第四章第一节"夏国的建立和发展"系王忠创稿，经丁伟志、周清澍参与修改，蔡美彪写定。第二节"夏国的经济与文化"，由周清澍编写，第五章第二节金朝经济与农民起义部分，由朱瑞熙编写，统由主编者改订。本册初稿曾经中国社会科学院近代史研究所中国通史组同志共同讨论，并得到有关单位的一些同志的指正。附录的地名对照表是王会安同志用了许多时间，费力编制的，中国历史地图编绘组的同志给了我们很多帮助，并承贾敬颜同志仔细校阅，多所指正。本书采用了近年考古工作的一些成果并选印了若干文物图片，得到考古研究所、各地文物工作部门和博物馆的同志的协助。在本册付印之际，编者谨向所有关怀和帮助我们的单位和同志们，表示衷心的感谢。

目　录

第四编　宋辽金元时期

第 四 编

宋辽金元时期

第 三 章

辽朝的建立和政权的西迁

第一节　辽朝的建国和奴隶起义

早在公元四世纪，即西晋、南北朝时期，在我国北方的潢河（西拉木伦河）和土河（老哈河）一带，居住着契丹族。这时的契丹人，主要还是经营渔猎。一年四季，都在河中捕鱼，冬春水冻，凿冰钩鱼。男子和妇女都骑马射猎。稍后，契丹人也经营畜牧。他们住在帐篷里，"逐寒暑，随水草畜牧"，在各处往来迁徙。

契丹的母系氏族制时期，没有留下历史的纪录。一个长久流传的历史传说是：有男子乘白马沿土河而来，女子驾青牛沿潢河而来，至木叶山，相遇为配偶，生八子，以后族属渐盛，分为八部。这个传说显然没有他们的历史那么古老，至多是反映着由母系氏族制过渡到父系氏族制时期迁来这里的一段记忆。八子分八部说，表示着契丹八部之间有着互为兄弟的血缘联系。他们共同的男祖先，是来自以白马作象征的氏族。以青牛作象征的氏族是属于八部以外的另一个部落，和

3

八部通婚姻。

契丹的八部在北魏时已经有了确实的记载，八部各有自己的名称：悉万丹、阿大何、具伏弗、郁羽陵、日连、匹黎尔、吐六于、羽真侯（八部名据诸书参订）。这些部名的确切含义，不很清楚，可能是来自最初居地的小地名或者山川湖泊的名称。

公元三八九年，鲜卑族的拓拔珪建立北魏，曾经攻打过契丹。此后，契丹不断在北魏边塞侵扰，说明他们已处在父权制时期，展开对外掳掠了。但是，在北魏统治时期，契丹的八个部落，仍然是各自行动。他们各自以马匹和皮毛与北魏相交换，还没有形成部落间的联合，没有统一的组织。

契丹各部落各自分散活动的状况，大约延续了很久，直到隋朝末年，才有了新的变化。

随着生产的发展和氏族部落的繁衍，逐水草而居的契丹人日益要求开拓自己的领域，赶走他们的邻人，而他们的强大的邻人也在对契丹进行侵袭。五五四年，北齐文宣帝因契丹侵犯边地，分兵两路攻打契丹，契丹大败，丧失了大批的人口和牲畜。一部分契丹人被北齐俘掳了去，安置在各州。不久之后，契丹又遭到北方的强邻突厥的侵袭。隋朝建立后，六〇五年，隋将韦云起因契丹在营州侵掠，发大兵击契丹。契丹遭到沉重的打击，大量的人口和牲畜被隋兵掳走。

对外作战的迫切需要，促使契丹各部落逐渐地走向联合。大约在隋末唐初，契丹八部已有作战的兵士四万人，实际人口当已超过数倍。按照氏族制的惯例，互为兄弟的各部落本来有着相互援助的义务。这时，他们开始推举共同的酋长，遇有战事，召集各部落长共同商议，调发兵众，协同作战。但平时狩猎生产，仍由各部落独自进行。恩格斯在论述美洲印第安人的一个发展阶段时指出："亲属部落间的联盟，常因暂时的紧急需要而结成，随着这一需要的消失即告解散。"①隋末唐初的契丹族正在发展到与此相似的一个历史阶段。

不过，契丹人并没有在这个暂时联合的阶段停留多久，当他们认识到联合起来的力量，而外部和内部的那些条件又在要求他们增强这种力量的时候，这个暂时的松散的联合，就迅速发展成为固定的永久的联盟了。

（一）部落联盟的发展

一、大贺氏部落联盟

六二八年（唐贞观二年），契丹酋长大贺氏摩会率领各部落，依附于唐朝。唐太宗把旗鼓赐给摩会。在北方诸族中，旗鼓从来是部落联盟长的象征。颁赐旗

---

① 《马克思恩格斯选集》第四卷第八十九页。

吉林库伦旗辽墓壁画出行图

鼓即表示对部落联盟长的承认。六四八年，唐朝又在契丹住地设置松漠都督府，加给契丹联盟长窟哥以松漠都督的称号，并赐姓李氏。契丹八部分设九州（匹黎尔分出赤山州），各部落长（辱纥主）称刺史，受窟哥统辖。所谓八部分设九州，加上松漠都督府大贺氏共为十州，只是因为按照唐朝的制度，总管十州才能授给相当大都督的称号，并不意味着契丹八部组织有了新的增加。揭开唐朝封建政治制度和封号的外壳，这里反映的，正是契丹八部统属于部落联盟的事实。

契丹大贺氏部落联盟，大约在唐初已开始形成。它一直存在到七三〇年（唐玄宗开元十八年），延续了约一百年左右。在这段时期里，这个联盟具有如下的一些特征：

（一）部落联盟由八部联合组成，有共同的首领，即部落联盟长。联盟长统一领导各部落的作战和生产，统率八部对外发生关系。

（二）部落联盟有议事会。联盟长由八部聚议，选举产生。议事会也有权把他罢免。联盟长在一定时期内重新选举。

（三）部落联盟长的当选资格，并不是分属于各部落长，而是只限于大贺氏这一氏族。因此称他为大贺氏联盟。这里已经包含着君主世袭制的萌芽。但联盟长还必须经由选举产生，而不能不经选举而直接继承。

大贺氏当是阿大何部的一个氏族，他的兄弟氏族

7

仍属于阿大何部落。这个部落仍有自己的部落长。

（四）八部各有部落长，即唐朝所加封的"刺史"。联盟建立后，部落长的权力已大为缩小。他们不再象北朝时期那样，各自率领部落独立行动，而要听从联盟长统一指挥。但部落长都是行使选举权和罢免权的联盟议事会的成员。

（五）来源于以青牛作象征的女儿氏族的部落，和八部通婚姻。隋时，部落长孙敖曹率部附隋。唐初，部落长被加授官号归诚州刺史，姓孙氏。这个部落不在八部联盟之内，但又通过婚姻关系和联盟联系在一起。它的部名可能即是后来沿用的"审密"。

（六）联盟以外，还有一些契丹部落独立自存，分散活动。唐朝设为带州的乙失革部和后来设为信州的乙室活部是互通婚姻的两个部落，直接接受唐营州都督的统辖。唐营州都督管辖下的较大的契丹部落，还有玄州曲据部（部名不详）。部落长曲据接受唐朝授给的玄州刺史的称号。唐朝赐姓李氏，称李去闾。此外，还有一些八部以外的独立的小部和从八部中流散、分化出来的部落、氏族成员，散处在唐幽州、营州界内，唐朝设立一些州来统辖。这些情况说明：契丹族这时虽已组成了部落联盟，但还没有发展成为统一的共同体。

随着大贺氏部落联盟的建立，契丹族较快地发展壮大，这就不能不和唐朝的统治发生激烈的冲突。大贺氏联盟时代，契丹族和唐朝之间，时战时和，一再爆发大规模的战事。

六六○年（唐显庆五年），契丹联盟长阿卜固与奚族联合反唐。五月，唐朝命定襄都督阿史德枢宾为行军总管，领兵北伐契丹。十二月，唐将薛仁贵、辛文陵等与契丹战于黑山。契丹战败，阿卜固被擒送到唐东都。契丹遭到沉重的打击。

六七九年（唐调露元年）十月，唐单于都护府突厥部落反唐，煽诱契丹侵掠营州。唐营州都督周道务遣户曹唐休璟领兵镇压，契丹惨败。

在唐武则天统治时期，契丹族进一步发展起来。大贺氏联盟长、唐赐姓名李尽忠，归诚州刺史、部落长孙万荣，都接受唐营州都督赵文翙（音移 huì）的统辖。六九六年，赵文翙骄横，侵侮契丹。李尽忠与孙万荣联合起兵，杀赵文翙，占据营州反唐。李尽忠采用突厥部落联盟长的称号，自称"无上可汗"，背唐自立。契丹与唐朝展开规模空前的激战。

唐朝派鹰扬将军曹仁师，金吾大将军张玄遇、右武威大将军李多祚、司农少卿麻仁节等二十八将，领大兵击契丹。梁王武三思为榆关道安抚大使。唐兵与契丹战于西硖石黄獐谷。张玄遇、麻仁节均被契丹俘虏。唐兵大败。

唐朝兵败，武后又以右武卫大将军武攸宜为清边道大总管，再领兵出击。并招募各族奴隶，由官府向奴隶主出偿身价，编入军中出战。唐朝还和突厥默啜可汗（啜音辍 chuò）约好，自北方夹击契丹。契丹孙万荣部夜袭檀州，唐将张九节募死士迫战，孙万荣败走入山。李尽忠在作战中败死。突厥从后邀击，掳掠契丹人口甚多。

李尽忠死，按照氏族部落制的惯例，八部联盟暂由母亲氏族的孙氏统领。孙万荣收集部落，重整军兵，兵势又振。孙万荣遣骆务整、何阿小等深入冀州，杀唐刺史陆宝积，掳掠数千人。唐武后再命夏官尚书王孝杰、羽林卫将军苏宏晖等领兵十七万讨契丹。契丹与唐兵战于东硖石，唐兵大败，王孝杰战死。孙万荣乘胜，屠掠幽州。唐武攸宜部来战，又败。唐武后再命武懿宗、娄师德、沙吒（音乍 zhà）忠义等领兵二十万出击。孙万荣鼓行而南，进军至瀛州属县，势不可当。

契丹的邻族奚族，这时依附唐朝。唐将杨玄基督率奚兵从后方掩击契丹，契丹兵大败。何阿小被俘，骆务整降唐。孙万荣收复残兵，与奚兵作战。奚兵四面围攻，契丹兵溃。孙万荣遭到唐张九节的伏兵邀击，败走潞河东，被家奴杀死。张九节斩孙万荣首级，送往唐东都。唐武后为击败契丹，大赦天下，并于六九七年改年号为"神功"来纪念这次胜利。

契丹和唐朝的这次激战，是契丹族发展史上的一大事件，在唐朝历史上也是一个重大的事件。唐朝派出许多重要将领，先后发兵数十万，并且一再遭到严重的挫折，这从反面说明，契丹族已经发展到极为强大，

10

已有足够的力量展开对外战争。但这时的唐朝，正处在强盛的时期，契丹的发展不能不受到阻遏，不能不再经历一段曲折的历史过程。

契丹的南面有强盛的唐朝，北面又有强大的突厥。契丹大贺氏联盟遭到唐朝的沉重打击后，依附于突厥，约二十年。七一五年（唐玄宗开元三年），契丹联盟长失活见突厥衰落，突厥一些部落降唐，他也统率部落联盟依附于唐朝。唐玄宗沿袭旧例，七一六年封失活为松漠都督、静析军大使，八部落长称刺史。七一七年，失活到唐都长安入朝，唐玄宗下诏说："往年边政非任，致令卿等失任"，又说："契丹归诚本朝"，"克复州镇，宛如平昔"。将东平王外孙杨元嗣女封为永乐公主，嫁失活，以羁縻契丹，"永为藩臣"。唐朝又在柳城设营州都督府。次年正月，失活与永乐公主北返。

契丹大贺氏联盟在依附突厥时期，出现了一个新现象。联盟中产生了一个地位仅次于联盟长的统领兵马的军事首长。担任军事首长的是部落不详的可突于。唐玄宗加给他静析军副大使的称号，承认他统领兵马的职位。七一八年六月，失活死，失活弟娑固继任联盟长。唐玄宗遣使册立，仍令袭其兄官爵，并下敕书给可突于，说他是"众情所望"，要他与营州都督宋庆礼筹度抗御突厥，效忠唐朝。十一月，娑固与唐公主到唐入朝，唐玄宗赐宴内殿，并给予赏赐。当娑固返回契丹后，可突于起兵攻娑固。娑固投依唐营州都督许钦澹。

11

许钦澹令薛泰率领州兵五百与奚部落长李大酺及娑固合兵攻可突于，战败。娑固及大酺均败死。许钦澹逃入榆关。可突于另立娑固从弟郁于为大贺氏联盟长。唐玄宗被迫承认这个既成事实，以郁于为松漠都督，赦可突于罪。七二二年，又以燕郡公主嫁郁于。郁于与可突于同来唐，朝见玄宗。

郁于死，弟吐于继任联盟长，又遭到可突于的威胁。七二五年，吐于携公主奔唐，唐玄宗留他作宿卫，封辽阳郡王，不再返回契丹。可突于另立邵固（李尽忠弟）为联盟长，唐朝许封松漠郡王，以东华公主出嫁邵固。

自从契丹大贺氏联盟中出现军事首长以来，担任军事首长的可突于掌握着军马大权，一再威胁甚至杀死联盟长，并且操纵着联盟的选举。邵固立后三年，可突于又杀邵固，另立别部屈列为联盟长，并胁迫奚族一起背唐，投附突厥。东华公主及奚部长鲁苏逃奔平卢军。可突于一举推翻了大贺氏世选联盟长的特权，从而结束了大贺氏联盟的时代。

唐朝这时的基本国策，是所谓"挟'两蕃'（契丹、奚）以制突厥"。契丹、奚投附突厥，就和唐朝在边地的根本利益发生了严重的冲突。七三二年，唐玄宗诏令幽州长史、知范阳节度事赵含章领兵出击，又命忠王浚为河北道行军元帅，统率李朝隐等八总管兵，大举攻打契丹。奚族兵降唐，可突于率契丹兵北走。

七三三年，可突于在突厥苾伽可汗支持下，再领兵反攻。幽州长史薛楚玉及副总管郭英杰、吴克勤、郇知义、罗守忠等领兵万人（突厥文《苾伽可汗碑》作四万人）及降唐的奚兵出战。唐与契丹军战于榆关都山下。唐兵大败，郭英杰被突厥兵杀死，吴克勤也在作战中败死。契丹在突厥支持下杀唐兵六千余人，获得重大的胜利。

契丹大贺氏联盟以外的乙室活部，没有参预唐武后时契丹反唐的战事，并且在大贺氏联盟投附突厥的衰乱的年代，逐渐壮大起来。可突于起兵时，乙室活部长郁捷（唐朝称蜀活刺史，或译遇折）已拥有强大的军事力量。唐玄宗的敕书把他和屈列、可突于并列，又称他为契丹知兵马官。七三四年，唐幽州长使张守珪联合乙室活部击可突于。同年十二月，郁捷出兵夜袭，斩屈列及可突于，把他们的首级送给唐朝。唐玄宗封郁捷北平郡王、松漠都督。一年之后，七三五年十二月，郁捷又被部落贵族涅里（涅音聂niè。或作泥里、雅里）杀死。唐玄宗以涅里为松漠都督。

这时的突厥内部也发生了战乱，七三四年十二月，突厥贵族梅录啜谋害苾伽可汗不成，遭到镇压。七三五年，突厥登利可汗继立，七月，率四万骑至能讫离山侵扰。涅里出兵抗击，大破突厥，俘获甚多。突厥可汗弃甲败逃。经此一战，涅里更为强大，又背唐自立。

七三六年三月，唐张守珪派遣平卢讨击使安禄山

13

出兵攻契丹涅里部，安禄山恃勇轻进，大败而回。次年二月，张守珪再次出兵，败契丹于捺禄山。涅里北走松漠，重建契丹部落联盟。

二、遥辇氏部落联盟的重建

契丹大贺氏部落联盟，经过历年来多次战乱，氏族部落组织已经大部溃散了。相当多的氏族、部落成员在作战中死去或被唐朝俘虏。一些氏族、部落在战争中被消灭。也有一些氏族或部落，从联盟中分离出去，降附唐朝。如大贺氏所从出的阿大何部（弹汗州），早在七一六年即归附于唐朝。唐朝设为归顺州，依唐制度建置州县。大贺氏时代的部落联盟已无法恢复了。涅里以他所属的乙室活部为基础，收集流散的氏族、部落重新组成了部落联盟，推选遥辇氏阻午为联盟长，并采用突厥联盟长的称号，称可汗。重建的遥辇氏联盟，具有如下的一些新特征：

（一）重建的联盟遵循旧的传统，仍由八个部落组成。

新建的八部是：乙室部、迭剌部、突吕不部、突举部、楮特部（楮音楚chǔ）、乌隗部（隗音委wěi）、涅剌部和品部。八部的来源是：乙室部，共有八个氏族（契丹语"石烈"，汉译"营"）；从中分出六个氏族组成迭剌部；残存的突吕不部有三个氏族，其中一个氏族划分为两个小氏族，编为突举部。楮特部原来只是一个氏族，分为两

14

个小氏族组成部落。乌隗和涅剌原来也只是一个氏族，分为四个小氏族，分别组成这两个部落。品部原来只是一个氏族，由迭剌部拨出一个氏族辖懒石烈补充，以组成部落。

联盟八部落的组成状况说明：（1）新联盟的八部不象旧八部那样互为兄弟。他们中间只是乙室与迭剌、突吕不与突举、乌隗与涅剌等是互为兄弟的部落，至于他们彼此之间就未必存在这种血缘关系了。其他两部中，也只有品部的一个氏族辖懒石烈和迭剌部有着血缘联系。血缘关系的薄弱是新联盟的一个明显的特点。（2）新联盟的八部中，乙室部和由它分出的迭剌部是原来具有八个氏族的大部。突吕不部原有三族，其他部落原来都只是流散了的一个氏族。这就充分表明，新建的所谓八部的联盟，其实是以强大的乙室部和迭剌部为中心，和溃散了的若干氏族部落的结集。拥有六个氏族的迭剌部是联盟中最为强大的一部。

（二）八部联盟仍有一个联盟长作为联盟诸部落的共同领袖。

联盟长仍由部落议事会选举产生。它和大贺氏联盟的传统惯例一样，当选联盟长的只限于遥辇氏一族。遥辇氏所属部落不详，他可能是原属于乙室部或楮特部。但一经获得世选联盟长的特权，他便也象大贺氏那样，从原属部落中分离出来，成为一个独立的氏族。

从阻午可汗当选时起，遥辇氏族联盟便确立了选举的礼仪"柴册仪"。八部的部落长共同烧柴，拜祭太阳，由母亲氏族的长老御马，选举联盟长就职。选举联盟长的仪式更加制度化、典礼化了。

（三）联盟确立了军事首长夷离堇的地位。

军事首长夷离堇也要经由选举产生，并且也要举行选举的礼仪柴册仪。当选首任夷离堇的，便是重建联盟的涅里。此后，当选联盟夷离堇的，也只限于迭剌部涅里一族。既然迭剌部是联盟中最强大的一部，联盟的军马主要是迭剌部的军马，统领军马的夷离堇，由迭剌部涅里一族来选充，也就是很自然的事了。

《辽史·刑法志》说，阻午可汗时，涅里（雅里）为夷离堇，"以掌刑辟"。这又说明作为军事首长的夷离堇，同时又掌握了联盟的裁判权。涅里重建联盟后，没有选任联盟长，而选充夷离堇，却是实际上掌握着联盟的军马大权和裁判权。

（四）联盟互通婚姻的部落重新组成新的审密。

与大贺氏联盟通婚的孙部，也已凋落，它的拔里氏族和乙室部的通婚部落乙室已（乙室革）共同组成新的审密，与遥辇氏联盟各部落世代通婚。

遥辇氏部落联盟的重建，使流散了的氏族、部落重新结集在一起。契丹族又得以沿着氏族部落制度的轨道，向前发展了。但这时的契丹，仍然遭受着北方的突厥和南方的唐朝的威胁和压迫。联盟重建后，又依附于突厥。

16

七四五年，回纥可汗骨力裴罗杀突厥白眉可汗，推翻了突厥汗国的统治。七五一年，唐将安禄山又领幽州、平卢、河东三道兵六万，以奚兵二千为向导，出击契丹，过平卢军千余里，至土纥真水，直到契丹遥辇氏联盟的牙帐。奚兵临阵，与契丹族联合，夹击唐军。安禄山大败，率二十骑逃走。契丹再次获得胜利，和唐朝更加处于敌对的境地。

此后的契丹，即处在回纥汗国的统治之下，约近一百年。这期间契丹族的发展状况，现有史料没有留下较详的记载。七五五年，唐朝爆发了安史之乱。河北地区藩镇割据，道路不通。唐朝不可能对契丹的状况有多少了解。从七五七年到八三九年之间，不断有契丹首领来唐"朝贡"的记事，大约只是由氏族或部落长和唐朝保持一般的贸易交换关系。契丹的联盟长和军事首长都不再和唐朝有政治上的联系。契丹在回纥统治时期，氏族、部落长曾采用过"达干"、"梅落"等回纥称号，但氏族、部落和联盟的组织，都并没有发生重大的改变。唐李德裕《会昌纪功碑》说，回纥在契丹、奚都派有使臣监督，每年要征收赋税。契丹处在回纥汗国的压迫和剥削之下，发展只能是迟滞的。

八四〇年，回纥汗国被黠戛斯（戛音夹jiá）推翻。契丹遥辇氏联盟长屈戍又在八四二年（唐会昌二年）投附唐朝。唐朝封授屈戍为云麾将军，并颁发官印"奉国契丹之印"。此后的六十年间，唐朝的统治，日益衰弱。契丹摆脱了回纥的控制后,又得以减少了唐朝的压迫,处在一个前所未有的周邻强族相继衰弱的新环境里,从而得到较为有利的发展条件。唐咸通(八六〇——八七三年)中,遥辇氏鲜质(习尔之)可汗时,契丹部落联盟逐渐强大。唐光启(八八五——八八七年)以后,契丹痕德堇(钦德)可汗时,契丹社会更为迅速地向前发展了。

三、部落联盟的发展和革新

自鲜质可汗任联盟长至九〇七年遥辇氏被推翻的约四十年间,契丹社会在迅速地前进。痕德堇可汗时,阿保机为军事首长夷离堇,展开大规模的对外掠夺,部落联盟更呈现出全面的新发展。

社会生产力的发展 契丹自北朝时,即和汉族、鲜卑族有过物品交换。在唐代附于突厥时期,仍和唐朝保持一般的交换关系。《辽史·太祖纪赞》说:迭剌部撒剌的(辽太祖阿保机之父)任夷离堇时,"始置铁冶,教民鼓铸",大约这时契丹已开始冶铁。阿保机任夷离堇时,侵并室韦、渤海等冶铁业发展的邻族,契丹铁器的冶铸更为发达。早在唐朝给可突于的敕书中,就曾提到过农业耕种,但这可能只是和唐朝接近地区的个别契丹部落中的现象。《辽史·太祖纪赞》说:夷离堇匀德实(撒剌的之父)"始教民稼穑,善畜牧"。契丹部落联盟开始出现农业,但渔猎和畜牧仍是主要的生产

18

部门。所谓"其富以马，其强以兵"。契丹部落联盟中冶铁和畜牧的发展，极大地提高了社会生产力的水平和对外作战的能力。

俘掠奴隶　在这期间，契丹不断对外战争，俘掠到大批牲畜和奴隶。遥辇鲜质可汗开始征讨邻族奚人，俘掳抗拒者七百户，收编了降人。夷离堇撒剌的又俘奚七千户，押回契丹故地作奴隶。撒剌的弟释鲁（或译述澜）为夷离堇，向北侵掠于厥（游牧部落，牧地在哈勒哈河一带）、室韦（狩猎部落，在契丹北、黑水西），向南攻掠易州、定州和奚族。他不仅俘掠北边诸族，并且深入到汉族农业地区，俘掳来大批汉族农民。痕德堇可汗时，乘唐末战乱，进一步侵掠河北诸郡。九○一年，撒剌的之子阿保机被立为夷离堇，连破室韦、于厥及奚，俘获甚多。九○二年，侵河东代北，攻下九郡，俘获生口九万五千，驼马牛羊不可胜纪。九○三年，攻女真，俘获三百户，又攻蓟北，俘掠而回。九○四年，攻破黑车子室韦。九○五年，阿保机与唐河东节度使、晋王李克用会盟于云州，相约进攻唐卢龙节度使刘仁恭的领地，攻拔数州，把各州居民全部掳回契丹。连年的掳掠，使契丹社会中涌进了庞大数量的奚人、室韦人、女真人和大批的汉人。他们是外族奴隶和被统治分子，原来的氏族部落组织无法对他们进行管理和统治了。

籍没奴隶　契丹进入父权制时期，即已开始出现了家庭、私有制。唐武后时，孙万荣被"家奴"所杀。当时部落长已拥有家内奴隶，是可能的，但还不曾形成制度。痕德堇可汗时，蒲古只等三族因谋害阿保机叔父，"籍没家属入瓦里"，即犯罪家属罚作特定的贵族奴隶。此后并有了所谓"籍没之法"（《辽史·刑法志》），契丹本族人沦为奴隶不再是偶然的现象，而形成为一种既定的法规。这种现象的逐渐发生，越来越造成氏族成员之间的分化和对抗。

显贵家庭的形成　契丹部落联盟长和军事首长从同一氏族或家庭中选出的惯例，使世选制逐渐成为事实上的世袭制，培育出了高居于氏族部落之上的显贵。据《辽史·百官志》记载，遥辇九帐（即九可汗的宫帐），各有自己所统治的奴隶和外族分子"遥辇纠"（音札zhá）。军事首长夷离堇由迭剌部涅里的后裔耶律氏家族世选。综考《辽史》志、表、列传的记载，自阿保机四代祖耨里思（耨音nǒu）以下，阿保机一家任迭剌部夷离堇者共十三人，二十四任（据五代时汉人的传说，当是三年一选）。他们执掌军马大权，在对外作战中获得大量的牲畜和俘虏，成为最大的奴隶主。夷离堇以下的下级军事首领也从对外作战中得到财利，成为大小不等的奴隶占有者。对外掠夺成为他们的职业和目的，他们也随之成为富有的新贵族。

契丹社会内逐渐在形成奴隶主和奴隶两个对立的阶级。阶级分化的发展，和古老的氏族部落制日益形成尖锐的冲突。奴隶制在同一氏族部落内造成了氏族成员间的对抗。大量外族分子和奴隶的涌入杂居，也使以血缘关系为基础的氏族制度受到了冲击。随着对外掠夺的发展，从军事首领中培育出财富和奴隶的占有者。这个经济上占统治地位的阶级势必要成为政治上的统治阶级。原来调节氏族成员事务和执行人民意志的氏族部落组织，也就必然要变成为保护这个特权阶级的利益，压迫被统治阶级的机关了。

奴隶制出现的后果，是旧秩序的被破坏和阶级矛盾的不可调和。《辽史·耶律曷鲁传》记曷鲁描述说：自涅里（雅里）以后"相传十余世，君臣之分乱，纪纲之统隳"，"羽檄蜂午，民疲奔命"。这显然是经过了史臣的文饰，但也反映出契丹建国前夕的社会，已经日益陷入了秩序混乱的局面，也就是恩格斯所指出的："这个社会陷入了不可解决的自我矛盾，分裂为不可调和的对立面而又无力摆脱这些对立面"①的局面。契丹国家形成的条件日益成熟了。

自从鲜质可汗以来，遥辇氏部落联盟在不断展开对外掠夺的同时，联盟内部先后爆发了三次争夺夷离堇权位的大斗争。既然这个统领兵马的权位，可以利用来在对外作战中掠夺财富和奴隶，争夺这个权位的斗争，就不能不在拥有世选特权的迭剌部贵族中激烈

① 《马克思恩格斯选集》第四卷第一六六页。

地展开。伴随着这个斗争的发展，氏族部落组织的旧制度日益深刻地被破坏，被革新。

第一次斗争和决狱官的设置　耶律阿保机生于八七二年（唐咸通十三年）。从他出生时起，迭剌内部即开始了争夺夷离堇职位的尖锐搏斗。这年，耶律狼德集团谋害了阿保机祖父夷离堇匀德实，夺取了军马大权。以致阿保机出生后，匀德实妻萧月里朵把他藏匿在突吕不部的营帐，才幸免于难。匀德实系的蒲古只诛灭狼德，夷离堇的职位又被夺回。此后仍由匀德实系的子孙选充。

在此前后，遥辇氏联盟中出现了一个新职任"决狱官"。和联盟通婚的部落审密（萧）氏的胡母里担任这个新职任，并且由他的子孙世代充任。决狱官的设立，反映着社会阶级矛盾的日益不可调和，也表明部落联盟组织开始增强着和自己相对立的职能——镇压和统治各部落的人民。

第二次斗争和"于越"、"挞马"的设置　蒲古只以后，选任夷离堇的仍是匀德实一系。只有蒲古只的后裔偶思曾经一度充担夷离堇的职任。但在撒剌的任夷离堇以后，当奄古只（匀德实弟帖剌后人）当选为新的夷离堇时，异母弟辖底在耶律释鲁（撒剌的弟）的支持下，强行柴册礼，夺得夷离堇权位。辖底自立为夷离堇，释鲁立为"于越"。

从此，契丹部落联盟中又出现了"于越"这个新职位。史称于越"总知军国事"。它的地位仅次于部落联盟长可汗,握有联盟的军事和行政的实际权力,夷离堇要听从于越的指挥。释鲁任于越后,创设了一支独立的侍卫精兵"挞马",以保卫他个人的权力。阿保机作为释鲁的侄儿和亲信,被任命为"挞马狨沙里"(狨音xuè),即侍卫亲军的首领。

第三次斗争和阿保机的取代遥辇 于越释鲁权势的增强,遭到有资格选充夷离堇的贵族们的激烈反抗。蒲古只等三族谋杀了释鲁,夷离堇辖底逃奔到渤海。阿保机凭借他所掌握的挞马精兵,终于击溃了蒲古只等三族,并在九○一年,被立为夷离堇,控制了联盟的兵马。九○三年,阿保机又进而成为"总知军国事"的于越,并兼任夷离堇的军职,掌握了遥辇氏部落联盟的全部军政实权。

九○一年以来,阿保机连年对外的侵掠,俘获到大批的奴隶和牲畜,实际权力和经济力量都早已超过了联盟的可汗痕德堇。史称他"得汉人多"。阿保机不仅获得了大量的俘虏,并且向南攻占了刘仁恭统治的汉地,领域的扩展,更加促进了氏族部落制的消亡。唐天祐四年(九○七年)正月,阿保机终于经过部落选举的仪式,取代了遥辇,成为契丹的新的首领。

阿保机取代遥辇,还并没有建立起国家的新制度,他只是作为选任的遥辇氏联盟长的继承者而得到部落贵族的认可。自渤海归来的前任夷离堇辖底被任为新的于越，但他已不象释鲁那样掌握联盟的大权。阿保机仍把军事的和行政的实权，全部掌握在自己的手里，并采取措施以巩固他的权力。

惕隐——阿保机在任联盟长的第二年，即在联盟内设立了一个新官职"惕隐"。它的职务是管理迭剌部贵族的"政教"，即调节贵族集团的内部事务，以便确保他们对阿保机的服从。首任的惕隐是阿保机的族弟剌葛（撒剌）。

宿卫军——阿保机的另一个新措施，是设置了他的侍卫亲军"宿卫军"或"腹心部"。统率这支侍卫亲军的是阿保机幼年以来的亲信和支持者曷鲁、妻兄敌鲁以及妻弟阿古只。迭剌部贵族斜涅赤和曾经保护过阿保机一家的突吕不部贵族欲稳也参加领导了这个侍卫兵的组织。这是一支从各部落中选拔出来的强劲的精兵。它的作用，不象"挞马"那样加强于越篡夺王权的力量，而是加强着阿保机这个新首领的力量。"他们促进了王权的产生"①。

阿保机推翻了世选联盟长的遥辇氏，又对联盟组织作了新的改革。在契丹走向国家建立的道路上，显然又前进了一步。契丹建立国家的时期到来了。

---

① 《马克思恩格斯选集》第四卷第一四一页。

（二）辽朝的建立和统治制度的确立

一、阿保机的建国

契丹的国家，是在阿保机取代遥辇后十年，即九一六年，由阿保机为首的奴隶主贵族建立的。如象各民族的历史一再证明的那样，旧制度不会自行消亡，新制度也不能自然的建立。契丹社会内部虽已具备了建立国家的客观条件，阿保机的建国还是经历了同氏族部落制的旧制度反复斗争的过程。

阿保机取代遥辇后，不能不引起世选联盟长的遥辇氏贵族的怨忿，但他们根本没有和阿保机相抗衡的军事力量，不可能发动战乱。联盟中的一个小部落涅剌部（涅烈部）起兵反抗，但由于他们只有很少的力量，新任惕隐剌葛便率领联盟的军马，轻而易举地把涅剌部讨平。

大规模的斗争是所谓"变起肘腋"，即来自迭剌部中阿保机的亲族。他们是和阿保机一样同具当选资格的贵族，阿保机要改变部落选举制的旧制度而加强他的权力，就不能不引起他们的强烈反抗。激烈的斗争一次又一次地展开了。

九一一年，即阿保机取代遥辇的第五年，惕隐剌葛和阿保机弟迭剌、寅底石、安端等共同策划了反阿保机的战乱。传说契丹旧制三年一选，阿保机"久不受

25

代"，引起部落贵族的反抗。这个传说反映着阿保机在开始破坏联盟选举制，而部落贵族是作为选举制的维护者举行了反抗。战乱爆发前，安端妻粘睦姑向阿保机报告了消息，阿保机随即采取措施平息了战乱。五月间，阿保机与剌葛等登山盟誓，祭告天地。然后罢免剌葛的惕隐职务，改任为迭剌部夷离堇。前任于越释鲁子滑哥（化葛）继任惕隐。滑哥也是阿保机的反对派。《辽史·滑哥传》说，阿保机"虽知滑哥凶逆，姑示含忍，授以惕隐"。阿保机的这些措施，显然是用妥协的办法，来换取贵族旧势力的支持。

九一二年七月，剌葛和迭剌、安端、寅底石等再一次发动战乱。这次得到了于越辖底的支持，新任惕隐滑哥也参预了乱谋。阿保机以下的几个最重要的官员于越、惕隐和迭剌部夷离堇等组成的这个强大集团，无疑是对阿保机的严重威胁。这时，阿保机领兵攻掠西南诸部，命剌葛分兵攻平州。当阿保机在十月间还军时，剌葛自平州领兵阻道，企图对阿保机进行半途邀击。阿保机没有展开反攻，反而引兵南移，并在这一天立即烧柴祭天，举行了传统的选举仪式柴册仪。阿保机由此巩固了他的联盟长可汗地位，反乱者失去了维护传统的选举制的旗帜，也就失去了反抗的理由。次日，即向阿保机"谢罪"，表示臣服。

斗争并没有完结。仅仅在几个月之后，规模更大的叛乱终于爆发了。

叛乱仍是由阿保机弟剌葛等人的集团发动的。迭剌部的兄弟部落乙室部的贵族也参加了进来，因而具有更为强大的力量。叛乱经过周密的部署。九一三年三月，剌葛一面派迭剌、安端等去谋杀阿保机，一面引众至乙室堇淀，准备旗鼓，图谋篡立。阿保机发觉了这个密谋，拘捕了迭剌、安端，并亲自率领大兵北追剌葛。这时，由寅底石率领的另一支叛军，乘机去攻打阿保机的可汗营帐。留驻营帐的阿保机妻述律氏阻险自守。叛军焚烧了阿保机的辎重和庐帐，大肆杀掠，并且夺去了作为可汗象征的旗鼓和祖先的"神帐"。述律氏派兵去救援，只能把旗鼓夺回。

阿保机依靠他的腹心部侍卫军和被征服的邻族室韦、吐浑的兵力，展开反攻。四月，由审密部的敌鲁和阿古只率领侍卫军进攻剌葛，与室韦、吐浑兵配合作战，终于击溃了剌葛的叛军，夺回了"神帐"。剌葛、辖底等被擒。

叛乱平定后，阿保机首先处死了于越辖底和乙室部的迪里古，并在这年冬天，再次召集氏族部落长老，在莲花泊焚柴举行传统的选汗礼仪。

阿保机只是在再次举行选举后，才对叛乱的迭剌部贵族作了处置。参预叛乱的滑哥是经过部落长老会议把他处死。叛乱首领剌葛和迭剌仅是"杖而释之"。寅底石和安端甚至被免罪，不加处置。这显然不是由于什么兄弟间的宽厚，而是说明，同具当选资格的迭剌部贵族有着传统的旧制度作为他们举行叛乱的根据。

这次叛乱延续了两个月之久，战乱的规模是空前的。契丹的牲畜死亡十之七八，阿保机的士卒只能煮马驹采野菜作食物。阿保机后来描述说："他们恣行不道，残害好人，屠杀人民，剽掠财产。民间原来有马万匹，现在只能徒步，这是以前没有过的"。这显然是契丹建国前夕的一次重大的斗争。阿保机是作为最大的奴隶占有者和旧制度的改革者而遭到反抗的。他进一步破坏了古老的氏族部落组织，日益走向建立奴隶主专政的国家，破坏了部落选举制，日益走向建立君主世袭制，这就不可避免地要和那些权势相当的贵族们发生激烈的利益冲突。反抗的贵族们要实现夺取权位的企图，就不能不打起部落选举制的旗帜，从而成为旧制度的维护者和代表者。斗争的实质，也就不能不是旧势力和新势力，旧制度和新制度之间的生死斗争。阿保机只是在经过了激烈的斗争，才赢得了胜利，建立起契丹奴隶主的国家。

九一六年，阿保机正式废除了部落联盟的旧制度，在氏族部落制的废墟上建立了契丹奴隶主的国家。由于阿保机连年侵掠汉地，俘掳到大批的汉人，日益受到汉文化的影响。他摒弃了突厥可汗称号等制度，按照汉族政治制度的模式，建立了契丹的国家机构。

世袭皇权的确立　九一六年，阿保机（辽太祖）作为契丹奴隶主的总首领，仿照汉人王朝的体制，采用皇帝的称号,称"天皇帝",妻称"地皇后",建年号"神册",立子倍为皇太子,从而宣告了契丹奴隶制国家的诞生和世袭皇权的确立。此后的契丹皇帝即由阿保机一家世代传袭,选举可汗的"柴册仪",只是作为一种传统的仪式而保存下来。在皇帝的周围,相应地形成了一个统治机构。阿保机的亲信曷鲁在平乱后,任为迭剌部夷离堇,支持阿保机建国称帝,建国后任为于越。九二一年,又"正班爵",规定了各级官员的不同等级。

部落居民的地区性统治 遥辇氏八部以迭剌部为核心的五部和以乙室部为核心的三部,原来分别组成两个部落集团,称"北府"、"南府"。阿保机取代遥辇后,以八部以外的后族萧氏(审密)"世为北府宰

河北承德发现辽代金牌

29

相"，统治北府五部。阿保机建国称帝后，于九二一年，以皇弟苏为南府宰相，统治乙室等三部。各部落又各规定了固定的"镇驻"地区。这就进一步摧毁了氏族部落的旧制度，形成为以北南府以外的后族和皇族贵族直接进行的地区性的统治。各部夷离堇改称"令稳"，成为北、南府宰相统治下的一级官员。

被掳掠和被征服的北边渔猎、游牧部落居民，分编为隶属于契丹八部的部落，在北南府宰相统治下，由契丹国家任命"节度使"，对他们进行统治。

军队和卫军 随着奴隶制的发展和国家的建立，契丹军队已不再是氏族部落的军兵，而成为贵族对外掠夺，对内镇压奴隶的工具。在皇帝左右，设有以腹心部为核心的"宫卫骑军"，"入则居守，出则扈从，葬则因以守陵"，实际上是皇室贵族的特殊的警卫队。各地区有贵族将领统率的州县部族军，有兵事，"传檄而集"。

造文字 契丹原无文字，刻木契记事。神册五年（九二〇年）正月，阿保机从侄鲁不古和突吕不受命依仿汉字偏旁，制契丹大字。九月，大字制成，颁行。此后，阿保机弟迭剌习回鹘语文，又制契丹小字，数少而连贯。

定法律 九二一年，阿保机告侍臣说："国家事务，大小不一，法度不明，何从治理。"命大臣"定治契丹及诸夷之法"，契丹统治下的汉人仍依汉律。突吕不受命撰"决狱法"，成为契丹最早的一部基本法典。法律的

辽代铁骨朵杖

规定,巩固了契丹奴隶主国家的统治。在这同时,设置了决狱的法官"夷离毕"。

建都城 史称耶律释鲁为于越时"始置城邑",大抵只是处置俘虏奴隶的寨堡。九一八年,阿保机在潢河沿岸契丹故地"城西楼为皇都"(契丹以东向为尚,皇室居地称西楼)。据《辽史·康默记传》记载,阿保机在蓟州俘掳的汉人康默记,董理建都城的工役,一百天而完工。这当是仿照汉人城邑建造的不大的城。九二六年,又在此基础上,扩建城郭,建筑宫殿寺庙。据《贾师训墓志》说:后唐使臣贾去疑,被留在契丹,营建都城。阿保机建皇都,显然受到汉文化的影响。后来,辽太宗耶律德光时,皇都称上京,成为城墙高二丈,幅员广二

辽上京东城墙遗迹

辽上京南塔

辽上京遗址出土的灰板瓦当

十七里的大城。北魏以来，潢河流域一直是拓拔、契丹人的渔猎畜牧之所。都城的营建，是一个重大的创举。

阿保机时代，契丹奴隶主的国家还只是粗具规模，但它的建立无疑是契丹族历史上划时代的大事件，也是中国历史上有深远影响的大事件。契丹的历史由此进入了一个新的时期。

二、对邻族的侵掠

作为阶级压迫机关的国家，是社会阶级形成的必然结果，它的建成又反转来加强了奴隶制度的统治和发展。阿保机建国后，随即展开对周邻各族的更大规模的侵掠，扩展地域，掳掠奴隶。

南侵中原 九〇七年，阿保机取代遥辇，唐朱全忠也恰在这年推翻唐朝建立梁国（后梁）。九〇八年，晋王李存勖与后梁作战，河北州县渐为晋有。阿保机建国后，九一六年八月，南侵朔州（《旧五代史》作蔚州），擒晋振武节度使李嗣本。乘胜而东，侵掠蔚、新、武、妫、儒五州。自代北至河曲，越阴山，都为契丹占有。九一七年二月，晋新州副将卢文进来降。三月，契丹兵进攻幽州，大破晋周德威军。九二一年，晋新州防御使王郁以所部兵降契丹。阿保机率大军入居庸关，分兵侵掠檀、顺、安远、三河、良乡、望都、潞、满城、遂城等十余城，俘掠大批居民而还。皇子倍与王郁侵定州，被晋李存勖、李嗣昭部战败。九二三年，晋李存勖灭梁，建立唐国（后唐）。阿保机还军，以次子德光为天下兵马大元帅，继续南侵。次年，德光略地蓟北，占领平州，攻幽州，拔曲阳，侵占了唐的大片地区。

侵掠西北诸族　九一六年七月，阿保机侵掠突厥、吐浑、党项、沙陀诸部，俘虏各部酋长及民户万五千六百，驼马牛羊无数。九二四年，阿保机及大元帅德光大举西征吐浑、党项、阻卜（鞑靼）诸部。九月，至古回鹘城（鄂尔浑河畔、哈剌巴剌哈孙）刻石纪功。十月，越流沙，拔浮图城，征服西北诸部。十一月，捕获甘州回鹘都督毕离遏。九二五年四月，甘州回鹘乌主可汗遣使"贡谢"。契丹的政治势力由此西达甘州、西北至鄂尔浑河。

灭渤海建东丹国　渤海原是居粟末水（松花江）的部落，有较高的文化。唐高宗时，徙居营州，邻近契丹。武后时，契丹李尽忠反唐，渤海部又东奔挹娄故地东牟山，酋长大祚荣建国自立，称震国王。七一二年，唐睿宗封大祚荣为忽汗州都督、渤海郡王，后世遂号渤海。唐玄宗时，大祚荣子大武艺（武王）继位，征黑水部，扩大疆土，建元仁安，成东北方强国。大武艺死后，子大钦茂（文王）继位，经常派遣学生到长安，学习唐朝制度，并遣使抄录史书、字书和诗文。渤海使用汉字，形成以唐文化为

辽太祖陵园发现瓦当、滴水纹饰（拓本）

基础的渤海文化。大仁秀（宣王）进一步扩展领域。西与契丹为邻，南与新罗的泥河为界，东尽于海（今日本海），设率宾府。渤海这时确立封建制度，达到全盛时期。渤海人民对我国东北地区的开发作出了贡献。此后，文化极盛，武力渐衰。

九二五年冬，阿保机领兵东征渤海。阿保机皇后述律氏，太子倍，次子德光等随行。蓟州汉人韩知古、康默记、幽州汉人

渤海上京遗址石兽头

36

韩延徽等统率汉军
出征。阿保机赦免
安端后，又任为惕
隐，也随同作战。
在契丹方面显然已
集中了它的全部军
事主力。但渤海此
时处在大諲譔统治
下，却日渐衰弱，
远不是契丹的对
手。十二月，契丹
兵围扶余，天赞五

辽太祖陵出土的玉刻人像

年（九二六年）正月，占领扶余城，杀渤海守将，进围渤
海忽汗城。諲譔率僚属三百余人出降。阿保机进驻忽
汗城，轻而易举地灭了渤海。阿保机改渤海为东丹国，
封太子倍为东丹王，统治新占领的渤海旧地。

九二六年七月，辽太祖阿保机灭渤海后，死在扶余
府。辽太祖死，皇后述律氏月理朵称制，摄军国事。九
二七年十一月，掌握兵马大权的大元帅耶律德光在述
律后支持下，继皇帝位（辽太宗）。契丹国家的统治制
度和统治领域在辽太宗时才进一步确定下来。

三、辽太宗的继续南侵和人民的反抗

阿保机死后，契丹皇族内部存在着两种不同的政

治倾向。皇子耶律倍是汉族封建文明的向往者，述律太后和辽太宗则极力发展契丹的奴隶制。耶律倍能作辽、汉文章，知音律，善绘画，在东丹国建立制度全用"汉法"。耶律倍被夺去了继承皇位的权力，又被迁到南京东平府（辽阳）并受到监视（一说谋害）。九三〇年，耶律倍作诗说："小山（指弟太宗）压大山，大山全无力，羞见故乡人，从此投外国"。泛海投奔后唐，改姓名为李赞华。

述律太后和太宗都是契丹奴隶制的维护者，但他们的主张也有不同。述律太后主张在契丹本土和北方诸游牧族中实行奴隶主贵族的统治，而不去深入侵掠汉地。她说："我有西楼羊马之富，足以娱乐，得汉地不能久居，万一有失，追悔不及。"太宗主张继承太祖的事业，继续进兵汉族地区，掳掠财富和奴隶。太宗统治二十年间，一再亲自率领兵马南下，展开了大规模的侵掠战争。

九二八年，唐定州守将王都降契丹，唐派兵讨伐。辽太宗命奚兵统帅铁刺去救定州，败唐将王晏球。唐兵又大举攻定州。辽惕隐涅里衮等出兵增援。七月，唐兵破定州，铁刺战死，涅里衮等被俘。十一月，太宗准备亲自领兵攻唐。唐停止进攻，遣使臣来辽。太宗班师。九二九年十月，辽太宗检阅诸军，命皇弟李胡领兵攻掠云中诸郡。李胡攻下寰州。次年二月，还军。太宗以李胡为天下兵马大元帅。

九三六年，后唐河东节度使石敬瑭反后唐自立，向契丹求援救。八月，太宗亲率大兵南下救石敬瑭。九月，入雁门，进驻太原，大败后唐张敬达军。十月，太宗在晋安行帐召见石敬瑭，对他说："我三千里举兵而来，一战而胜，这是天意吧！我看你雄伟弘大，应该领受南边的土地，世世作我的藩臣"。十一月，太宗与石敬瑭约为父子，册封石敬瑭为"大晋皇帝"。唐将赵德钧、赵延寿父子投降。闰十一月，石敬瑭进驻河阳。唐废帝李从珂兵败，杀死投奔后唐的耶律倍，然后自焚而死。太宗自太原领兵北还。九三七年，石敬瑭遣使臣来，愿以幽、蓟、瀛、莫、涿、檀、顺、妫、儒、新、武、云、应、朔、寰、蔚等十六州土地"奉献"给契丹。九三八年，后晋遣使送来十六州图籍。燕云十六州从此归入契丹的统治领域。辽太宗把皇都建号上京，称临潢府。幽州称南京，原南京东平府改称东京。又改年号为会同。九四〇年三月，太宗到南京，设宴召见降臣。又在宫殿接见晋国及回鹘的来使。六月才返回上京。

九四二年，晋石敬瑭死，石重贵（晋出帝）继位，向契丹称孙，拒不称臣。九四三年冬，太宗到南京，以晋降将赵延寿为先锋，统兵五万，大举伐晋。九四四年，晋贝州守将开城投降。太宗采赵延寿议，大兵直趋澶州，石重贵也亲至澶州督战。两军在澶州北戚城交锋，互有胜负。契丹不能胜，沿路掳掠大批财物和民户北还。这年冬季，太宗再度领兵南侵，进围恒州，晋兵退守相州。

会同八年(九四五年)正月，契丹分兵在邢、洺、磁三州大肆杀掠，进入磁、洺之间的邺都。太宗在邯郸驻营，指挥作战。晋将安审琦等在相州安阳水南列阵，命皇甫遇、慕容彦超二将率领数千骑前往侦察契丹兵势，至邺都，遇契丹大兵数万，且战且退，至榆林店被契丹兵包围。晋安审琦等自安阳发大兵救援，契丹兵解围。太宗见晋兵势盛，自邯郸退兵。

晋兵乘势反击。晋石重贵下诏亲征，至澶州。晋北面行营都招讨使杜重威领兵北进。三月，攻下契丹占领的泰州。太宗命赵延寿领前锋军攻泰州，晋杜重威弃城南逃，退至阳城，又大败，退守白团卫村，埋鹿角(拒马桩)作行寨。太宗命令契丹铁鹞军(穿铁甲的骑兵)下马拔鹿角，乘大风放火扬尘，以短兵进攻。晋军士愤怒求战，呼喊说："都招讨使为什么不出兵，让士兵们等死吗?"副将李守贞要杜重威在寨驻守，他和符彦卿、皇甫遇等自西门出击。晋兵逆风而上，奋勇

辽宁赤峰辽墓出土契丹军队的铁盔

死战。契丹铁鹞军不及上马，仓皇败逃。太宗被晋兵追赶，乘骆驼逃走，败回南京。晋兵退守定州。

泰州战后，契丹受挫，准备再度大举南侵。晋兵获胜，却以为从此太平无事。九四六年八月，太宗再次领大兵南侵。九月，先锋赵延寿军在定州败后晋张彦泽部。十月，后晋石重贵命杜重威为元帅，李守贞为副，自广晋合兵北上作战。杜重威至瀛州，契丹高模翰（渤海人）来战，晋部将梁汉璋败死。太宗率领契丹大兵自易、定至恒州。杜重威领后晋兵迎敌，两军夹滹沱河对阵。

晋杜重威怯懦不敢战，置酒作乐。契丹别部由萧翰（太宗妻兄）率领，出晋军之后，切断晋军粮道和归路。萧翰至栾城，晋守城军投降。契丹兵俘获晋民，在面部刺上"奉敕不杀"等字放回。晋运粮夫在路上遇见，都弃粮逃跑。十二月，晋朝廷与前军被隔绝，消息不通。杜重威部将张清请求出兵作战。张清渡河，在河北岸与契丹兵力战，互有杀伤。张清请发援兵，杜重威一兵不发。张清对部下说："上将（指杜重威）掌握兵权，坐看我们危急而不救，一定已有异心。我们当以死报国"。张清及部下兵士全部战死。杜重威、李守贞被契丹兵前后围困，军中粮尽，不战而降契丹。恒州、代州相继投降。

太宗率领契丹兵自相州南下，杜重威率领晋降兵从行。太宗命皇甫遇作前锋攻打晋都城开封，皇甫遇拒命自杀。后晋降将张彦泽领先锋军攻开封。晋石重贵奉表投降。

会同十年（九四七年）正月，太宗进入晋都开封，改穿汉族皇帝的服装，受百官朝贺。二月，建国号大辽，改年号为大同。

辽兵一路四出掳掠，称为"打草谷"。进开封后，俘掳了晋出帝，并把后晋宫女、宦官以及方技、百工、图籍、历象、石经、铜人、明堂刻漏、太常乐谱等运走。辽兵还在开封居民中，大肆掠取财物，俘掳奴隶。占据各州县的辽兵也四出掳掠。

辽兵的野蛮侵掠遭到各地人民群众的坚决抵抗。原来聚集在山林的后晋起义军与各地人民相结合，反抗契丹的掳掠，大部数万人，小部千百人，到处攻打州县。滏阳起义民众在梁晖率领下，攻打契丹占领的相州，杀契丹兵数百人，夺得相州，自称"留后"。契丹命将镇陕州，甚至索要晋指挥使侯章身上的毛衫、束带。另一指挥使赵晖对侯章说："到这步田地，还管什么？今夜领二三十人入馆，砍蕃使头，因便入衙杀了蕃王所差使长。得则固守，不得就去投奔刘大王（晋阳刘知远）。"（《洛阳搢绅旧闻记》）赵晖等斩契丹将，据州城。契丹遣使以赵晖为留后，赵晖杀契丹使，拒不受命，投附刘知远。澶州人民在王琼率领下结合夏津起义军张乙等共千余人，攻占澶州南城，围攻契丹守将。晋州民众群起杀契丹派遣的汉官赵熙，丹州指挥使高彦珣杀契丹刺史降汉。东方各州，人民起义军四起，攻占宋州、亳州、密州。起义领袖李仁恕率众数万攻打徐州。此伏彼起的抗辽斗争给予辽太宗率领的契丹军以沉重的打击。

辽太宗遭到打击后，叹息说："想不到汉族人这样难对付！"他自开封回军的路上，总结这次南侵，有三个错误，第一是纵兵掳掠刍粟，二是括民私财，三是没有及早派遣诸节度（晋降将）回本镇统治。第一、二两项，其实是说，不该在汉地实行奴隶制的掳掠法，第三是说不该不用后晋降臣维持原有的封建统治。人民群众的反抗斗争宣告了辽太宗在汉地推行奴隶制的破产。他从失败中得出经验，只有任用降臣维护汉地原有的封建制，才能巩固契丹的统治。契丹在燕云十六州所实行的，也就是这个经验。九四七年四月，辽太宗自开封北还。

辽太宗灭晋，晋河东节度使刘知远在晋阳称帝，建汉国（后汉）。

四、辽朝统治制度的确立

契丹奴隶主的国家辽朝的建立，比起原始的氏族部落制来，是一个历史的进步。但这个进步是建立在残酷的阶级压迫的基础上。作为阶级压迫机关的辽朝，保护着奴隶主阶级的利益，对契丹奴隶和人民实行残酷的奴役和统治。随着对外掳掠战争的发展，辽朝奴隶主贵族掳掠了大批的各族人作奴隶，并进而统治了渤海和汉人的居地。由于人民群众的坚决反抗，辽朝奴隶主不得不在一些地区继续维持原有的封建的社会制度，从而也不能不实行原有的政治制度。辽朝奴隶主的国家由此形成它的许多新特点。

辽朝的统治制度在太祖阿保机和太宗耶律德光统治时期，逐步建立起来，重要的有以下几项：

斡鲁朵宫帐制　皇帝宫帐称斡鲁朵。斡鲁朵有其直属的军队、民户、奴隶和州县，构成一个独立的军事、经济单位。皇后也可有自己的斡鲁朵。

阿保机宫帐称算斡鲁朵（算，契丹语，义为心腹）。侍卫亲军，称腹心部。另在地方要地设提辖司。各地蕃汉民户抽丁充军，归提辖司统辖，称提辖司人户，直属斡鲁朵。太宗宫帐直属军称皮室军（契丹语，义为金刚，取坚强之意）。述律后也有宫帐直属军称“属珊”。

宫帐设有著帐诸局，如笔砚局、牌印局、裀褥局、灯烛局、车舆局、御盏局等等。契丹奴隶编入“瓦里”，为皇室制造各种器物，由著帐郎君统辖。后妃也各有自己的著帐局。又有“著帐户”，是为皇室宫帐服役的契丹奴隶。服役奴隶首领称“小底”，如笔砚小底、寝殿小底、鹰坊小底、盥漱小底、尚膳小底、尚衣小底等，统由承应小底局统领。宫帐的祗从、伶官也属著帐户。著帐户隶属宫帐，又称“宫户”。辽朝皇帝有时也把宫户赐给臣下贵族，成为他们的私奴。

李焘《续资治通鉴长编》记契丹制度说：“每其主

立,聚所剽人户、马牛、金帛及其下所献生口,或犯罪没入者,别为行宫领之,建州县,置官属"。《长编》所记与辽朝史事基本相符,但斡鲁朵所属瓦里奴隶,是契丹人"犯罪没入",著帐户主要也是契丹本族的奴隶。对外剽掠的外族人户,只在特殊情况下,才被"著帐"。如阿保机时,奚撒里葛等三营乞降,"愿为著帐子弟"。述律后征渤海,"掠有技艺者多归帐下"。

斡鲁朵所有的奴隶财产,为皇帝所私有。皇帝死后,他的斡鲁朵依然存在,由帝后家族所继承,以奉陵寝。

头下州县制 阿保机南侵汉地,俘掳大批汉族居民作奴隶。由于奴隶不断逃亡反抗,降臣韩延徽建言:"请树城郭分市里以居汉人之降者(俘虏)"。"又为定配偶、树垦艺以生养之,以故逃亡者少"(《辽史·韩延徽传》)。被俘掠的渤海人也掳到契丹故地建置州县统治,或与汉人俘户杂居。在阿保机和辽太宗时代,先后建置了许多这样的州县。如阿保机破代北掳掠的汉民建龙化州,燕、蓟所俘建龙化县。潢河之北,以燕、蓟的俘虏建临潢县。潢河之西,以渤海俘虏建长宁县。这样的州县,有时仍然沿用俘户原属州县的名称,如以檀州的俘户建檀州,俘三河县民建三河县,俘密云县民建密云县。俘渤海长平县民,与汉民杂居建长泰县。这些所谓县,民户少则一千,多也只四五千,其实只是奴役外族奴隶的寨堡。

俘户州县起初当是属于契丹最大奴隶主阿保机所有,或者说,其实只是他私有的奴隶,隶属于宫帐斡鲁朵。皇后另有自己的州县。述律皇后以西征的俘奴建仪坤州广义县(本回鹘牧地),当是属于述律后的"私奴"。

　　皇帝、皇后以下的契丹贵族,也各自占有这样的寨堡,称"头下州"。《辽史·地理志》说:"又以征伐俘户,建州襟要之地,多因旧居名之,加以私奴,置投下州"。又说:"头下军州,皆诸王外戚、大臣及诸部从征俘掠,或置生口(奴隶),各团集建州县以居之。横帐诸王、国舅、公主许创立州城,自余不得建城郭"。投下州城之设,限于诸王、国舅、公主,如琼州、原州、福州等州即是国舅宰相"南征俘掠汉民"建置。所谓"自余不得建城郭",当是较低的贵族奴隶主,不能私建城郭,但他们仍各有自己的奴隶和"投下"。《辽史·百官志》头下州军称:"不能州者谓之军,不能县者谓之城,不能城者谓之堡"。辽朝境内,分布着大小奴隶主所占有的大大小小的"头下"城堡,以奴役"团集"的俘掠奴隶。

　　早在遥辇氏时,于越释鲁俘掠党项、吐浑居民作奴隶,运回契丹故土放牧,建于越王城,当是最早的投下城。后晋的亡国之君石重贵被俘到契丹,请求辽朝在"汉儿城寨"侧近赐给他养种之地。辽朝在建州割寨地五十余顷,石重贵一行人即在寨地内建筑屋室居住,分地耕种。在契丹看来,石重贵一行人也不过是一批俘

46

掳来的奴隶。这所谓"汉儿城寨"，当即俘掠汉民建置的投下城。

辽灭渤海后，东丹国内基本上仍保持原有的封建制度和文化，只是以汉人和渤海俘户新建了一些州城。燕云十六州汉族居住地区，仍然实行原来的封建社会制度。这样，辽朝境内，便以上京、南京（幽州）和东丹国为中心，形成为社会状况互不相同的三大区域。

北南面官制 《辽史·百官志》说："辽俗东向而尚左"。皇帝宫帐设在西方，所以官职都分为北南，和汉族官职的分为左右相似。辽太宗占领燕云十六州后，建立起两套政治制度，"以国制治契丹，以汉制待汉人"。"国制"即契丹官制，统称北面官，汉制官职统称南面官。《辽史·百官志》说："北面治宫帐、部族、属国之政，南面治汉人州县、租赋、军马之事。"

北面官——契丹建制受到唐制的影响，官制杂用汉官职名，但含义已不相同。契丹旧八部的两个集团，

辽宁凤城出土辽代官印及印文

仍设北、南府宰相统辖。阿保机以迭剌部强大难制，分为五院、六院两部。太宗改两部夷离堇为大王，称北院大王、南院大王，分别统领两部的兵马（乙室部夷离堇也改称大王）。辽朝皇族事务仍由惕隐管领，设"大内惕隐司"。另设"大国舅司"，管领后族审密部（萧）乙室己、收里两族事务。"遥辇九帐大常衮司"管领遥辇九可汗家族宫帐之事。朝中设夷离毕院，掌刑狱；大林牙院掌文翰；敌烈麻都掌礼仪。军政大权集中于皇帝。

南面官——基本上沿袭唐制。太宗入汴，因后晋制度，置枢密使"掌汉人兵马之权"。朝官有三公三师，设中书省（初名政事省），门下省，尚书省，翰林院（又称南面林牙），国史院。南面朝官不象北面官那样再各分北南，而是仍沿袭汉人旧制，称左右（如左、右丞相，左、右仆射）。辽朝南面官制没有留下完整的记录。《辽史·百官志》参照唐制，罗列职名，与事实多有出入。近年出土辽墓志所见官职，多为《辽史》所不载。《辽史·百官志》所录，也未必都实有其职。大抵辽朝沿袭唐、晋旧制，但因事因人而设官，时有增损。燕云十六州地仍用旧制：州设刺史，县设令。

辽灭渤海，得燕云后，在不同的地区，存在不同的民族，并且存在不同的社会制度，即契丹的奴隶制和汉族、渤海的封建制，在此基础上也建立起不同的政治制度。在辽朝的统一统治下，不同的制度当然不可能互不干扰地平行发展，而不能不相互影响和斗争。辽朝贵族内部由此形成两种不同的倾向和势力。他们之间的搏斗,在皇子倍和太宗之间已经展开,太宗以后又有了进一步的发展。

(三)皇权的争夺与奴隶起义

一、围绕立世宗的皇室斗争

九四七年四月,辽太宗在返回上京的路上,病死在栾城。皇族间随即展开了争夺皇位的斗争。

阿保机的皇子耶律倍出逃后,耶律倍子兀欲仍留在契丹,受封为永康王,随太宗领兵南侵。太宗病死,军中汹汹不安。兀欲向宿卫耶律安抟问计。安抟父迭里在阿保机时为南院夷离堇,是朝中有权势的贵族,因主张立倍,反对立太宗,被述律后以"党附东丹王"的罪名处死。安抟对兀欲说:"大王是人皇王(耶律倍)的长子,先帝虽有寿安王(太宗子耶律璟),但天下人多拥护大王。现在若不决断,后悔不及。"统领兵马的南院大王耶律吼(蒲古只后人)和北院大王耶律洼(释鲁孙)也在商议说:"皇位不可一日空虚。倘若请太后立皇帝,一定要立李胡(太祖第三子)。李胡暴戾残忍,不能治民,应当立永康王"。耶律安抟与两大王定议立兀欲。军行至镇阳,兀欲被拥立为帝(世宗)。耶律洼和耶律吼号令军中说:"永康王是人皇王的长子,应当立为皇帝。有不从者,以军法从事"。辽世宗以安抟统领腹心部侍卫军，总领宿卫。命贵族耶律天德护送太宗棺柩先回上京。

述律后在上京，原来想要她的爱子李胡继帝位，李胡曾加号天下兵马大元帅，与辽太祖在位时德光的地位相当。世宗在镇阳即位，述律后大怒，随即派李胡领兵讨伐，夺取皇位。世宗到南京，派遣老一辈的贵族安端与惕隐耶律刘哥等为前锋拒战。李胡军至泰德泉，战败而回。世宗领兵北上，述律后与李胡在潢河整兵备战，两军在潢河渡口隔岸对阵。

契丹贵族惊乱说："如果打起来，就要父子兄弟相残杀了！"述律后向贵族耶律屋质问计，屋质说："李胡、永康王都是太祖子孙，有何不可？太后应考虑长策，与永康王议和"。述律后命屋质去见世宗，世宗派耶律海思来约和，往返数日，约定议和罢战。述律后又对屋质说："和议已定，皇位究竟归谁？"屋质说："太后授永康王，还有什么可疑？"李胡在旁厉声说："有我在，兀欲怎么能立！"屋质说："按照制度，长子有后，不能传弟。太宗之立，人们还以为非，何况是你？现在万口一词，愿立永康王，不可更改。"述律后只好许立世宗。

辽太宗死后，围绕着立皇帝的激烈斗争，并不完全是契丹贵族个人之间的权力争夺，而是反映着倾向汉化主张改革的耶律倍一派势力同主张维护契丹奴隶制的述律后一派贵族势力之间的斗争。世宗继立，皇权又被耶律倍一系夺回，这无疑是对述律氏家族的一个

50

沉重的打击！

二、世宗南侵和察割政变

大同元年（九四七年）闰七月，世宗到上京，改大同年号为天禄，采取措施以巩固他的皇位。

镇压反对派 世宗皇位确立后，随即把述律后和李胡迁到祖州，实际上是实行囚禁，以防止他们的反抗。随后，又把后党贵族划设、楚补里等处死。

封赏功臣 八月，世宗对拥立他的耶律洼、吼等，各赏赐宫户奴隶五十，安抟赏给一百。又封洼为于越，吼为采访使。安端封明王，统治原东丹国，后又改为西南面大详稳。安端子察割封为泰宁王。刘哥为惕隐。高勋为南院枢密使。

立北枢密院 为了加强统领腹心部侍卫亲军的耶律安抟的兵权，世宗又采用汉官枢密使的制度，以安抟为北院枢密使，兼领契丹兵马。从此辽朝又有了北枢密院（契丹枢密院）的设置。统领汉军主要是后晋降将、南院枢密使高勋。

世宗的皇权统治并没有完全巩固下来。在他取得皇位的第二年，原来拥戴他的一些贵族就又在策划反乱。

辽太宗南侵北返时，留后族萧翰守汴州。世宗在镇阳即帝位，萧翰放弃汴州，领兵至世宗营帐拥立。世宗以妹阿不里公主嫁萧翰。九四八年，萧翰与耶律天德、耶律刘哥及弟盆都等谋反。耶律屋质得反状，奏告世宗。世宗杀天德，杖萧翰，又把刘哥迁往边地，盆都被罚出使辖戛斯国。九四九年，萧翰又与公主阿不里写信给明王安端谋反。萧翰被处死，阿不里下狱，死在狱中。安端子察割遣人向世宗奏告父恶。世宗召见，贬安端领部族军，留察割在朝，极加信任。

在这期间，中原地区的状况也又有了变化。萧翰领兵北返后，后汉刘知远进据开封。刘知远攻魏州，杜重威等兵败降汉。黄河以南各州又为汉所有，河北一些州镇也又被后汉占据。九四八年，刘知远死，子承祐继位，斩杜重威。各地藩镇割据，掀起内战。九四九年，辽世宗镇压了萧翰等贵族后，便又召集群臣，商议发兵南侵。十月，辽兵攻下贝州高老镇，侵掠邺都、南宫、堂阳，杀后汉深州刺史史万山。九五〇年十月，世宗亲自领兵南侵，攻下安平、内丘、束鹿等城，俘掠而回。

九五一年初，汉枢密使郭威推翻汉国，建立周国（后周）。刘承祐被乱兵杀死。刘知远弟刘崇在太原重建汉国（北汉）。六月，刘崇遣使来辽求援，接受辽的封册。世宗派遣南京留守耶律牒蜡（九四八年赵延寿死，牒蜡继任南京留守）、南院枢密使高勋册封刘崇为"大汉神武皇帝"。郭威向北汉进兵。九月，世宗领兵攻后周救北汉。

世宗进兵途中，辽朝再次发生了政变。

安端子察割因揭露安端，得世宗宠信，留在世宗左右，背地里却在策划叛乱，夺取皇权。早在九四九年，耶律屋质即表奏察割的反状，世宗不听。九五一年，屋质任右皮室详稳，统领皇族的精兵皮室军，再次向世宗揭露察割。世宗说："察割舍父事我，可保无他。"这年七月，察割谋乱不成。九月，世宗行军至归化州祥古山，与太后萧氏（世宗生母）祭人皇王，和群臣宴饮大醉。察割勾结耶律盆都乘机入营帐，杀世宗及太后，自称皇帝。

耶律屋质更衣逃出，遣人召集诸王和侍卫军合力讨伐察割。随军出征的太宗子寿安王璟在营帐。屋质去向他说："大王是太宗子，叛贼一定不会容你。万一落到贼手，后悔不及"。寿安王璟和屋质整兵出战，军中诸将相继来会，围攻察割。

察割被围，知道就要失败，把诸将家属捆绑起来说："先把你们都杀死。"林牙耶律敌猎对察割说："没有你废掉皇帝，寿安王怎么能够得势。以此为理由，或许可以免罪。"察割命敌猎和罨撒葛（罨音眼 yǎn）去向寿安王说情。敌猎按照寿安王的计策，把察割诱出帐外，世宗弟娄国亲手杀死察割。叛乱被削平了。

寿安王璟平乱后，继位作皇帝（穆宗），改年号应历。辽朝的皇权又转到了太宗一系。

三、穆宗的统治和奴隶起义

穆宗平乱后，杀叛乱的首领耶律盆都和与叛乱有关的耶律牒蜡、耶律朗等贵族，以耶律屋质为北院大王、耶律挞烈为南院大王，建立起统治。在穆宗统治的十九年间，契丹皇族内部一再发生企图夺取皇权的谋反事件，对外则继续援北汉攻后周。辽国内部以穆宗为首的奴隶主和奴隶的矛盾不断激化，终于爆发了奴隶的起义。

皇族内乱 九五二年，即穆宗即位的第二年，辽世宗弟娄国与林牙耶律敌猎（敌烈）等图谋推翻穆宗自立。穆宗发觉了反谋，缢杀娄国，处死敌猎。国舅、政事令萧眉古得图谋南逃，也被捕处死。

九五三年，李胡子宛又和郎君嵇干、林牙华割等谋反，并且牵连到太平王罨撒葛。穆宗逮捕了谋反者。杀华割、嵇干，释放了宛和罨撒葛等皇族。

九五九年，穆宗弟敌烈（太宗第四子）又和耶律海思、萧达干等谋反。十二月，穆宗拘捕敌烈、海思等下狱。海思死狱中。穆宗祭天地祖先，告逆党事败。这说明这次谋反曾经造成严重的威胁。

九六〇年七月间，发生了政事令耶律寿远、太保楚阿不等的谋反事件。谋反者都被处死。十月，李胡子喜隐谋反，涉及李胡。穆宗捕李胡父子下狱，李胡死狱中。

54

辽宁赤峰辽穆宗时期贵族墓葬出土的部分铁器：
铁执壶、铁火盆、铁马镫

穆宗即位后的十年间，皇族间多次爆发谋反事件，反映了奴隶主贵族间争夺皇权斗争的激烈。耶律倍子娄国和李胡子宛、喜隐等的谋反，实际上仍是太宗死后争夺皇权斗争的继续。穆宗只是在镇压了这些谋反者后，才逐渐巩固了他的皇权。

援汉抗周 穆宗即位后，需要稳定辽朝内部的统治，不再发动南侵战争，但也不能放弃依附辽朝的北汉。北汉与后周战，辽必然要出兵援汉抗周，以稳定南方的局势。和以前的大规模南侵战争不同，穆宗时辽朝几次出兵，都只是为了维持现状，以攻为守。

九五二年六月，北汉被后周攻击，遣使来求援兵。穆宗派高模翰（渤海人）领兵援助。十二月，高模翰与北汉兵围攻晋州，后周退兵。高模翰也收兵回朝。

九五四年初，后周太祖郭威病死，世宗柴荣继位。北汉乘机南侵，向辽求援兵。穆宗派耶律敌禄领兵万余去晋阳。周世宗柴荣亲自领兵出战。周、汉战于高平。北汉刘崇兵大败，逃回晋阳。辽兵见北汉兵败，不再出援。五月，周世宗再次出兵，至晋阳城下。代州叛汉降周。辽穆宗命南院大王耶律挞烈出大兵援北汉。周符彦卿部来拒战。两军战于忻口，周兵大败。耶律挞烈斩周将史彦超。符彦卿退守忻州。周世宗自晋阳退兵。北汉被后周占去的州县，又被辽兵收复。

周世宗与南唐作战得胜后，九五九年四月，又亲自领兵，向辽朝发动进攻，企图收复幽燕。辽穆宗命南京留守萧思温为兵马都总管，领兵抗御。周世宗与赵匡胤、韩通等分别率领水陆两路军并进，攻下辽益津关、瓦桥关、淤口关，进据固安。萧思温不准战士出战，只说等皇帝亲征。五月，周兵进而攻下瀛州、莫州。南京受到威胁，居民震动。辽穆宗亲自出兵，到南京督战，这时周世宗在军中得病,退兵,六月,病死。两军罢战。穆宗在十二月返回上京。九六〇年,宋太祖赵匡胤推翻后周,在开封建立了宋朝。

小哥等奴隶起义 辽穆宗,作为契丹奴隶主的总首领,在确立了他的统治后,不断地残酷镇压、屠杀为皇室服役和从事生产的奴隶。这显然并非如《辽史》编者所说,是由于穆宗个性"嗜酒"、"嗜杀"、亡失禽兽或饮食细故等偶然的原因,而是反映着契丹奴隶和奴隶主之间的阶级斗争正在日益激烈地展开。

辽朝史料没有留下关于斗争全貌的详细记载,但《辽史》保存的片段、零星的记述,仍足以说明穆宗时对奴隶镇压的残酷。下面是见于《辽史》的一些记录。

九六〇年,杀近侍古哥。应历十三年(九六三年)正月,杀兽人(司兽)海里。三月,杀鹿人(司鹿)弥里吉,并枭首(枭音消xiāo,杀头),在掌鹿奴隶中示众。六月,杀獐人(司獐)霞马。十二月,杀彘人(彘音至zhì,司彘)曷主。

九六四年,在野外肢解鹿人没答、海里等七人,并在其地筑封土,示众。十一月,杀近侍小六于禁中。

九六五年三月,近侍东儿进匕(小刀)筋(筷子)不时,穆宗亲手刺死。虞人(司渔猎)沙剌迭侦鹅误期,以炮烙、铁梳酷刑处死。十二月,以近侍喜哥私归,杀其妻。又杀近侍随鲁。

应历十六年(九六六年)正月,杀近侍白海及家仆衫福、押剌葛、枢密使门吏老古等。九月，杀狼人褭里（褭音鸟niǎo）。

九六七年四月，杀鹰人敌鲁。五月，杀鹿人札葛。六月，肢解雉人（司雉）寿哥、念古，杀鹿人四十四人。十月，杀酒人（司酒）粹你。十一月，杀近侍廷寿，杀豕人阿不礼、曷鲁、尢里者、涅里括，杀鹿人唐果、直哥、撒剌。十二月，杀饔人海里（饔音雍yōng），剁为肉泥（脔刑）。

九六八年三月，杀鹘人（司鹰鹘）胡特鲁，近侍化葛。四月，杀麂人抄里只。五月，杀鹿人颇德、腊哥、陶瑰、扎不哥、苏古涅、雏保、弥古特、敌答等。六月，杀麂人屯奴。十二月，杀酒人搭烈葛。

九六九年三月，杀前导末及益剌，剒（音错cuò）其尸。

穆宗朝，设立镇压奴隶的多种毒刑：斩、击、射、燎（火烧）、断手足、烂肩股、折腰胫、划口、碎齿等等。京师还有百尺牢（土牢），拘系囚犯。辽穆宗的严酷镇压，不仅表示辽朝奴隶主统治的残暴，而且表示契丹奴隶的反抗斗争日渐兴起，奴隶主贵族灭亡的日子临近了。

九六九年二月，当穆宗在怀州射猎回行宫（宫帐）后，辽朝著帐奴隶以近侍小哥、盥人花哥、庖人辛古等为首，举行起义，杀死穆宗。《辽史》记此事甚简，只说"近侍小哥、盥人花哥、庖人辛古等六人反，帝遇弑"。

但小哥等人直到五年之后才被捕获，想见起义得到群众的支持。在辽朝残暴统治下，奴隶们自己起来，杀掉奴隶主的总首领皇帝，这在辽朝的历史上，无疑是一件辉煌的大事。

恩格斯指出："古代是没有用胜利的起义来消灭奴隶制的事情的"。① 契丹的奴隶起义也不可能一举消灭奴隶制度，但它沉重地打击了辽朝奴隶主贵族的统治，推动了契丹历史由奴隶制向封建制的过渡，意义是重大的。

第二节　辽朝封建制的发展和政权的西迁

（一）封建关系的确立和国势的扩展

契丹族的历史，如象世界上各民族的历史一样，也遵循着普遍的发展规律，由原始公社制经过奴隶制而进到了封建制，不过，由于特定的历史环境，又带有它自己的一些特点。

大抵我国北方的一些少数族，当他们由原始公社制发展到奴隶制，展开对外掳掠时，如果周邻诸族是处在相同或更为落后的阶段，他们的奴隶制就较易得到

---

①　《马克思恩格斯选集》第四卷第一五三页。

顺利的发展。但当他们进一步深入侵掠汉族地区时，遇到了较为先进的封建文明，这就不能不接受汉地的封建统治秩序，并进而使他们自己也过渡到封建制。马克思说过，"野蛮的征服者总是被那些他们所征服的民族的较高文明所征服"。① 在北魏，拓拔族的发展是遵循着这个历史规律。契丹族的发展也是遵循着这个规律。契丹的奴隶制，象它必然要代替氏族部落制一样，也必然要被封建制度所代替。汉族封建文明的影响，加速了这个代替的历史进程。推动历史前进的根本力量，依然是人民群众的阶级斗争。如果说，后晋人民的斗争抵制了奴隶制在汉地的推行，那末，辽朝奴隶的反抗又推动了契丹奴隶制的衰落和封建制的确立。

一、抗宋战争和汉官势力的增长

契丹奴隶起义杀掉了辽穆宗，但起义的成果却被辽朝贵族利用了去。九六九年二月，世宗第二子耶律贤（景宗）率领侍中萧思温、飞龙使女里和南院枢密使高勋等领甲兵千人，赶到穆宗枢前即皇帝位。太宗次子罨撒葛逃入沙陀。辽朝皇权由此又转到耶律倍、世宗一系。

高勋之乱 景宗即位后，将拥立他的萧思温和高勋分别任北院和南院枢密使。萧思温封魏王，高勋封

---

① 《马克思恩格斯全集》第九卷第二四七页。

秦王，又任命他早已交结的汉人韩匡嗣（中书令韩知古之子）为上京留守。亲信贵族耶律贤适封检校太保。景宗由此组成了他的统治集团。

但是，这个统治集团的内部，又很快地出现了相互倾轧的争斗。九七○年，统领汉军的南院枢密使高勋和飞龙使女里合谋，指使萧海只、海里等刺杀了北院枢密使萧思温。在辽朝的历史上，多次出现过契丹贵族内部的斗争，但汉人领兵统帅参预谋杀契丹统帅，这还是第一次。这个斗争显然带有新的特点，它反映了汉官势力的增长。

景宗处死了萧海只、海里等凶手。随即任命耶律贤适为北院枢密使，并且把即位前的侍卫组成为挞马部，以加强皇权的统治。高勋、女里到九七八年才被处死。

抗宋战争 九六九年景宗即位后，宋太祖赵匡胤即领兵攻打北汉，辽出兵援汉，宋兵退走。九七四年，辽宋议和。

九七六年九月，宋太祖统一江南后，分道向北汉都城太原进军。景宗命南府宰相耶律沙、冀王敌烈领兵出援，宋兵败退。十一月，宋太祖病死，宋太宗赵匡义即位。九七九年，宋太宗亲领大兵攻太原。耶律沙、敌烈与宋兵战于白马岭，敌烈战死，辽兵大败。六月，北汉帝刘继元降宋。北汉是辽朝的属国，宋灭北汉，是辽朝一个惨重的失败。宋太宗乘胜向辽南京进攻。驻在南京的北院大王奚底与南京留守韩德让(韩匡嗣子)合力防守。奚底出战,南京城被宋兵围困,韩德让登城坚守,辽景宗命惕隐耶律休哥代奚底领兵。七月,耶律沙自太原退兵来援,与宋兵战于高梁河。耶律休哥与南院大王耶律斜轸从后邀击,宋兵大败。宋太宗乘驴车仓皇逃走。韩德让乘胜出击,宋兵损伤惨重,辽兵转败为胜。

九月,辽摄(代)枢密使韩匡嗣和耶律沙领兵反攻。耶律休哥、耶律斜轸等随行。十月,韩匡嗣与耶律休哥等与宋兵战于满城。韩匡嗣指挥失误,辽兵大败。耶律休哥力战退敌。辽景宗下诏责韩匡嗣,赏耶律休哥,以耶律休哥为北院大王。

九八○年十月,辽景宗到南京,领兵攻宋,围瓦桥关。耶律休哥斩宋守将张师,追击宋兵,至莫州还军。

辽景宗击败了宋朝收复燕云的企图,巩固了对这些地区的统治。

韩氏势力的增长 蓟州玉田韩知古在阿保机平蓟时降契丹,总管汉人事务。知古子韩匡嗣在景宗时任上京留守、南京留守,摄枢密使。韩德让代父匡嗣守南京,败宋兵,以功任辽兴军节度使,进为南院枢密使,权势超过高勋。蓟州韩氏日益成为辽朝汉人官员中最有权势的一个家族。

九八二年九月,辽景宗在云州出猎时病死于焦山。韩德让与耶律斜轸受景宗遗命,立皇子隆绪(圣宗)继皇帝位。圣宗年十二，军国大事都由承天太后（景宗后）裁治。韩德让与耶律斜轸分任南北院枢密使。韩德让得承天后宠幸，又以汉人总知宿卫，加开府仪同三司，兼政事令。九九九年，耶律斜轸病死，韩德让以南院枢密使兼北院枢密使，总管契丹、汉人两院事，进封大丞相。韩德让总揽辽朝军政大权，进而赐姓耶律（先后赐名德昌、隆运），封晋王，列于皇族横帐，权位仅次于帝后。韩德让是辽朝汉人地主势力的一个代表。韩氏掌权，标志着汉人地主的势力大为增长了。

二、圣宗的改革和封建关系的确立

辽圣宗、承天后以韩德让等汉人官僚为辅佐。在他们的统治下，辽朝制度发生了如下的一些变革。

宫帐奴隶置部 原来辽朝以皇帝宫帐（斡鲁朵）及皇族宫帐（横帐）大族的奴隶在辽水东捕捉飞鸟鹰鹘，编为稍瓦石烈（稍瓦，契丹语，义为鹰鹘），又在海滨柳湿河、三黜古斯、手山冶铁，编为曷术石烈（曷术，契丹语，义为铁）。圣宗时，置稍瓦部、曷术部，与诸部并列，捕鹰、冶铁的奴隶由此取得部民即平民的地位。奚族撒里葛等三营（氏族），阿保机时隶籍宫帐为"著帐子弟"。圣宗时，也各置为部。辽朝历年来从周邻诸族，如女真、乌古、敌烈、室韦、达鲁虢、党项（唐古）西俘掠到大批的奴隶，隶属于宫帐斡鲁朵。圣宗时分别设置为三十四部。隶属于宫帐的鼻骨德户，分设两部。这些原处在宫帐奴隶地位的俘户奴隶都由此成为部民，分统于北府和南府。圣宗时新征服的五国部（剖阿里等五部）和回鹘等的民户，也不再编为宫帐奴隶，而分别设部统治。被征服的奚族，则改编为六个独立的部落。

投下州县赋税 圣宗时，辽朝普遍实行赋税制。俘掠奴隶设置的投下州城，分赋税为二等，工商税中，市井之赋归投下，酒税缴纳给朝廷（据《辽史·食货志》当始于圣宗时）。投下俘奴由此演变为输租于官、纳课于主的"二税户"。九九五年，诏令诸道民户，自穆宗以来被"胁从"为奴隶者，"仍籍州县"。隶属州县，即不再是奴隶主完全占有的奴隶，而成为向朝廷纳税的编民。部分寨堡的民户，迁置州县垦殖，如"徙吉避寨居民三百户于檀、顺、蓟三州"，从事农耕。山前后未纳税户迁于密云、燕乐两县"占地置业"，交纳赋税，被称为"私田"。又募民耕滦河一带的荒地，十年以后才开始收租，称"在官闲田"，即朝廷所有的荒田。耕私田和闲田，都要"计亩出粟，以赋公上"。西北沿边各地设置屯田垦耕，在屯民户"力耕公田，不输税赋"，即不再向朝廷输税，积粟供给当地军饷。在屯户实际上是为朝廷服力役的农奴。

刑法 穆宗时刑法严酷，承天后、圣宗放宽法令，改定十多条。一○○六年，下诏：主人非犯谋反大逆及流死罪，其奴婢（家奴）不得告首；如奴婢犯罪至死，听送有司（官府），主人不得擅杀。依据这一改定的法令，

64

家奴仍处在受奴役的无权的地位，但奴隶主已不能任意屠杀。旧制：夷离毕掌刑狱，圣宗时北南院枢密使开始自理讼事。一〇二六年，圣宗下诏说："我们国家因有契丹、汉人，所以用北南二院分治。……如贵贱异法，必然生怨。如今小民犯罪，必不能向朝廷申诉，而皇族、外戚（后族）可以行贿苟免。今后，贵戚因事被告，不论事情大小，都令所在官司案问，具申北南院复问，得实奏闻。"这个诏令，多少削弱了契丹贵族对"小民"和汉人的某些特权。在此以前，又将汉人与契丹人斗殴至死、治罪轻重不同的旧律，改为同等治罪。契丹人犯十恶大罪，也按照汉人法律制裁。

捺钵（捺音纳nà） 契丹旧俗，随水草，逐寒暑，往来

辽宁锦西辽墓的画像石刻示意图：墓主人宴饮图

渔猎。辽朝建国后，皇帝游猎设行帐称"捺钵"(《辽史》释"行营"，宋人释"行在")。大抵到圣宗时，四时捺钵才开始有固定的地点和制度。春捺钵在长春州的鱼儿泊捕鹅，混同江钩鱼（或在鸳鸯泊)。夏捺钵在永安山或炭山，避暑、张鹰。秋捺钵在庆州伏虎林射鹿。冬捺钵在永州广平淀，猎虎。辽帝去捺钵时，契丹大小内外臣僚随从出行，汉人枢密院、中书省也有少数官员扈从。夏冬并在捺钵"与北南大臣会议国事"。夏冬捺钵因此又是辽朝决定军政大事的中心。

至圣宗时，汉族的封建文明已有了越来越广泛的影响。圣宗喜读《贞观政要》，又善吟诗作曲。后族萧合卓以善属文，为圣宗诗友，充南面林牙（翰林)。四时捺钵制，使契丹贵族在接受汉文明的同时，仍能不废鞍马射猎，保持勇健的武风。契丹不象前世北魏的拓拔、后世金朝的女真那样由汉化而趋于文弱，四时捺钵制是有作用的。

辽圣宗时，先后出现的多方面的变革，显示契丹族的历史正在跨入一个新时期。此后的辽朝，虽然仍保留着严重的奴隶制的残余（对外作战俘掠和宫户、私奴)，但封建制已经逐步确立起来。辽朝由此形成它的全盛时代。

三、对外战争和国势的扩展

奴隶的解放和契丹封建制的确立，显示辽朝国力的增强。承天后、圣宗统治时期,辽朝频繁地展开了对周邻各族的战争,进一步向外扩展了它的势力。

对宋战争 圣宗即位后,九八六年三月,宋太宗分三路进兵,再取燕云。曹彬等军出雄州道,田重进出飞狐道,潘美、杨业出雁门道。宋军连克歧沟、涿州、固安、新城。辽兵败于田重进, 飞狐关辽军降宋。潘美连克寰、朔、应、云等州。承天后与圣宗至南京(幽州)督战,调集各地重兵反攻。四月,耶律休哥军复涿州、固安。五月,辽军在歧沟关大败曹彬,宋军奔高阳又被辽师截击,死者数万。六月,耶律斜轸军复朔州,擒宋将杨业。云州等地宋兵都弃城而走。辽军获得全胜。

九九九年,圣宗再次亲率大兵南下。十月,在瀛州大败宋军,擒宋将康昭裔,进据乐寿县。攻遂城,又败宋军。次年正月,还师南京。一〇〇二年,再度南侵。南京统军使萧挞凛破宋军于泰州。一〇〇四年闰九月,圣宗大举亲征,先在唐兴大破宋军,又在遂城、祁州、洺州获胜。十一月,攻破宋德清军。辽军进至澶渊,宋遣使请和。十二月,辽宋在澶渊议成。宋以辽承天后为叔母,每年向辽输纳银十万两、绢二十万匹。两朝各守旧界。澶渊盟后,辽宋不再发生大的战事。

与西夏的关系 党项贵族建立的西夏,在李继捧统治时,附宋自立,宋赐姓赵氏。辽圣宗统和四年(九八六年),首领李继迁附辽抗宋,复姓李(唐赐姓李氏)。圣宗以皇族耶律襄女封义成公主,嫁李继迁。继迁得辽支持，得以南下侵宋。九九〇年，攻下宋麟州、鄜州等地，辽封继迁为夏国王。此后，夏连年侵宋州县，都要遣使告辽，并连年向辽纳贡。一〇〇三年，继迁死，子德昭继立，辽封德昭为西平王（夏以灵州为西平府），后又册封夏国王。辽圣宗时，西夏附辽以侵宋，辽朝结夏以制宋，基本上形成了辽、夏、宋鼎立的局面。

对鞑靼（阻卜）的战争 游牧于辽朝西北的鞑靼，《辽史》作"达旦"或"阻卜"。阿保机"西讨吐浑、党项、阻卜"。此后鞑靼不时向辽入贡。辽圣宗时，九八三年，西征鞑靼。次年，杀其酋长挞剌干。鞑靼酋长鹘碾继续反辽，辽以萧挞凛领兵镇压。一〇〇〇年，鞑靼铁剌不率部降辽。辽在古可敦城设镇州，派驻重兵，镇压北方诸部。

一〇一一年，圣宗采西北路招讨使萧图玉议，对鞑靼诸部，分部统治，各置节度使。次年，鞑靼部民杀辽节度使，起兵反抗，围攻萧图玉于镇州可敦城，辽兵死伤甚众。辽北院枢密使耶律化哥领大兵来救，鞑靼酋长乌八战败降辽。辽朝诏令鞑靼，依旧制：岁贡马千七百，驼四百四十，貂鼠皮万张，青鼠皮二万五千张。一〇二六年，辽征鞑靼兵以讨回鹘，鞑靼酋长直剌后至，被辽斩首。直剌子起兵反辽，诸部响应，辽军大败。此后，鞑靼日渐强盛，成为辽朝西北方的一个劲敌。

对乌古（于厥）、敌烈的战争 契丹建国前即侵掠乌古，俘掳奴隶。九一九年（神册四年），阿保机征服了乌古部。随着历史的发展，乌古部开始对外掳掠。辽穆宗时，在边地掠夺人民财产牲畜。辽详稳僧隐与乌古战，败死。乌古屡降屡叛，不时向外俘掠居民。圣宗时，一〇一三年，出兵讨乌古，迫使乌古返居故地。次年，乌古又反，辽耶律世良统领重兵大肆屠杀乌古的反抗者，进行了残酷的镇压。

邻近乌古的敌烈部，圣宗时杀辽详稳，奔向西北。辽萧挞凛追击，俘掳甚多。不久，敌烈部又攻陷巨母古城。耶律世良一再率兵压境，对敌烈"招抚"和攻讨，敌烈仍不时出没攻掠。大抵此时辽朝北边的乌古、敌烈等部，已经发展到父权制的末期，展开对外掠夺。由于辽朝处在强盛时期，有足够的力量压制他们的俘掠，乌古、敌烈等部的发展受到阻遏，不能象早期契丹那样南下侵掠，建立起奴隶制的国家。

与回鹘诸部的关系 甘州回鹘，在阿保机时曾被契丹所征服，但此后与辽朝并无从属或朝贡关系，而与宋朝通贡使。一〇〇八年，萧图玉进讨甘州回鹘，直抵肃州，俘掠大批生口。一〇二六年，萧惠再统兵攻甘州，不能取胜，被迫还军。

沙州回鹘在敦煌郡王曹顺统治下，也曾一度向辽入贡。西州回鹘世居高昌，可汗号"阿厮兰汉（汗）"（《宋史·高昌传》）。《辽史》所称"阿萨兰回鹘"，当即此部。宋王延德《使高昌记》说，西州回鹘有大虫太子族，与契丹接界，过此族即为达干于越王子族。《辽史》记统和八年(九九〇年)阿萨兰回鹘于越达刺干（即达干）"遣使来贡"，当即此族。辽圣宗时，阿萨兰回鹘连年有贡使来辽。九九六年，阿萨兰回鹘王遣使来为子求婚，辽朝不许。《辽史·属国表》记，一〇四七年"阿萨兰回鹘王以公主生子遣使来告"。大抵至辽兴宗时，许嫁公主，加强了联系。

辽圣宗时，对宋、夏和周邻诸族，巩固和扩展了它的势力，进而向外发展，向西联络大食，在东方发动了对高丽的侵掠。

西联大食 阿保机时，大食曾遣使来契丹。此后，不见再有往还。一〇二〇年，大食遣使来辽，进象及土产，并为王子册割请婚。次年，再遣使来，辽以皇族女可老封公主许嫁。

东侵高丽 高丽王建（太祖）在九一八年建高丽国。九三五、九三六年先后灭新罗、百济，统一了朝鲜半岛，成为海东强国。辽太祖、太宗时与高丽曾有聘使往来。九三四年，渤海世子大光显率众数万投高丽，赐姓王氏。此后，高丽与辽绝交，相互敌视。九八五年七月，辽朝令诸道缮甲兵，准备大举东侵，因辽泽水溢，道阻而罢。统和十年（九九二年）十二月，辽以东京留守萧恒德统兵东侵高丽。次年，辽兵攻破高丽蓬山郡，高丽请和。辽册封高丽成宗王治为高丽国王，并以萧恒德女许嫁。一〇一〇年，高丽穆宗（成宗子）被贵族康兆谋杀，显宗继位。辽圣宗亲率大兵四十万出征，高丽

70

康兆率兵三十万迎击。辽兵连陷郭州、肃州，直抵高丽都城开京。高丽显宗弃城南逃。辽圣宗入开京，大肆焚烧而去。

一〇一四年，辽圣宗遣耶律资忠（《高丽史》作耶律行平）使高丽，强索兴化、通州等六城。高丽拒绝，扣留资忠。一〇一六年，辽耶律世良统兵再侵高丽，破郭州。高丽死者数万人。一〇一七年，辽萧合卓攻兴化，失败。一〇一八年，辽萧排押（《高丽史》作萧逊宁）等以兵十万入侵高丽，高丽姜邯赞大败辽兵，辽军死伤甚众。一〇一九年，辽集结大军，准备再侵高丽，高丽显宗遣使议和，送还耶律资忠。辽朝强索高丽六州被挫败，此后，高丽仍依成宗时旧制，对辽"纳贡如故"（《高丽史·显宗世家》）。

（二）辽朝的黑暗统治与农民起义

辽朝在承天后（死于一〇〇九年）、圣宗统治下的近半个世纪内，是辽朝发展到极盛的时期，统治集团也始终保持着相对的稳定。一〇三一年六月，圣宗六十一岁，在大福河之北行帐病死。长子宗真（兴宗）即位。辽朝贵族内部又展开了相互倾轧的斗争。

辽朝自阿保机以后，契丹贵族中不断出现争夺皇权的斗争，这些斗争往往结合着奴隶制和封建制、契丹文化与汉文化之间两种制度、两种文化的斗争，带有倾向改革还是倾向保守的斗争特点。在圣宗以后封建制业已确立的时期，贵族之间的斗争，更多地表现为契丹封建主相互倾轧、相互争夺封建特权的权利之争，反映着统治集团的日益腐朽和衰落。这种争斗的后果，使辽朝的统治日益黑暗。

一、钦哀后政变，与宋、夏和战

钦哀后政变　圣宗皇后齐天后菩萨哥生两子，早死。一〇一六年，宫人耨斤生兴宗，由齐天后收养，耨斤封元妃。一〇三一年六月，兴宗十六岁继皇帝位。元妃立即谋夺政权，自立为皇太后（钦哀后），又指使护卫冯家奴、喜孙等诬告北府宰相萧浞卜、国舅萧匹敌等谋反，并且牵连到齐天后。兴宗说："皇后（指齐天后）侍先帝四十年，抚育我成长，本当为太后。现在不做太后，反而还要加罪，怎么可以！"钦哀后说："此人若在，恐为后患"。兴宗说："皇后无子而老，虽在，无能为也"。钦哀后不听，把齐天后从中京迁到上京囚禁，处死萧浞卜、萧匹敌，又杀有关官员七人。钦哀后夺权听政，兴宗不理政务。

一〇三二年春，兴宗出猎。钦哀后又派人去谋害齐天后。齐天后被迫自杀。一〇三四年，钦哀后密谋废兴宗，另立少子重元。重元把密谋告兴宗。兴宗废钦哀后，迁她到庆州守陵，一举夺回了政权。重元加封皇太弟。一〇三七年，兴宗才又把钦哀后从庆陵迎回。

兴宗挫败钦哀后，巩固了他的统治。

与宋、夏和战 兴宗继承圣宗的统治，对外仍能保持辽朝的威势。

一○三八年，西夏元昊建国，连年侵宋。一○四一年，宋兵大败于好水川。八月，宋张亢在麟、府二州袭击夏兵。宋朝在宋、辽交界地带也修治关河壕堑。辽兴宗作了出兵侵宋的准备，先遣南院宣徽使萧特末、翰林学士刘六符出使宋朝，质问宋朝出兵伐夏和增修边防，要挟宋朝把后周时占领的瓦桥关以南十县地退还给辽。一○四二年春，萧特末、刘六符等到宋，南院枢密使萧惠等陈兵境上。宋仁宗不敢与辽作战，派使臣富弼等赴辽，提出愿增加岁币议和。闰九月，辽、宋议定，此后宋每年增加给辽的岁币银十万两、绢十万匹。辽朝不出一兵，凭空取得了宋朝的银绢贡纳。

西夏建国后，日渐强盛。辽朝统治下的党项部落不断叛辽附夏。一○四四年，辽西南面招讨都监罗汉奴领兵讨伐反辽的党项部落，西夏出兵援助，辽兵大败。招讨使萧普达、详稳张佛奴败死。兴宗决意亲征，召集诸道兵，大举向西夏进攻。九月，命皇太弟重元、北院枢密使萧惠领先锋兵西征。元昊见辽兵势盛，送还反辽的党项部落。兴宗命北院枢密副使萧革去河曲受降，元昊向辽谢罪。辽朝一些臣僚却认为大军现已结集，就应进兵。辽兵数路掩袭西夏，遭到失败，驸马都尉萧胡睹被俘。辽兵退军，西夏放还萧胡睹。辽、夏再度言和。此后，辽、夏边界不时发生一些冲突，但基本上仍保持着既定的局面。元昊死后，谅祚继立，仍向辽称藩。

二、皇权的争夺与鞑靼战争

重元叛乱 兴宗长子洪基，一〇四三年，总北南院枢密使事，加尚书令，一〇五二年，进为天下兵马大元帅，参预朝政，一〇五五年兴宗死后，继皇帝位（道宗）。道宗统治时期长达四十五年。在这期间，贵族内部继续相互倾轧，辽朝的统治越来越黑暗了。

道宗即位，即尊奉兴宗弟重元为皇太叔，次年又加号天下兵马大元帅。自辽太宗至道宗，在即位前都曾有过这个称号，意味着将是皇帝的继承人。重元子涅鲁古进封楚王，为武定军节度使。重元父子成为道宗朝最有权势的人物。

道宗也在他的周围组成了契丹贵族的统治集团。弟查葛为惕隐，和鲁斡为上京留守，耶律仁先、萧革和萧惟信、萧阿剌、耶律乙辛等贵族分掌北、南枢密院。但贵族内部相互谮毁，两枢密院和四京留守频繁调动。一〇五六年，萧阿剌因萧革专权，向道宗辞官。道宗让他出朝，任东京留守。萧革又借故中伤阿剌，道宗把阿剌处死。一〇六二年，萧革因失去道宗的宠信，也辞官致仕，与重元结成姻亲（萧革子为重元婿）。统治集团内部相互攻讦，争夺权利，终于在一〇六三年爆发了重元的叛乱。

重元在道宗朝，权位显赫，见道宗免拜，不称名，尊荣为辽朝前所未有。子涅鲁古，一〇六一年又入朝知南院枢密使事。重元父子和同党陈国王陈六、同知北院枢密使事萧胡睹、卫国王西京留守贴不、统军使萧迭里得以及萧革等阴谋叛乱，夺取皇权。

一〇六三年七月，道宗率群臣到太子山秋捺钵出猎。涅鲁古为重元画策，要他假称有病，等道宗来看望时，刺杀道宗。敦睦宫使（皇太后宫使）耶律良得知了重元的叛谋，向皇太后（仁懿后）密告。仁懿后召告道宗。道宗对耶律良说："你要离间我们骨肉么！"耶律良说："臣若妄言，甘愿处死。陛下不早作准备，恐怕要堕入贼计。可召见涅鲁古，他如不来，可以料事"。仁懿后说："这是国家大事，宜早为计"。道宗派使者去召涅鲁古。涅鲁古扣留使者。使者逃回道宗行帐。道宗决计讨叛。

辽道宗召南院枢密使耶律仁先领兵平乱。重元父子和萧孝友、胡睹、贴不等四百人，诱胁弩手军攻打道宗的行帐。耶律仁先和知北枢密院事耶律乙辛、南府宰相萧唐古、北院宣徽使萧韩家奴、北院枢密副使萧惟信、耶律良等，领宿卫士卒数千人出战。叛党见仁先等兵势强大，多倒戈投降。涅鲁古中箭堕马死。重元受伤退兵，自称皇帝，任萧胡睹为枢密使。仁先召太子山附近的五院部萧塔刺领兵来援。重元又率奚兵二千人来攻。萧塔剌兵到，背营而阵。仁先乘势击溃重元兵，追杀二十余里。前北府宰相姚景行、南府宰相杨绩等汉人官员闻乱，也募兵来援，兵到，乱事已平。

重元败逃到大漠，自杀。萧胡睹单骑逃走，投水死。萧迭里得被擒处死。贴不自诉被胁从，免官，流放到镇州。萧革及孝友处死。道宗削平叛乱，取得了完全的胜利。

乱事平定后，道宗对平叛有功诸臣分别加给"平乱功臣"、"定乱功臣"等称号。耶律仁先进封宋王，为北院枢密使，又加给于越的尊称。耶律乙辛为南院枢密使，后又加守太师。耶律良隶籍皇族横帐，为汉人行宫都部署。

耶律乙辛擅权　一〇六五年，道宗宣懿后观音所生子濬八岁，立为太子，确定了皇位的继承。

耶律仁先、乙辛等平重元之乱有功，权势显赫。仁先遭耶律乙辛排挤，出为南京留守，又改西北路招讨使。耶律乙辛独专北枢密院。南院由汉官姚景行、杨绩相继任枢密使。平乱有功的契丹贵族先后被排挤出朝。萧韩家奴迁西南面招讨使，耶律良出知中京留守事，萧惟信出为南京留守。耶律乙辛在朝中专权，受诏，四方有军事，许便宜从事。

汉人张孝杰在道宗即位时，考试进士第一。一〇六七年任参知政事，同知枢密院事。一〇七二年进为北府宰相，成为汉人官员中最为显贵的官员。耶律乙辛与张孝杰等在朝结成奸党，专擅朝政。凡是对他们阿顺者都加拔擢，忠直的人遭到排斥。耶律乙辛门下大批接受贿赂。张孝杰公然说："没有百万两黄金，不算是宰相家"。这个贪污、腐朽的集团窃取了军政大权，并且还在阴谋篡夺更高的权位。

耶律乙辛阴谋篡权的第一步是谋害道宗后宣懿皇后。

宣懿后父萧惠在圣宗、兴宗朝，历任南京统军使、南北院枢密使，加守太师，是辽朝有权势的贵族。宣懿后能自作歌词，好音乐，善弹琵琶，曾自制回心曲，命伶官赵惟一歌唱。一○七五年，太子濬十八岁，开始参预朝政，兼领北南枢密院事。耶律乙辛等不得擅权，便设计谋害宣懿后。宣懿后宫婢单登及妹夫教坊朱顶鹤伪造十香词，诬告宣懿后与赵惟一私通。耶律乙辛向道宗奏告。道宗命耶律乙辛、张孝杰查劾，乙辛、张孝杰坐实此案。道宗将伶人赵惟一、高长命等全族处死，命宣懿后自尽，将尸体归还后家。

宣懿后死后，耶律乙辛又在次年（一○七六年）向道宗称誉他的同党萧霞抹之妹坦思，选入宫中，立为皇后。坦思又向道宗建言，把妹斡特懒纳入宫中。斡特懒原来是乙辛的儿妇，离婚后入宫。耶律乙辛进而通过后族操纵宫廷。张孝杰更得道宗宠信，赐国姓耶律。

耶律乙辛等阴谋篡权的第二步是谋害太子濬。

耶律乙辛等陷害宣懿后，反谋渐露，引起朝内外强烈的愤慨。护卫萧忽古知道乙辛的奸谋，一天，藏在桥下，准备在乙辛路过时把他杀死。正值暴雨，桥坏，不能实现。一〇七六年六月，林牙萧岩寿密奏道宗说："乙辛自皇太子预政，内怀疑惧，又与宰相张孝杰相附会，恐有异图，不可使居要地。"道宗也渐有怀疑，命乙辛出朝，为中京留守。萧霞抹等又向道宗建言，说乙辛自称无过，是因谗言出朝。道宗又要把乙辛召回。契丹行宫都部署耶律撒剌谏阻，道宗不听。十月，耶律乙辛回朝，仍为北院枢密使。萧岩寿反被排挤出朝，为顺义军节度使。乙辛复职后，又把萧岩寿流放到乌隗部拘禁。一〇七七年初，萧忽古再次企图刺杀乙辛，被乙辛发觉拘捕。萧忽古拒不服罪，被流放到边地。

耶律乙辛处在朝野反抗之中。宣懿后被害，太子濬更加愤恨，说："杀我母者，是耶律乙辛。他日不杀此贼，不为人子。"乙辛的党羽殿前副点检萧十三对乙辛说："现在太子还在，臣民归心。大王没有根底之助，又有诬害皇后之怨。倘若太子得立，你置身何地？"一〇七七年五月，乙辛与萧十三召萧得里特，设计谋害太子，指使护卫太保耶律查剌诬告耶律撒剌与知北院枢密使事萧速撒等阴谋废皇帝立太子。道宗按问，没有证据，只命耶律撒剌和萧速撒出朝补外官。六月，乙辛等又设计，指使牌印郎君萧讹都斡去向道宗自首，捏造说谋废立确有其事，他也参预了阴谋，因怕连坐，出来自首。道宗大怒，命耶律乙辛、张孝杰等审问此案。乙辛等严酷惩治被诬人员，不让他们讲话，诡报说都没有异词。道宗命乙辛党羽左夷离毕耶律燕哥去审问太子濬。太子濬申辩。萧十三与燕哥阴谋伪造供状，说太子已认罪。道宗杀耶律撒剌、萧速撒等，把太子濬囚禁在上京。

一〇七七年十一月，耶律乙辛又秘密派人杀害太子濬，谎报病死。道宗哀伤，要召见太子濬妻。乙辛又暗杀濬妻灭口。

耶律乙辛害太子后，借此兴起大狱，陷害异己，诬指他们参预废立阴谋，任意治罪。流放在外的萧岩寿、萧忽古都被召回处死。北院宣徽使耶律挞不也（字撒班）知乙辛的奸谋，曾策划杀乙辛、萧得里特、萧十三等，乙辛诬陷他参预废立，处死。同知汉人行宫都部署萧挞不也与耶律挞不也友善，也因此被杀。萧岩寿的好友萧铎鲁斡被诬陷，谪戍西北。夷离毕郎君耶律石柳因附太子，流放到镇州。辽朝的官员、贵族大批地遭到陷害。

耶律乙辛阴谋得逞，进而向道宗建言，立和鲁斡子淳为太子。北院宣徽使萧兀纳和夷离毕萧陶隗对道宗说："放弃自己的嫡系不立，是把国家送给别人了"。道宗犹豫不定。一〇七九年初，道宗出猎，乙辛请把皇孙延禧（太子濬之子）留下。萧兀纳又上奏说："听说皇帝出游，将要留下皇孙。如果当真要留下，臣请侍从左右"。道宗醒悟,命皇孙从行。朝中官员向道宗揭发乙辛奸恶,道宗开始怀疑乙辛。三月,命乙辛出朝,知南院大王事。耶律淳出为彰圣等军节度使。乙辛的党羽北府宰相萧余里也出为西北路招讨使。一〇八〇年初,道宗又出乙辛知兴中府事,然后立皇孙延禧为梁王,特设旗鼓拽剌(契丹语,义为勇士,尊称)六人护卫。又命张孝杰出为武定军节度使,萧兀纳受命辅佐延禧,一〇八一年以北府宰相兼殿前都点检。

道宗逐渐发觉耶律乙辛一党的奸谋,大康七年(一〇八一年)十二月,张孝杰以贩盐和擅改诏旨的罪名,被削爵,贬安肃州。几年后死在家乡。耶律乙辛也以对外出卖禁物罪,免官,幽禁于来州。次年,道宗降封萧后为惠妃,出居乾陵。后又追谥太子濬为昭怀太子。乙辛一党遭到了失败。

耶律乙辛见阴谋败露,私藏兵器,图谋叛辽投奔宋朝。一〇八三年十月被发觉,处死。

一〇九一年,延禧为天下兵马大元帅,总北、南院枢密院事,完全确定了继承皇帝的权位。

一一〇一年,道宗病死。延禧顺利地继位做皇帝(天祚帝)。天祚帝即位,随即为祖母宣懿后和父濬雪诬,并进而诛杀乙辛的党羽。耶律濬谥为大孝顺圣皇帝,庙号顺宗。又下诏,被耶律乙辛诬陷的官员,都恢复官爵。被籍没者出籍,被流放者召还。张孝杰已在道宗朝在家乡病死,家属被分赐群臣作奴隶。次年,又下诏诛耶律乙辛党，子孙迁徙到边地。发掘耶律乙辛、萧得里特的坟墓，剖棺戮尸，家属分赐给被害者的家庭为奴。道宗的惠妃，降为庶人(平民)。

天祚帝即位，和鲁斡为天下兵马大元帅，称皇太叔。耶律淳封郑王，又进封越国王，为东京留守。北府宰相萧兀纳出为辽兴军节度使，加守太傅。

对鞑靼的战争　辽朝西北的鞑靼，在辽道宗时发展到一个新阶段，由分散的部落建立起部落联盟。一○九二年，鞑靼"诸部长"即联盟长磨古斯杀辽金吾(军官)吐古斯，大举侵辽。辽西北路招讨使耶律阿鲁扫古战败，辽军多陷没。辽朝以耶律挞不也(字胡独堇)为西北路招讨使，再讨鞑靼，磨古斯在镇州西南沙碛间伪降，诱杀挞不也，辽军又溃。一○九四年，辽知北院枢密使事耶律斡特剌等率大兵伐鞑靼，遇天大雪，败鞑靼四部，斩首千余级。一一○○年，斡特剌擒获磨古斯，俘回辽朝处死。在辽朝后期的对外作战中，这是仅见的一场大胜仗。辽人是大为赞颂的。耶律俨撰道宗哀册说："蠢尔鞑靼，自取凶灭"，"即戮渠魁，群党归悦"。鞑靼败后，部落联盟溃败，不能重建。但鞑靼各部落并非"群党归悦"，而仍然是辽朝的一个严重威胁。

三、各族农民的起义

辽朝由奴隶制向封建制的转化，促进了经济的发展，地主和农民（包括牧民）的阶级矛盾，逐渐成为辽朝社会的基本矛盾。随着封建剥削的加强，契丹农牧民、汉族、渤海农民同辽贵族、地主的矛盾和斗争，日趋激烈，推动着辽朝由强盛转入衰亡。

山西大同辽墓壁画宴饮图

契丹奴隶制的衰落和封建关系的发展，不断出现阶级关系的新变动。在契丹各部中，产生了新的封建主"富民"和大批的贫民。圣宗统和十五年（九九七年），"劝品部富民出钱以赡贫民"，贫富两极的对立极为明显。富民向朝廷献纳牛、驼十头、马百匹，即可授给"舍利"的官位。贫民则处在无权的

山西大同辽墓壁画车马出行图

地位。自圣宗时起，至兴宗、道宗时期，《辽史》屡见赈济各部"贫民"的记载。一○四二年，"振恤三父族之贫者"。一一○○年，"出绢赐五院贫民"。三父房是辽皇族系属的后裔，五院部原来是迭剌部分出的强大部落，但随着封建关系的发展，陆续出现了大批的贫民。一○七二年，"赐延昌宫贫户钱"。一○八一年，"诏岁出官钱振诸宫分及边戍贫户"。一○八六年，"赐兴圣、积庆二宫贫民钱"。辽朝皇帝诸宫斡鲁朵户，大抵有一部分由原来的奴隶地位转化为平民，但仍然处于极为贫困的境地。汉族和渤海的农民遭受着越来越苛刻的封建剥削，往往隐匿或逃亡，以逃避辽朝的赋役。辽朝一再检括户口。兴宗重熙八年（一○三九年），采萧孝穆议，"诏括户口"。道宗时，"遣使括三京隐户，不得"，又派耶律引吉往括，也只得数千户。又诏诸道"检括脱户（逃户）"。马人望奉命检括户口，不过十得六、七。农民的大量逃亡，说明辽朝封建的经济剥削和政治压迫日益残酷。

从圣宗时起，各族农民即不断举行起义，以反抗辽朝的封建统治。天祚帝时，起义更加发展。史书没有留下详备的记载，据现存简略的记事，依然可见人民群众的斗争浪潮是汹涌澎湃的。

王氏起义 九九三年二月，史载霸州民妻王氏"以妖惑众"，当是利用某种宗教形式组织起义，因辽朝发觉而被镇压。

鼻舍起义 统和十二年(九九四年)正月，契丹郎君耶律鼻舍等"谋叛"(《辽史·圣宗纪》)。"郎君"是契丹下层的小吏，不同于辽朝贵族的权利争夺。大抵契丹民众推耶律鼻舍等为领袖，准备起义，起事未成而鼻舍等被杀。

大延琳起义 一〇二九年，东京渤海居民举行大规模的起义。辽灭渤海后，仍维持原有的封建剥削制度，无盐酒等税。关市商税也较少。圣宗时，汉人韩绍勋为户部使，对渤海居民一切依照燕地制度征税。户部副使王嘉又令渤海居民造大船，将粟米运往燕地。水路艰险，多至覆没。辽官动辄鞭掠，渤海居民遭受的压榨极为严酷。一〇二九年八月，渤海农民在东京起义，囚禁辽留守、驸马都尉萧孝先及南阳公主，杀韩绍勋、王嘉及辽军官萧颇德。起义者以东京舍利军详稳大延琳为首，建国号兴辽，年号天庆（《高丽史》作天兴）。西取沈州，不下，还守东京。邻近的女真人也起而响应。辽朝派出南京留守萧孝穆等领兵往讨，与兴辽太师大延定相攻。次年，即辽圣宗死前一年，大延琳被擒，渤海的反抗前后延续一年之久而遭到失败。

李宜儿起义 一〇四四年七月，香河县李宜儿"以左道惑众"，即以宗教工具组织起义，被镇压。

杨从起义 一〇六七年六月，新城县杨从起义，"署官吏"，可能已建立政权，但不久即失败。

"李弘"起义 一一一三年闰四月，有以"李弘"为号的起义者"以左道聚众"起义。"李弘"一名源于道教，每为起义农民所利用。刘勰《灭惑论》有"张角李弘，毒流汉季"之说。《老君音诵诫经》说："但言老君当治，李弘应出，天下纵横返道者众，称名李弘者岁岁有之"。晋朝和十六国的后赵、后秦都有过以李弘为号的农民起义。隋末农民战争中，扶风人唐弼聚众十万起义，也"推李弘为天子"。大抵李弘的称号是利用道教的符谶，以示"应谶当王"。辽朝逮捕了号称李弘的起义领袖，用酷刑"肢解"处死，并把肢解的尸体"分示五京"。想见这次起义群众的秘密组织，分布各地，规模是巨大的。

古欲起义 一一一五年二月，饶州渤海古欲等结集投下城居民起义，有步骑三万余，古欲自称大王。四月，大败萧谢佛留统领的辽兵。辽以南面副部署萧陶苏斡领兵镇压，古欲又战胜。六月间，古欲被擒，起义者六千余人牺牲，起义失败。

东京起义 天庆六年（一一一六年）正月元旦，东京有少年十余人执刀越墙，入留守府，杀辽东京留守萧保先。史载"萧保先严酷，渤海苦之，故有是变"。起义者当是遭到严酷压迫的渤海人民。辽户部使大公鼎（渤海人）集奚、汉兵千余人镇压，起义者全部被捕处死。

董才起义 一一一七年，易州涞水县董庞儿起义。董庞儿原名董才，"少贫贱，沉雄果敢"。起义发动后，群众多至万余人，给辽朝以极大的震动，被诬指为"剧贼"。二月，辽西京留守萧乙薛、南京统军都监查刺率大兵镇压。起义军在易水西战败。三月，再度聚集，败于奉圣州。董庞儿率众南下，越飞狐、灵丘，入云、应、武、朔等州，斩契丹监军。宋军招董庞儿，庞儿自号"扶宋破虏大将军董才"，率部投宋。

安生儿等起义　一一一八年，辽东路诸州，到处爆发农民起义。安生儿、张高儿领导的起义军，发展到二十万人。安生儿在龙化州战败牺牲。张高儿转战到懿州，与霍六哥起义军相合。六月，霍六哥攻陷海北州，直趋义州。在义州遭到失败。

前仆后继的农民起义，由于辽朝的镇压而失败，但起义沉重打击了辽朝的封建统治。

（三）女真的南侵和天祚帝的败亡

人民起义打击下的辽朝，在北方又出现了强大的劲敌。

黑龙江和松花江一带的女真族，自阿保机建国以来，即受到辽朝的控制，向辽朝贡纳海东青和各种土产。辽兴宗时，女真向外掳掠，但还只是各部落单独行动。道宗时，形成部落间的联盟，联盟长称都勃极烈（大部长），日渐强盛。一一〇一年，在辽天祚帝即位的同年，女真完颜部长阿骨打为都勃极烈。此后连年侵掠周邻各部。一一一四年，阿骨打统领女真诸部兵攻陷混同江东的宁江州。天祚帝遣妃兄萧嗣先和萧兀纳统契丹、奚及诸路兵七千出击,大败于出河店。女真渡混同江进击,萧嗣先军望风奔溃。家属资财,都被女真掠获。女真收编辽俘虏入军中,军势更盛。——一五年(辽天庆五年),阿骨打建立国家,称皇帝(金太祖),国号金,年号收国。

辽朝后期,契丹贵族日趋腐化。北院枢密使萧奉先(嗣先兄)甚至已不知领兵。辽军两败,天祚帝起用汉人张琳、吴庸等领兵东征。张琳等是庸碌的儒生,下令汉人富民,凡有家业三百贯者出军士一人,自备器甲,限二十日会齐。各家以平时枪刀充数,弓弩铁甲,百无一二。新募的汉军与契丹军杂编,分四路出击。这样一支由不知兵的文人统领的临时拼凑的杂牌军,自然不堪锐气正盛的金兵的一击。张琳军在淶流河大败。数月间,金兵接连攻陷州城,大肆杀掠,把儿童挑在枪尖上,作盘舞游戏。辽朝丁壮被掳去选编充军,金兵增至万人。——一五年秋,辽天祚帝下诏亲征,率契丹、汉军号称十余万,带数月粮,命萧奉先为御营都统,耶律章奴为副,以精兵二万为先锋,期以必灭女真。十二月,天祚帝与女真兵遇,接战不久,辽军败溃,横尸满野。天祚帝一日夜逃奔五百里,退保长春。金兵乘胜侵占辽阳等五十四州。

耶律章奴见辽军溃败,谋废天祚帝,另立燕王、南京留守耶律淳。章奴与同谋者二千骑奔上京迎立,遣淳妃弟萧敌里去南京报淳。耶律淳斩敌里,往见天祚帝。章奴事败,投女真,中途被捕获腰斩。章奴叛时,萧奉先因耶律淳长期统治汉地,恐军中汉人与章奴通,下令放还。军士欢呼散去,或烧营逃走。天祚帝随行兵士只剩下三、五百人。

一一一六年,渤海人高永昌据东京反,称大渤海皇帝。占据辽东五十余州,只沈州未下。天祚帝命张琳往讨。张琳招募辽东失业流民,得兵二万,至沈州。发兵攻东京城,与渤海战,互有胜负。高永昌向金兵求援,金兵大举来侵,辽兵失于戒备,败逃入沈州城,金兵入城,纵兵杀掠,张琳缒城逃走。天祚帝贬张琳为平州辽兴军节度使。

张琳败后,天祚帝以耶律淳受贵族拥戴,命淳为都元帅抗金。耶律淳招募辽东饥民得二万余,编成军队称"怨军"(怨恨女真),另募燕云民兵数千,原属董庞儿等的起义军余部也被收编在内。耶律淳攻沈州不下,还军。金兵斩高永昌,据有其地。一一一七年,耶律淳统领的"怨军"有两营起义反辽。耶律淳往讨起义的"怨军",在徽州东与金兵遇,大溃败。金兵占领新州。成、懿、壕、惠等州均降。金兵又攻耶律淳于显州蒺藜山,辽兵又大败。天祚帝在中京闻燕王兵败,金兵入新州,对左右说:"如果女真必来,我有日行三百五十里的快马,又与宋朝为兄弟,夏国为舅甥,都还可以去,也不失一生富贵!"辽朝君臣已在作逃跑的打算,辽国必亡,已是没有疑问了。

金国节节获胜，进据东京、黄龙，占有辽东、长春两路。辽在边地州城多年储备的粮饷，也都为金人取得。一一一七年，阿骨打建号大圣皇帝，改元天辅，遣使与辽议和。金对辽提出的条件，大体近似澶渊之盟时辽对宋的条件：辽册金帝为大金大圣大明皇帝，称兄，岁输银绢二十五万两、匹，割辽东、长春两路地。辽朝册阿骨打为东怀国皇帝，不称兄，其余一切照办。阿骨打不允。一一二〇年，阿骨打亲攻辽上京，上京留守降。天祚帝去西京。辽朝郡县至此已失去半数。

辽朝灭亡在即，贵族之间仍在相互诛杀。一一二一年，文妃与统兵副都监耶律余睹（文妃妹夫）、驸马萧昱，贵族耶律挞葛里（文妃姐夫）等被诬指谋立皇子晋王。元妃兄、北院枢密使萧奉先派人告发，文妃赐死，萧昱、耶律挞葛里都被处死。晋王因没有参预此事，免罪。耶律余睹在军中叛变投金。一一二二年，金兵攻陷辽中京，进陷泽州。天祚帝出居庸关，至鸳鸯泊（辽捺钵）。余睹引金兵来攻。萧奉先向天祚帝献策说：余睹此来不过为了晋王。杀了晋王，余睹自回。晋王敖鲁斡由此无罪而被处死，满朝贵族更加解体。余睹引金兵直逼天祚帝行帐，天祚帝率卫兵五千逃往云中。三月，金兵进陷云中，天祚帝逃入夹山。萧奉先父子逃跑，被兵士截回处死。

天祚帝进山，消息不通。耶律淳奉命守燕京。汉人宰相李处温与辽皇族耶律大石、奚王回离保等在燕京拥立耶律淳,号天锡皇帝,改元建福。"怨军"改号常胜军。又降封天祚帝为湘阴王。从此燕、云、平等州及辽西路、上京路、中京路地都为耶律淳所控制,世称"北辽"。天祚帝在夹山,势力范围只限于辽朝西北和西南路边地的诸游牧族。耶律淳以回离保知北院枢密使事,军事委付耶律大石。遣使报宋,免岁币、结好,宋不许。又遣使奉表于金,乞为附庸。事未决,即病死。耶律淳称帝仅三个月,遗命李处温等迎立天祚帝次子秦王定为帝,淳妻萧德妃为皇太后,主军国事。李处温等与宋朝童贯联络,策划挟持德妃投降宋朝。德妃处死李处温等,遣使奉表宋朝求援。金兵至奉圣州,德妃又向金上表,求立秦王定,金不许。金兵入居庸关,攻陷燕京,德妃出古北口,至天德军见天祚帝,天祚帝杀德妃。

一一二三年四月,金兵围攻青冢寨。天祚帝子秦王定、许王宁等都被金兵俘掳。梁王雅里由硬寨太保特母哥护卫逃跑,往见天祚帝。五月,军将耶律敌烈与特母哥等又拥梁王雅里北逃,至沙岭,雅里称帝,改年号神历。十月间,雅里病死。

金兵在居庸关擒获耶律大石,一一二三年九月,大石领兵逃出,归见天祚帝。天祚帝责问说:"有我在,你怎么敢立淳?"大石回答说:"陛下以全国之力,不能拒敌,弃国逃跑,使黎民涂炭。即使立十个耶律淳,都是

90

太祖子孙,岂不胜于向别人求命么?"天祚帝无话可答,只好赦免。天祚帝得大石兵,自称得天助,一一二四年秋,谋再出兵收复燕云。大石说:"国势至此,当先养兵,等待时机而动,不可轻举。"天祚帝不听。大石见辽将亡,杀北院枢密使萧乙薛等,率骑兵西去,自立为王。

大石去后,一一二四年冬,天祚帝自夹山出兵,南下武州,遇金兵,败溃。辽将领多率部降金。保大五年(一一二五年)正月,天祚帝经天德军过沙漠西逃。二月在应州被金兵俘掳。在金朝被囚一年多后病死。

契丹自九一六年太祖阿保机建国至天祚帝被俘,凡二百〇九年。太宗九四七年灭晋,建国号大辽。圣宗时一度改国号大契丹,道宗时复号为辽。自阿保机至天祚帝,习惯上都称为辽朝。

(四)西迁后的辽朝——西辽

辽皇族耶律大石率部西去,重建辽朝,史称西辽。西辽存在于我国西北约九十余年。正象南迁后的南宋是北宋的继续一样,西迁后的西辽也是辽朝的继续。《辽史》编者不在天祚帝被俘,而在西辽亡后,才作为"辽绝",是符合实际的。

一一二四年,大石率二百铁骑向西北方行进。西北边地是诸游牧族的地区,在金朝南侵过程中,仍然是辽朝的统治范围,局势是稳定的。大石北过黑水,白达

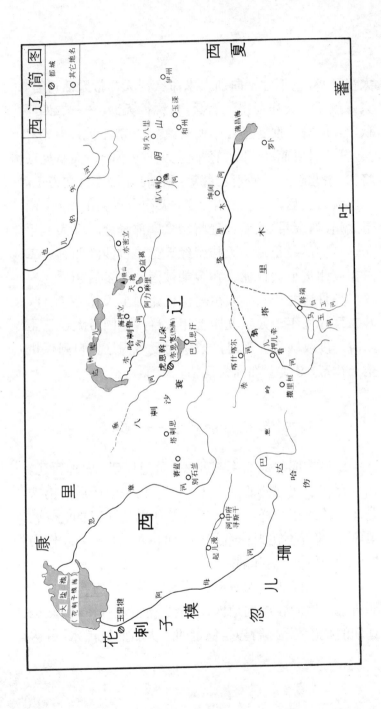

达详稳床古儿来献马四百匹，驼二十，羊若干。再西行，至辽朝西北的重镇可敦城。大石在可敦城召集边地七个州城和鞑靼、乌古、敌烈、王纪剌（弘吉剌）、密儿纪（蔑儿乞）、乃蛮等十八部的部众，宣告说："金国逼我国家，残害黎民，侵占州邑，使天祚皇帝逃奔在外。我现在仗义而西，要借助你们诸部的力量，消灭敌人，恢复疆土。你们也有人替国家着想，拯救苦难中的人民么！"各部多出兵马，归大石指挥，得精兵万余人。设置官吏，备武器，又组成了一支新的军事力量。

大石通辽、汉文字，在辽朝为林牙（翰林）。在燕京拥立耶律淳时，左右的官员和统率的士兵多是汉人。大石西行，可能也有汉人随从。大石仍依辽朝制度分设北面和南面官。金朝得到的报告说：大石在北方称王，置南、北面官僚，有战马万匹，畜产甚多（《金史·粘割韩奴传》）。

一一二五年初，天祚帝被俘后，大石仍在可敦城一带，依据他一贯的主张，积蓄力量，而没有轻易出击。但大石的存在，仍引起金朝的不安。金都统完颜希尹建言，严防大石与西夏联合。一一二九年，金泰州路都统又奏报，大石在发展势力。此时的金朝在全力侵宋，不暇北征契丹，大石也还没有足够的力量南伐金朝。一一三〇年初，大石决计向西方求发展。二月，以青牛白马祭天地，整顿军旅，经回鹘西行。大石先写信给回鹘王毕勒哥说："自我太祖以来，与你们非一日之好。今天我要西去大食，经过你们这里，请不要生疑。"毕勒哥得信，迎接大石，大宴三日，又献马六百、驼百、羊三千，愿作大石的附庸，送大石至境外，西去。

金朝得知大石去回鹘，遣降将耶律余睹与石家奴等领兵追讨，沿途向西北诸部征兵，诸部拒绝。石家奴至兀纳水还军。余睹得知大石已在和州（西州）回鹘境内，恐与西夏联结，遣使去西夏询问。西夏回答说，夏国与和州不相接壤，也不知太石的去向。

大石的去向，是自和州再往西行，至叶密立，征服这里的突厥人的众多部落，约四万余口。大石曾在此建城，据说此城的遗址曾长久地留存。

一一三一年，文武百官立耶律大石为帝，称天祐皇帝，又采突厥称号为葛儿汗（或译古儿汗，众汗之汗），建元延庆。重建的辽朝又号哈喇契丹（黑契丹，崇尚黑色）。

一一三四年，耶律大石迁都到八剌沙衮，改元康国。八剌沙衮地在塔剌思东，楚河南岸，热海西，原是回鹘的旧城。西辽时，回鹘邹括部占据此城，部民种田为业，以收获的十分之一缴税。邹括部大概还不能自己制造兵器，武力是薄弱的（《金史·粘割韩奴传》）。它时常遭到突厥康里部和哈剌鲁人的骚扰，袭击它的部民，劫掠牲畜和财物。耶律大石称帝后，八剌沙衮的部长，也象西州回鹘那样，愿附属西辽，并请求大石进驻此城。大石迁都后，号八剌沙衮城为虎思斡尔朵（契丹语：强有力的宫帐），并向周围的城邑派遣了管民官。从此，西辽即一直建都在虎思斡尔朵。

西辽的统治巩固后，连年对外作战，扩展了它的领域。关于西辽的史事，《辽史》与波斯、阿拉伯史家的记载，时间先后，互有异同。下面是参据中外史籍而作的一个大概的叙述。

《辽史》记载说，耶律大石建都于虎思斡尔朵后，以萧斡里剌为兵马都元帅，萧查剌阿不为副，率骑兵七万东征。出征前，大石誓师说："我率领你们远至朔漠，是期望恢复大业"。东征的目标显然是试图兴复辽朝。西辽兵东至喀什喀尔，这里原有辽朝的汉人和契丹兵驻扎，西辽军至，即相率归服。西辽军征服喀什喀尔后，进而征服了和阗。但在继续进军时，可能由于沙漠的阻隔，牛马多死，难以前进，不得已而还师。

西辽军至喀什喀尔时，曾分出一支军队，进至阿姆河彼岸，与撒马尔干的算端展开激战，获得胜利。（据阿

新疆阿克苏地区沙雅
发现契丹文铜印印文

新疆伊犁地区发现
契丹文铜印印文

拉伯史家阿提耳记述，时在一一三七年）算端求助于塞尔柱王朝的桑伽尔（一说花剌子模王唆使西辽攻桑伽尔）。桑伽尔大军与西辽军在迪尔干姆河（科克恰河）附近相遇。一一四一年两军大战，桑伽尔惨败，伤亡近十万。西辽的这支军队，大概就是由萧查剌阿不率领（波义耳英译本尤外尼《世界征服者史》的 Erbüz，疑即萧查剌阿不），乘胜向西北进攻花剌子模。花剌子模沙（王）阿提西兹投降，作西辽的属国，每年向西辽交纳贡金三千金第纳尔，并贡献大批货物和牲畜。萧查剌阿不得胜回师。

耶律大石于一一四三年病死，依汉制立庙号，德宗。子夷列年幼，由皇后塔不烟执政。西辽的领域，在大石时已基本上确立：北至巴尔喀什湖，东自今新疆西部，领有别失八里，东南抵和阗，西南界阿姆河，西达咸海，统治花剌子模。重建的辽朝屹立在我国西北，又是一个强大王朝。

直到十三世纪蒙古建国以前，我国境内形成为西辽、西夏、南宋和金四朝并立的局面。南宋和西辽没有直接的往来，但仍看作是辽朝的迁徙。一一六一年（宋绍兴三十一年），宋朝号召金朝统治下的契丹人起而抗金。高宗诏书中说："契丹和我是三百年兄弟之国。……由于遭到女真的祸害，我既移驻江南，辽家也远徙漠北，相去万里，音信不通。……现在我提兵百万，收复中原，你们大辽豪杰忠义之士，也应协力，乘势歼灭女真的头子，报耶律氏的深仇。将来事定，通好如初。"（《宋会要稿》蕃夷三，参《三朝北盟会编》卷二三四）一一八五年（孝宗淳熙十二年），南宋还曾得到过西辽假道西夏伐金的谍报。金朝主要是从回鹘人那里知道西辽的情况。一一四四年，金朝曾派遣粘割韩奴随同回鹘使者出使西辽。韩奴去后，久无消息。后从回鹘商人得知，韩奴至西辽，即被处死。金朝统治下的契丹人为反抗金朝贵族的压迫，也往往结成小股，陆续投奔西辽。西辽自耶律大石以后虽然没有再展开大规模的对外作战，但它的存在，对西夏、金、宋的影响都是深刻的。

塔不烟执政七年，仍依汉制，称感天皇后，改元咸清。七年后，即一一五一年，夷列即位，改元绍兴，在位十三年，庙号仁宗。一一六四年，仁宗死，妹普速完权代执政，称承天太后，改元崇福。普速完与夫弟朴古只沙里通，谋杀夫驸马萧朵鲁不。萧朵鲁不父都元帅斡里剌领兵围皇宫，射杀普速完及朴古只沙里。一一七八年，仁宗次子直鲁古即皇位，改元天禧。在直鲁古统治期间，西辽不断发生了重大的事变。

西辽统治下的花剌子模，一二〇〇年，阿提西兹的后裔穆罕默德继王位。起初仍照旧例，向西辽纳贡。统治阿富汗地区的古尔人木亦速丁入侵花剌子模，直鲁古派兵万人帮助花剌子模打退了来犯的古尔人。穆罕默德在胜利后强大起来。他开始抵制西辽的统治，拒绝交纳贡品。两三年后，直鲁古派遣西辽的官员马哈穆德泰去花剌子模索取贡品。穆罕默德乘机离开，而由他的母亲特尔肯可敦（皇后）去接待。可敦向西辽交付了全部贡品，并确认，花剌子模依然遵守投降时确立的那些条件。可敦派遣使臣随同辽使向西辽致歉。但是，马哈穆德泰已看出穆罕默德的不忠，并报告给直鲁古。花剌子模的使臣因此不再受到礼遇。西辽与花剌子模的关系逐渐紧张了。

花剌子模的穆罕默德，继续策划推翻西辽，征服阿姆河北岸地区。他派出一支军队到布哈拉，并和撒马尔干的算端奥斯曼相联络，煽动反抗西辽。阿拉伯史家尤外尼记载说：这时"所有人都已疲倦于（西辽）古儿汗的长期的统治，厌恶他的收税官和当地行政机构的官员，这些人违反常规，他们的行径是非法的、残暴的。"（《世界征服者史》）花剌子模的反抗计划，迅速得到了响应。

正当花剌子模策划反抗的年代，乃蛮部太阳汗的儿子屈出律来到了西辽。

十三世纪初，蒙古族迅速地强大起来。一二〇四年，蒙古乞颜部长帖木真（成吉思汗）灭了强大的乃蛮部。乃蛮部长太阳汗败死。一二〇六年，成吉思汗在斡难河畔建立了蒙古奴隶主的国家。屈出律穿过别失八里，进入苦叉地区，一二〇八年初，逃到西辽。直鲁古收降了屈出律，并把皇后古儿别速所生的女儿嫁给了他。乃蛮部原是信奉景教的部落，屈出律降西辽，改奉佛教。

花剌子模和撒马尔干等策划反辽。屈出律见西辽的统治动摇，又得知乃蛮残部仍散处在山中，便请求东归收集残部，企图伺机篡辽。波斯史家拉施德在《集史》中记载，屈出律对直鲁古说："我离开自己的部落和人民已经很久了。""我听说我的很多部众和军队流散在叶密立、海押立和别失八里地带。当他们得知我的消息后，他们就会在各地聚集起来抵抗敌人。如果古儿汗（指直鲁古）放我走，我就前去收集他们。"又说："只要我还活着，我就要依照忠诚和道义行事，听从你的命令。"屈出律骗取了直鲁古的信任。屈出律离开西辽东行，收集乃蛮残部，又组成了一支作战的队伍。

屈出律去后，直鲁古才有所悔悟，下令召奥斯曼等加强戒备。撒马尔干的奥斯曼拒绝西辽的命令，与花剌子模联合反辽。这时，屈出律也早已和花剌子模相勾结，双方派使者往来联络，约定穆罕默德算端从西面进军，屈出律从东面进军夹攻西辽。直鲁古派兵三万攻打奥斯曼，获得胜利，进驻撒马尔干。屈出律便集结兵力在东部发动叛乱。直鲁古不得不自撒马尔干撤军，分兵攻打屈出律。花剌子模的穆罕默德乘机发兵进驻撒马尔干，并与撒马尔干合兵进攻西辽西部的重镇塔剌斯。西辽在塔剌斯大败，守将塔延古被俘。八剌沙衮也投降穆罕默德。当直鲁古的大军返回八剌沙衮时，居民闭城拒守，苦战十六日。西辽结集各地兵力攻城，用大象抵毁城门。攻下后，辽兵大肆杀掠，四万七千人被杀，抢掠财物无数。马哈穆德泰下令西辽军把掳获品一律交出，各军不服，纷纷叛乱。辽军陷入一片混乱之中。

屈出律得知西辽军乱，便乘机迅速进兵，出其不意，获得大胜。直鲁古被围投降。一二一一年，屈出律篡夺了西辽王位，奉直鲁古为太上皇，皇后为皇太后。两年后，直鲁古病死。屈出律沿袭辽朝制度，仍号西辽（黑契丹）。但花刺子模和撒马尔干一带都已不再为西辽所有。

屈出律篡夺西辽后，对西辽的各族居民进行了残暴的统治。他首先派兵进攻阿力麻里，并派遣军队驻扎在喀什喀尔、和阗、叶尔羌等地，镇压当地的人民。拉施德记载说："他每年都派遣军队到这方面的一些回教徒住地去放毒和焚烧谷物。由于他们的收获连年被毁，人们缺少粮食，陷入了绝境"。"在每一个合惕忽答（家长）的住宅中，都安置了一名士兵住宿。"屈出律凭借军事暴力强迫这些地区信奉伊斯兰教的居民改奉佛教，并改穿辽朝契丹人的服装。屈出律的暴政遭到各地人民的反抗。一些反抗的教士被残酷地处死。

西辽在屈出律统治下，前后经过了七年。一二一八年，蒙古军队由者别统率，向西辽进攻。屈出律这时正在喀什喀尔城中，听说蒙古军来攻，即慌忙逃跑。蒙古军下令，各地居民保持自己的宗教信仰，从而赢得了伊斯兰教居民的支持。各地居民奋起杀死住在各家的西辽兵士。西辽可散城八思哈管民官曷思麦里投降蒙古,为者别作先锋,引蒙古军追击屈出律。屈出律逃到巴达哈伤的撒里黑昆山谷,被蒙古军捕杀。喀什喀尔、和阗、叶尔羌等地相继投降,归于蒙古(元朝)的统治之下。

辽朝自九一六年阿保机正式建国,前后经过了三百零二年的历史过程,在一二一八年最后灭亡了。

第三节　辽代的经济与文化

(一)经济概况

契丹族原来在潢河流域以渔猎为生,进而经营畜牧。辽朝建立后,又在汉族的影响下,逐步发展了农业生产,出现了工商业的繁荣。上节已经叙述过契丹社会制度的变革,下面只说契丹、汉族等各族人民在各个部门的生产状况和商业贸易。

一、渔　猎　畜　牧

渔业 契丹旧居潢河、土河间,四时捕鱼。冬春之际,江河水冻,有凿冰钩鱼法。辽朝一代,一直沿用。宋人程大昌《演繁露》记载道宗时在达鲁河(长春河)钩鱼的情况。大意是：达鲁河东连大海，正月结冰，四月解冻。钓鱼时，先使人在河上下十里间用毛网截鱼，不让鱼跑掉。在河面凿四个冰洞，叫做冰眼。三个冰眼凿薄不透冰，从这里观察鱼的动静。一个冰眼凿透，准备钓鱼。鱼在冰里日久，遇到有出水的地方，一定要来伸头吐气。等鱼到冰眼，用绳钩投去，没有钩不中的。另有一种夜间罩鱼法。辽圣宗时，宋朝的使臣宋绶来辽，听说圣宗在土河上罩鱼。在河冰上凿冰眼，举火一照，鱼都来凑集，垂下钩竿，很少能跑掉（《宋会要稿》，又见《续资治通鉴长编》天禧五年）。

辽朝历代皇帝也经常在达鲁河或鸭子河（混同江）的春捺钵钓鱼。捕获头条鱼后设宴庆祝，称"头鱼宴"。这种捕鱼法，长久流传。元朝时，张德辉至胪朐河（胪朐音卢居 lu jū），当地居民说，河中有三四尺长的大鱼，春夏秋都不能捕得，到冬天可凿冰捕获。（《塞北纪行》）直到现在，我国北方某些地区仍然沿用凿冰钓鱼法。据《北史·室韦传》记载，室韦族曾有过凿冰入水"网取鱼鳖"法。凿冰钓鱼的生产方法当是契丹劳动人民的一个创造。

射猎 《唐书·契丹传》说：契丹"射猎，居处无常"。契丹建国后，仍旧长久保持狩猎生产（《辽史·游幸表序》）。契丹妇女，自后妃以下，也都长于骑射，和男子一起田猎。按照季节的不同，大体上是，春季捕鹅、鸭，打雁，四五月打麋鹿，八九月打虎豹。此外，也射猎熊、野猪、野马，打狐、兔。狩猎以骑射为主，辅以其他方法。如射鹿：在鹿群必经之地洒上盐，夜半鹿饮盐水，猎人吹角仿效鹿鸣，把鹿引到一起，聚而射之，叫做"舐瀻鹿（瀻同碱）"，又叫"呼鹿"。射鹿历来是契丹狩猎生产中的一个重要部门。《北史·契丹传》记北朝时契丹风俗，父母死三年后收尸骨焚烧，祝告说："若我射猎时，使我多得猪（野猪）鹿"。东丹王倍善画契丹人物射猎，有千鹿图为宋朝所得。辽庆陵壁画，也画有鹿的形象。捕捉鹅、雁、野鸭等飞禽，多利用饲养的鹰鹘，特别是产于东北的海东青鹰。辽朝每年都要到女真等部捕捉或强索海东青饲养。辽帝春捺钵捕鹅，先由猎人找到有鹅的地方，举旗帜为号，周围敲起扁鼓，把鹅惊起，然后放鹰捕捉，鹅坠下后，用刺鹅锥刺死，举行"头鹅宴"祝贺。春捺钵以海东青捕头鹅，带有多少固定的典礼性质。一般契丹猎人，当只是饲鹰捕捉飞禽，鹰是他们生产中的助手。契丹人又用豹作助手，驯豹捕兽。宋绶至契丹，看到引出三个豹，很是驯服，在马上依附契丹人而坐，狩猎时用它来捕兽。（《宋会要稿》）陕西乾县近年发现唐章怀太子墓壁画《出猎图》，画一骑射猎人，背后一驯豹蹲坐马背，随行出猎。又一猎人，背后豹不驯，猎人在马上回视，怒目挥拳。唐武后时，陆续收编契丹流散部落，任用契丹降将（如李楷固、李光弼）。唐人的驯豹猎兽，很可能是从契丹传来。唐壁画的情景当近似于契丹的情景。

畜牧 畜牧业是辽朝契丹的主要生产部门。《辽史·营卫志》说："大漠之间，多寒多风，畜牧畋渔以食，皮毛以衣。转徙随时，车马为家"。辽代契丹仍是随水草放牧，即所谓"马逐水草，人仰湩酪"（湩音冻dòng）（《辽史·食货志》）。但各部落实行地区性统治后，除战马外，分地以牧，各有多少固定的"分牧"地区。放牧的牲畜以驼、马、牛、羊为主。骆驼用以载运物资，也用来拉车（沈括：《熙宁使虏图抄》）。牛用来载物、拉车（迁徙有毡车，运载有大车，送终拜陵用牛车），兼供乳食。羊主要供取皮毛和肉食。马是主要的牲畜，所谓"其富以马，其强以兵"（《辽史·食货志》）。契丹射猎、放牧、交通、作战都不能离开马匹。《辽史》记载牲畜价格，分驼、马、牛、羊四等。但在牲畜中，马和羊数量最多，也最重要。述律后对辽太宗说"我有西楼羊马之富"。羊和马从来是契丹牲畜财富的代表。早自契丹建国前，历代贵族对北方游牧族作战，总要大量掳掠牲畜。建国后，被征服的各族也要每年把一定数量的牲畜进贡给辽朝。对外掳掠所得，分赐作战将士。因而牲畜的占有有官、私之分。私有数量的多少，又有了贫富之别。辽朝封建制确立后，各部出现的大批贫民，主要当是贫苦的牧民。官有的牲畜拥有极大的数量。据《辽史·道宗纪》：道宗时"牧马蕃息，多至百万"。辽朝在各地区设有"群牧使司"、"马群司"、"牛群司"等各级官员管领。边地各族历年进贡的牲畜，大概即由驻在当地的群牧官就地管理，因而天祚帝亡前，西北边地仍拥有大批的马群。大石西行时，西北各族进献马、驼、羊等大批牲畜，奠立了辽朝西迁和重建的基础。

二、农　　业

辽太祖阿保机采韩延徽策，安置俘掳的汉人在北地从事垦艺。此后，各投下州的汉族人民，也务农耕作。契丹封建制确立后，又出现了租种契丹、奚贵族田地的汉人佃户。九八二年，景宗诏："诸州有逃户庄田，许番汉人承佃，供给租税"（《宣府镇志》）。宋苏辙使契丹，在中京南见奚人役使汉人佃户，有诗云："奚君五亩宅，封户一成田，故垒开都邑，遗民杂汉佃"（《栾城集》）。据《契丹国志》记载，辽时中京一带的奚人也已从事耕种。契丹本族人民经营农耕，当始于太宗得燕云之后。《辽史·食货志》记辽朝建国前匀德实已"相地利以教民耕"。这一传说如果包含有可信的成分，当也只是个别地区的原始的耕作。太宗时才有开垦农田的明确记载。九三九年，以乌古居地水草丰美，命五院六院两部的瓯昆、乙习本、斡纳阿刺等三石烈人迁居到这里。次年，又给予海勒水一带地为农田，从事耕作。又诏有司教民播种纺绩。九四六年，诏"敢伤禾稼者，以军法论。"（据《辽史·营卫志》。同书《食货志》记述有误。）圣宗过藁城，见乙室奥隗部妇人种黍已熟，派人帮助收割，可见契丹部落中确已有部分居民参加农耕，但在契丹族的整个的经济生活中，还不如牧业的地位重要。到道宗时，农业耕作才又有了进一步的发展。道宗派耶律唐古率部在胪朐河边垦田，收获后即移屯镇州。耶律唐古在镇州连续十四次获得丰收，积粟几十万斛。马人望为中京度支使，到任半年，经营得法，也积粟十五万斛。东京道的咸、信、苏、复等五十多城，都设置了和籴仓，粜陈籴新，允许百姓借贷，收息二分，各处所积不下二三十万石。《辽史·食货志》说："辽之农谷，至是为盛"。

燕云十六州的汉人地区是辽朝农业的基地。辽朝统治者多次下诏募民垦荒，开辟农田。九九五年，准许昌平、怀柔等县百姓开垦荒地。九九七年，募民耕种滦州荒地，免租赋十年。一〇八九年，辽道宗赐给山西灵丘一所庙宇山田一百四十多顷。这个事实说明山区也已大批开辟了山田。

辽朝农作物，燕云地区仍以稻、麦为主。九八七年，李仲宣撰《祐唐寺创建讲堂碑记》说，蓟州"地方千里，籍冠百城，红稻青粳，实鱼盐之沃壤。"一〇六四年，道宗下令禁止南京百姓决水种植粳稻。天祚帝时，燕京"稻粱之属，靡不毕出"。蓟州三河县北乡有寺庄一所，景宗乾亨（九七九——九八三年）以前，垦田三十顷，其中种麦一千亩，都是上等的好田。

辽朝在农耕方面也有所创造。宋朝派往辽朝的使臣王曾记述他所看到的情形说，自过古北口，居民都住

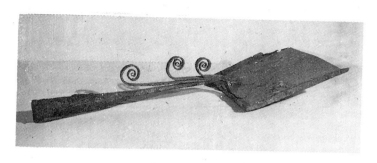

辽宁赤峰辽墓出土铁铲

辽宁昌图八面城辽代城址出土铜铧范

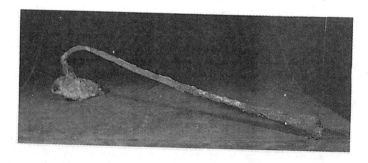

辽宁阜新辽代城址出土铁锄

草房板屋耕种，没有桑柘等树木，因为怕吹沙壅塞田地，种地都在垄上。《辽史·食货志》也说：辽地多半是沙碛，三时多寒，春秋要及时耕种收获，种黍要因地势高下，与中原不同。辽朝在北方风沙地带，因地势高下在垄上作垅田，是劳动人民的一个创造。

稻、麦、粱、黍之外，契丹旧地又多种穄（音记jì，糜子米）。《五代会要》说，奚人种穄，秋收后在山下作窖储存，煮穄作粥。《后汉书·乌桓传》说，乌桓居地宜于种穄。大概自东汉以来，就有种穄的传统。宋朝使臣去辽，辽朝多以乳粥待客（朱彧《萍洲可谈》，王洙《谈录》）。梅圣俞《送景纯使北》诗："朝供酪粥冰生碗，夜卧毡庐月照沙"（《宛陵先生集》）。乳粥或酪粥当是用穄制成。宋朝杂变税中有穄米一种。《东京梦华录》记载，宋朝京城开封，中元节时沿街卖穄米饭，用来祭祀祖先。种穄非辽朝所特有，但在契丹、奚的农作物中，穄是较为重要的一种。

汉地所无而辽朝已先有的作物是西瓜。辽太宗灭后晋后，晋同州郃阳县令胡峤随萧翰入辽，七年后逃到后周，撰《陷北记》记述在辽朝的见闻。胡峤说，自上京东行到一处平川，多草木，始吃西瓜。据说是契丹破回鹘得此瓜种，施用牛粪搭棚种植。瓜的大小象中原的冬瓜，但味道很甜。（《契丹国志》胡峤《陷北记》）在唐人文献中，不见有关西瓜的记载。胡峤的记述也说明，前此汉地并无西瓜。（李时珍《本草纲目》主此说）辽朝

108

自回鹘得瓜种，移植成功，以后传入金、宋，才逐渐为汉族农民普遍种植。西瓜自回鹘传入契丹，又自契丹传给汉族，在我国各族人民的经济交流史上，是一个值得记述的事件。

西辽灭亡后，耶律楚材于一二二二年到河中府，有诗云："万顷青青麦浪平"，"冲风磨旧麦，悬碓杵新粳。"描写出当地农业稻、麦丰收的繁荣景象。辽朝统治下的契丹族、汉族以及其他各族人民，不仅开发了我国的东北地区，也使西辽统治地区的农业得到了发展。

三、手 工 业

铁冶　在辽代的手工业中，冶铁占有重要的地位。契丹建国前，已开始有铁。阿保机征服室韦后，又有坑冶。胡峤《陷北记》说：室韦有三族，地多铜铁金银，室韦人制作的铜、铁器很精好（又见《辽史·食货志》）。大抵契丹从室韦人那里学得了坑冶法。阿保机灭渤海后占据广州，本渤海铁利府，改名铁利州。此地原为渤海铁冶地区，多有铁矿，成为辽朝的一个铁冶基地。阿保机又以渤海俘户在上京道饶州置长乐县，内一千户冶铁纳贡。宋朝使臣王曾在柳河馆西北，也见有渤海人就河漉沙石炼铁。渤海在唐时即擅长冶铁。《新唐书·渤海传》以渤海"位城之铁"为名贵出产之一。渤海冶铁术传入契丹，推动了辽朝冶铁业的发展。辽朝东京道尚州东平县有铁矿，采炼者三百户，按赋税制度供铁。阿保机南征幽、蓟，在还军路上发现银、铁矿，命置矿冶。冶炼者可能是俘掳来的汉族人民。契丹奴隶采炼的铁矿，有柳湿河、三黜古斯和手山三处。起初冶炼者是诸斡尔朵和大族（皇族）的奴隶，圣宗时置为曷术（铁）部。柳湿河和三黜古斯的今地，还不能确指，手山就是今鞍山的首山。首山附近曾发现过深达十八米的辽代矿坑，更加证明：辽朝的奴隶们是鞍山铁矿的最早的开采者。鞍山铁矿，现在经过我国钢铁工人的辛勤开发，已经建设成社会主义的钢铁基地。追本溯源，辽朝奴隶们创始的功绩，是值得纪念的。

辽东一带，自西汉以来即在平郭设有铁官冶铁。辽阳汉墓曾有大批铁器出土。辽朝的铁冶也多在这一地区，所以在东京设户部司管领。在辽朝的铁冶业中，又以冶炼镔铁最为著称。《金史·太祖纪》说："辽以宾铁为号，取其坚也。宾铁虽坚，终亦变坏，惟金不变不坏，……于是国号大金"。金朝依女真完颜部住地按出虎（女真语，义为金）水为国号，辽朝可能也是依辽水建号。《金史》所纪，出于附会，不甚可信。但辽朝号称出产镔铁，却是事实。镔铁是一种精炼的铁，接近于钢，或者即可认作是钢的一种（劳费尔《中国伊朗编》有此说）。《隋书·西域传》载波斯产镔铁。宋人乐史《太平寰宇记》说罽宾（罽音记jì）也产镔铁。《契丹国志》记大食等国向契丹贡献的物品中有"宾铁兵器"。辽初，大食仅"来贡"一次，《辽史》不载贡品，《国志》所记是否有

110

辽宁建平辽墓出土双龙纹鎏金银冠

辽宁赤峰辽墓出土银壶

据,不可知。大食的镔铁可能对辽有所影响,但显然不起决定的作用。沙俄的布勒士奈得在《中世纪研究》中说,镔铁是在十二世纪时由阿拉伯传入中国。他完全忽视了早在十世纪时辽朝以产镔铁著称的事实。王曾去契丹,至打造部落馆见有"番户"百余,锻铁为兵器。辽朝贺宋朝正旦,有镔铁刀作礼物。辽朝拥有丰富的铁矿,经过室韦、渤海、契丹和汉族等各族劳动人民交流冶铁技术,锻炼出质量较高的铁或较低的钢,是可能的。

金银 阿保机俘掳蔚县汉族人民,在泽州立寨"采炼陷河银冶"(《辽史·地理志》),又在征幽蓟还军道上,发现银铁矿,命令开采。灭渤海后,在富州置银冶,改名银州。圣宗时,在潢河北阴山及辽河之源各得金银矿,开矿采炼。现存辽代的石刻碑记中也反映出,辽朝境内的银冶存在于许多地区。大抵辽朝的金银矿,以汉族人民为主,与渤海、契丹等各族人民共同冶炼,并共同发展了金、银手工业。近年辽宁、河北各地出土大批辽代鎏金和银制手工艺品,包括鎏金马具、饮食用具、各种首饰和佛教器物,这些金银制品继承了汉族手工业者的传统技艺,又溶合了契丹族的某些特有的风格。

马鞍和车 宋太平老人著《袖中锦》以"契丹鞍"与端砚、蜀锦、定瓷等并列,称"天下第一"。契丹劳动人民制作的马鞍,不仅在辽朝,而且在全中国的各民族中享有盛名,是辽代手工业的又一个成就。辽朝回赐西夏等国贡使物件,有金涂鞍辔马,素鞍辔马,赐给宋朝

112

的礼物中还有涂金银龙凤鞍勒、银鞍。一九五四年，赤峰市大营子发掘辽驸马卫国王墓，出土有银质鎏金鞍饰，铸有精细的花草纹。银质鎏金鞍桥饰，铸作双龙戏珠纹，极为精美。契丹以鞍马为家，对马具的制作特为讲求，在当时我国各民族中，确是无与伦比。

辽朝还有专业的车工，在打造馆造车。沈括说："契

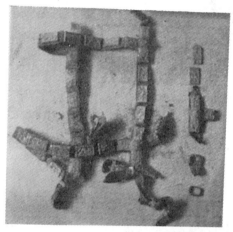

辽宁赤峰辽墓
出土马具三组

辽宁赤峰辽墓
出土车马器

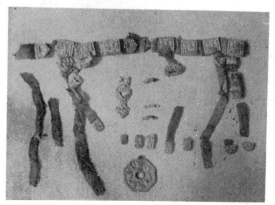

113

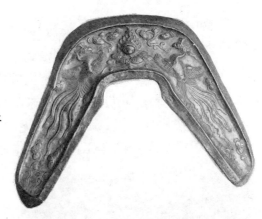

辽宁赤峰辽墓出土
鎏金银鞍桥

丹之车，皆资于奚。"大约奚族制车，比契丹更为精良。

纺织 辽朝的纺织业，燕云十六州的汉人地区，在唐五代的基础上继续发展。渤海地区，唐时曾以出产布、绵、绸著称。早在阿保机时，即驱掳汉地数州士女到契丹，传播了纺织技术。辽朝建国后，随着各民族的经济交流和农业的发展，在契丹、奚等族的旧地，也有了纺织业生产。胡峤记辽初上京的情况是"交易无钱而用布"。大抵当时布匹（麻布）已普遍生产。辽朝得燕云后，丝织业逐渐发展成颇大的规模。辽都上京有绫锦院诸工作坊，织工主要是汉人。祖州也有绫锦院，有契丹、汉、渤海等族手工业者三百人纺织，供辽朝皇室需用。辽朝以定州的汉人俘户在中京道建宜州，也从事纺织。《辽史》称，宜州"民工织纴，多技巧"。灵河（大凌河）沿岸灵、锦、显、霸四州植桑麻，居民无田租，只供蚕织。圣宗时曾以显州交纳的绫锦，赏赐左右贵族。《辽史·礼志》记辽朝贵族的礼服有锦袍、白绫袍、

114

辽宁北票辽墓出土
绿釉长颈凤首瓶

绛纱袍。辽朝对外赠送或赐与的物品中，有绫、罗、绮、锦、纱、縠、缎等多种，可见丝织业的发达。赤峰辽驸马卫国王墓出土有平金的丝织物。近年辽宁翁牛特旗发现辽壁画木椁墓。墓室中死者夫妇卧于尸床上，铺盖丝织的被褥衣衾。墓中出土有各色绫、罗、织锦、刺绣，并有刻丝和印染丝罗，显示出辽朝丝织业已达到相当高的水平。

制瓷 辽代手工业中另一特出的成就，是著名的辽瓷。瓷器是汉族劳动人民的一个重要的创造。辽代汉族、契丹等各族人民，在唐、五代制瓷技术的基础上，又有新的创造。近年各地陆续发现大批辽墓和

辽宁北票辽墓出土"龙鱼"形青瓷水盂

辽宁北票
辽墓出土
定窑莲花
带盖注壶

116

一些遗址，出土有大量辽瓷。分布的地区遍及辽代的南京、上京、东京以及现在的赤峰、建平、沈阳等地。出土瓷器有白瓷、青瓷、三彩以及细胎白黑瓷器、缸胎杂色大型瓷器和翠绿釉瓷等多种，明显地承袭唐和五代的传统，而又有所发展。适应契丹族鞍马毡帐的生活需要，辽瓷还出现一些新形制：如鸡冠壶，鸡腿坛，长颈瓶等。鸡冠壶仿照契丹皮袋的形式，壶上有环梁或穿孔，便于马上携带，更是辽瓷中最有代表性的特产。辽宁一些地区出土的三彩印花方碟和长盘，也是辽瓷所特有。辽瓷中也有不少汉族用品，如杯、盘、瓶、盂等，形制和质地与五代和宋朝的产品大致相同或相似。辽朝境内契丹与汉族居民长期共居，象在经济上政治制度上曾经两者并存一样，反映在文化上以至生活用品上，存在不同的风格，是自然的。辽朝与宋朝在经济上相互交流，也必然要相互发生影响。辽瓷中有很大一部分是仿照北宋定州窑烧造的，称为"仿定"。这些瓷器，在造型上受唐代瓷器风格的影响，在工艺上则接近或达到了北宋定瓷的水平。北京门头沟区龙泉瓷窑遗址发现很多"仿定"瓷片，与北京地区辽墓出土瓷器相同。近年出土辽瓷，地区分布甚广，数量甚多，说明辽朝制瓷业甚为发达。有的辽墓葬，随葬品很少，无金银器或铜器，但也有少量瓷器。这也表明：瓷器已成为人们日常生活的用品。

辽朝燕云地区也出现了类似宋朝的"作"的手工业组织。"作"的首领叫做"作头"和"都作头"。一〇五七年建造的房山县良乡镇清凉寺千佛像石幢，就是由姓王的"燕京作头"父子雕制的。有些辽朝的石刻还署有"盖阁都作头"、"盖殿宝塔都作头"等名称。

四、商业贸易

辽朝得燕云后，以幽州为南京，在辽阳设东京。承天后、圣宗时又在奚族旧地设中京（大定府）。兴宗改云州为西京（大同府），与上京合称五京。五京是辽朝政治重心，也是商业交通的重心。上京的城邑建制，如幽州制度。南城叫做汉城，是汉人集中的居住区，有楼对峙，下列市肆，经营商业。南门之东有回鹘营，回鹘商贩聚集居住。中京城由燕蓟的汉族良工营建，自朱夏门入，街道东西有廊舍三百间，居民在廊舍下布列店肆（列廛肆庑下）。东京外城称汉城，河北汉人在此聚居，有南、北市。早晨在南市，午后在北市交易。上京、中京、东京的商业区都在城南。南京依旧制，商市在城北，陆海百货都要聚集在北市买卖。西京大同府主要是军事城镇，商业远不如南京发达。

辽中京道惠州城址出土的兽面纹瓦当

辽朝皇室百官驻在
捺钵时，也往往有
临时的市场，交易
货物。辽朝设"行宫
市场巡检使"管理。
沈括在宋神宗时去
辽朝，见到"小民之
为市者，以车从之
于山间。"（《熙宁使
虏图抄》）各州县则
有市集。

辽中京城址出土的辽三彩盘

　　隋、唐以来，历史形成的各地区的经济联系，并没
有由于辽朝和五代、宋朝的政权并立而隔绝。五代时，
辽和梁通过聘使往来，交易货物。后唐在云州北野固
口与契丹互市，成为固定的贸易市场。后晋设回图务管
理贸易。辽朝派遣回图使，在开封设邸店，往来贩运。立
国江南的吴越、南唐也和辽朝有使臣往来，以纳贡或馈
赐的方式交易货物。九四三年，辽太宗曾遣使去南唐，
赠送羊、马，并出售马二百匹，买回罗、纨、茶、药等物品
《陆游《南唐书》）。

　　辽和北宋并立，前后一百六十余年，双方的贸易往
来，日益频繁，加强着北方和南方的经济联系。这种联
系大致通过三个途径进行：（一）朝廷往来聘使。每年
新正元旦、帝后生辰，相互遣使祝贺，带去大批珍贵礼

物。对方也以大批物品"劳赐使臣"。送礼和回赐有固定的项目和数额，形成朝廷间定期和定量的物品交换。(二)官方设立的榷场（贸易场）。宋初，在镇、易、雄、霸、沧州各设榷场，与辽交易。此后随着宋、辽关系的发展而时有变化。澶渊之盟后，辽朝先后在涿州新城、朔州南和振武军，置榷场与宋贸易。宋朝在雄州、霸州和安肃军置三榷场，后又在广信军置场。榷场是由官方管理的固定的贸易场所，辽、宋都设有专官，监督交易，征取税收。(三)私人交易。在榷场以外，还有大量的私市交易，以规避税收取利。有的商人越界去对方境内贩运谋利，甚至通事（翻译人员）也和使臣私相交易。榷场禁售的货物，也多走私。通过各种走私贸易，种类繁多的大批货物，往来贩运不断。

辽朝卖给宋朝的货物，牲畜中以羊为最多。宋神宗时，河北榷场买契丹羊，每年数万只，运到汴京（开封），多瘦恶耗死，每年费钱四十余万缗。通过各种途径输入宋朝的物品，还有马匹、马具、皮革制品、毛毡、镔铁刀剑、"北珠"等。北珠是来自女真的珍珠，在宣和间，围过寸者价至二三百万，极为名贵（《铁围山丛谈》卷六）。阿保机建国前，在炭山南古汉城有盐池。据说契丹八部都取这里的盐食用。此后开采，规模更大。辽太宗得河间煮海盐，得燕云后更多采海盐。辽盐产量甚大，售价较宋朝低，自海口入界河，经雄、霸入涿、易等地。通过走私活动，辽盐大量售入宋界，宋朝官吏不能禁止。

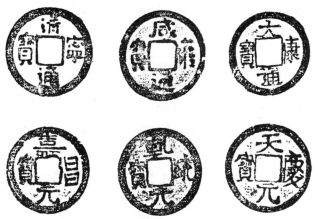

辽朝的铜钱

辽朝自宋朝输入的货物主要有：茶叶、药材、糯米、丝织品、麻布、漆器以及香料、犀角、象牙等奢侈品。

据胡峤所见上京的情形，辽朝初年，大约钱币还不甚流通。燕云地区仍然沿用五代时的旧钱。景宗时置铸钱院，铸乾亨钱。随着封建经济的发展，圣宗、兴宗、道宗各朝屡铸铜钱行用。在辽、宋之间的商业贸易中，辽钱严禁出境，但宋朝的铜钱却大量流入辽朝通用。

（二）文 化 概 况

契丹、汉族在经济方面相互交流，在文化方面也相互吸收。由于汉族的封建文化，比起契丹来，处在较高的阶段，契丹在由奴隶制向封建制的转化过程中，逐步接受了汉文化，但仍保持自己的民族特色。契丹和汉族共同创造了以汉文化为核心又带有契丹民族特色和时代特色的辽文化。

一、契丹文字

阿保机建国后，由突吕不等创制契丹文字，后来被叫做契丹大字。阿保机弟迭剌又制契丹小字。契丹大、小字长久失传，只有一些零散的存留。一九三○年，在今辽宁白塔子的辽皇陵，出土道宗及宣懿皇后等长篇契丹字哀册刻石，契丹字文献才被人们所注意。近年来，又陆续发现刊有这种契丹字的墓志（如辽宁义县萧相公墓志）和铜镜等文物多种。国内外的研究者曾对这种文字作过不少的探索，取得一些成绩，但还远不能通读。一九五一年，辽宁锦西西孤山出土辽萧元忠墓

辽太祖陵出土的契丹字残石刻

辽道宗哀册（契丹字局部）

志,刊有另一种字体较简的契丹文字。一九六六年,考古工作者在辽宁巴林左旗林东辽太祖陵,也发现了刻有同一种字体的契丹字残石。从出土契丹字文物看来,大抵前一种哀册文字当是契丹大字,后一种字体较简的文字是契丹小字(也有相反的说法,待考)。《五代史》附录《契丹传》说阿保机以汉字隶书之半增损,作成契丹文字。契丹大字和小字是依据汉字字体而改作的拼音字。契丹大字是以几个音符叠成契丹语的一个音缀,在形体上仍仿汉字合成一个方块字,很是繁赘难认。契丹小字,笔划稍简,所以又被叫做"小简字"(《辽文汇·补遗》郑恪墓志)。据说迭剌学习回鹘文后,才造契丹小字。据现存女真字推知,契丹小字大约是以一个方体字代表一个音缀,但不再象大字那样合叠成多音符的方块字,而是参照古回鹘文的办法,自上而下,连续直写。所以说它"数少而该贯"(《辽史·皇子表》)。但由于每个音缀仍是来自汉字的方体,无法联写,这就形成各音缀相互分离,各个多音词之间又不易截断的缺点,行用起来很不方便。契丹大小字大约只是在契丹贵族文人中使用,范围很窄。《辽史》记载精通契丹字的文人,大多兼通汉字。辽文化主要仍是以汉字作工具而得到传播和发展。

二、佛　教

契丹建国前流行原始的巫教,有巫和太巫。建国后，仍作为一种宗教习俗而保存下来。辽朝皇帝举行祭山仪、岁除仪、瑟瑟仪（射柳祈雨）等，都由巫或太巫赞祝行礼。柴册仪（选举联盟长、皇帝即位）拜日，丧葬及岁除拜火。阿保机掳掠汉人，佛教随之传入契丹。汉人在契丹地区为辽朝建设城邑，同时也建造佛寺。太宗得燕云后，佛教进一步传播，但据胡峤所见，上京的僧尼都还是来自燕云一带的汉人。圣宗以后，汉文明随着契丹封建制的确立而广泛发展，佛教也在辽朝更加流布。

辽宁昭盟巴林右旗发现的辽代石刻罗汉像

石经 隋僧徒静琬在涿州大房山的白带山开凿石室，刻石板佛经在石室收藏，用石块灌铁作门，准备佛教一旦毁灭后还可保存这些佛经。白带山因此又称石经山。山上有寺，唐时建号云居寺。静琬刻石经三十年，唐贞观十三年（六三九年）死。弟子相传五世，继续刊刻，此后即中断。辽时经几次战争，云居寺毁损，圣宗时重修。辽南京官员韩绍芳（韩延徽孙）打开石室，检对石经，上报辽朝。圣宗命僧徒可玄继续刊刻经板，补缺续新。经兴宗、道宗两朝，至清宁三年（一〇五七

北京房山云居寺南塔出土的石经板

年)刻完《大般若经》、《大宝积经》共六百块,合原存石经《涅槃经》、《华严经》等经共有二千七百三十块。合称四大部经(赵尊仁:《涿州白带山云居寺东峰续镌成四大部经记》)。此后,仍继续校勘刻石。天祚帝天庆七年(一一一七年),又将道宗时所刻石经大碑一百八十片,寺僧通理大师等校刻石经小碑四千八十片,埋在寺西南的地洞里,上建石塔一座,刻文标记(志才:《涿州涿鹿云居寺续秘藏石经塔记》)。从圣宗到天祚帝时的刊刻石经是辽朝对佛经的一次较大规模的校勘、整理。

校印佛藏 从兴宗时起,辽朝开始校勘、刊印大藏经,即佛经的总集。唐代佛经,流毒极广,但大批佛经的流布,主要还是少数僧徒传抄,或信仰者作为“功德”

摹写。敦煌发现唐咸通六年（八六五年）印本《金刚经》，说明印刷术发明后，佛经已在刻印，但也还只限于较通行的少数经卷。九七一年，宋朝在印刷术发达的成都，雕板十八万块，印成最早的大藏经，通称"宋藏"（《开宝藏》）。辽兴宗以来，辽朝也雕印大藏经（汉文），通称"丹藏"（契丹藏经）。据辽燕京的僧徒觉苑说，兴宗命远近搜集的佛经，都付雕印，并要人详勘，觉苑因此参预校勘。

辽代石经寺释迦佛舍利塔记（拓本）

一〇五三年（重熙二十二年），辽兴中府建灵岩寺，曾购得藏经一部收藏，以广流通（耶律劭：《灵岩寺碑铭》）。大抵当时丹经已经初步印行。道宗时，继续收罗，校勘入藏。一〇六八年（咸雍四年），南京玉河县的地主邓从贵出钱五十万与觉苑募信徒助办，印大藏经五百七十九帙，在阳台山清水院（北京大觉寺）收藏（《辽文汇》卷七志延：《阳台山清水院藏经记》）。一一〇三年（乾统三年），易州涞水县金山演教寺，也有本县董某捐造大藏一座，印五百余帙收藏（《辽文汇》卷八《金山演教院千人邑记》）。据大同华严寺金朝的碑记说，辽兴宗

127

时校证的藏经，即有五百七十九帙。佛经是麻醉人民的鸦片，大量印刷流通，只会更便于散播毒素。如果说还有一点作用的话，那只是佛教利用来作为传播工具的某些文化得以留存和在民族间交流。在丹藏雕印的差不多同时，辽朝的邻国高丽也雕印大藏经，通称"丽藏"。辽朝的丹藏传入高丽，很受高丽僧人的重视。高丽藏再次雕印时，取丽藏、宋藏和丹藏对照校勘，印成新雕丽藏。高丽僧宓庵说，丹藏总共不到二百函，不满一千册，"帙简部轻"，"纸薄字密"。宓庵赞叹说：这大概不是人功所能造成，好象是借助了神力。中国的雕板印刷、造纸，当然不是靠什么"神力"，而是人民群众劳动和智慧的产物。把它用来印造佛教的毒品，自然是极大的浪费。但宓庵所记丹藏情况却足以说明，辽朝劳动人民在造纸术、印刷术和书籍装帧等方面都已取得令人惊叹的成就，超过了唐、五代时期所达到的水平。

寺院佛塔　辽代在各地建造了大批寺院和佛塔。天津市蓟县现存辽建独乐寺观音阁，是一座雄巍的木构建筑，外观两层，内部三层。阁建于九八四年，中央泥塑将近五丈高的观音像，楼板中留空井，使佛像穿过直立。我国现存最古的木构建筑，五台山唐建佛光寺大殿，是运用传统的木材框架结构法。观音阁的建筑，实际是采用佛光寺大殿的框架法，而又三层重叠，构成一座三层的木楼。山西大同（辽西京）下华严寺薄伽教

山西应县辽代木塔

辽宁林西辽代白塔

藏殿，建于一○三八年（辽重熙七年），梁下仍存辽代题记。大殿虽经后世重修，仍然保存辽代的木建结构和梁枋彩画，殿前满列"教藏"（藏经的书橱）三十余间，是国内现存最古的教藏。

辽代的佛塔遍布于五京所属的许多地区。常见的辽塔是八角十三层的砖塔，塔为实体，不能入内攀登。与唐代的佛塔，例如长安大慈恩寺的大雁塔，构造完全不同。辽塔的这种形制后来也为金代所继承，在中国建塔史上，成为具有独特风格的辽、金塔。所谓八角当是据《四分律》，十三层是据《大般涅槃经·后分》："佛告阿难……起七宝塔，高十三层"。现存北京天宁寺（辽南京天王寺）砖塔和辽宁宁城县大宁（辽中京大定府）故城址的大砖塔，可以作为这种类型的代表。辽宁林西白塔子的白砖塔八角七层，内部中空，可直登，近似唐塔。山西应县一○五六年建造的佛宫寺木塔，层檐用斗拱平托八角六檐，分为五层，附暗层四层，实际上是九层，连塔尖高达二十丈。塔身全用木建，造形瑰丽，有如楼阁，是我国现存的唯一的一座大木塔。这样一座高大的木构建筑，经历九百多年风雨雷电的考验，仍然屹立而不倾塌，确是建筑史上的一个奇观。寺院和佛塔都是佛徒用来毒害人民的工具，但建造者却是被压迫的劳动群众。剥去宗教迷信的外衣，作为古代人民辛勤建造和遗留的一份建筑遗产，还是值得保存和吸取借鉴的。

三、儒　　学

九一八年，阿保机要祭祀一个在汉人中有影响的人物，以巩固他的统治。左右的侍臣以为可祭佛。阿保机说："佛非中国教"。太子倍说："孔子是大圣人，万世所尊，应当先祭孔子。"阿保机大悦，即建孔子庙，命皇子倍春秋祭奠。佛教来自天竺，但到唐朝已经逐步地中国化。辽朝的佛教实际上已是作为汉文化的一部分而流传。著名的僧人也多是汉人。但比较说来，孔丘的儒学自然更能代表纯粹的汉族封建文化。因之，辽朝统治者更重视儒学，作为统治汉族人民的工具。不过，儒学在辽朝的政治、社会生活中进一步发挥它的统治作用，还是在契丹的封建制确立以后。据说

辽宁锦西辽墓的画像石刻示意图：
上层为"孟宗哭竹"故事，下层为
"王祥卧冰求鲤"故事

山西大同辽代下华严寺薄伽教藏殿

辽宁义县辽代奉国寺

133

辽圣宗好读《贞观政要》，并由汉臣摘录唐高祖、太宗、玄宗可以取法的事迹进呈。《贞观政要》是以儒家的政治学说为指针，对唐朝和前代的封建统治经验的一个总结。因之，它不象儒家经典的迂阔，而更能切合封建统治者的实际需要。《贞观政要》一书一直受到辽朝的重视。兴宗时，萧韩家奴并把它译为契丹文，给兴宗阅读。萧韩家奴上疏论政事，也援引唐太宗的"轻徭省役"、"使海内安静"的所谓"治盗之方"，即压制农民反抗的儒家统治方术。《辽史·兴宗纪》说：兴宗"好儒术"。道宗时，儒学更盛。一〇八六年，曾召翰林学士讲五经大义。一〇八八年，又召耶律俨（汉人，本姓李）讲《尚书·洪范》。洪皓《松漠纪闻》说，道宗要汉人讲《论语》，讲到"夷狄之有君……"等句，避嫌疑不敢讲。道宗说，上古时候的熏鬻等族，没有礼法，所以叫"夷"。我们现在已经彬彬有文化，和汉族没有两样，你还避什么嫌？辽朝至道宗时，封建的经济制度已经很发展，汉文化为契丹贵族普遍接受，儒家的封建政治思想也在统治阶级中，成为占统治地位的政治思想。

四、历 史 学

圣宗时起，辽朝也依仿汉人修史体制，编修实录。九九一年，室昉（音访fǎng）、邢抱扑等撰实录二十卷。兴宗时，萧韩家奴又与耶律庶成等编录遥辇可汗以来至兴宗重熙时事迹，共二十卷。道宗时，一〇八五年，史臣进太祖以下七帝实录。一一○三年，天祚帝召监修国史耶律俨编纂太祖诸帝实录。俨修成《皇朝实录》七十卷，辽朝西迁后，仍在金、元保存。金、元纂修《辽史》，依据的原始材料，主要就是耶律俨的《实录》。

现存辽王鼎撰《焚椒录》一卷，是仅存的一部有关辽朝史事的私人纪述。王鼎，涿州人，道宗时为翰林学士，为辽朝草拟典章，后升观书殿学士。因事得罪，流放镇州。王鼎得知耶律乙辛诬陷宣懿后案始末，因撰《焚椒录》记述此事。书中收录了有关的文献。元人撰修《辽史·宣懿后传》很可能参据了此书。

五、语言文字学

辽朝还有两部语言文字学著述流传下来。一是圣宗时僧行均（汉人，俗姓于）编撰的《龙龛手镜》（宋刊本"镜"作"鉴"）。《龙龛手镜》是一部通俗的汉字字书，部首字依平、上、去、入四声分为四卷，第一卷九十七部，第二卷六十部，第三卷二十六部，第四卷五十九部（最后一部为杂部）。每部所收字，也依四声次序排列。各字注反切音和简要的字义。全书共收二万六千四百多字，注解共十六万三千多字。自东汉许慎著《说文解字》自"一"至"亥"排列部首，后世字书，相沿不改。行均突破旧例，依据当时实际的读音和通用的字体，另作编排，虽然体例不尽完善，创新的精神，还是可贵的。行均书又多收民间制作的俗字，如不部的歪（wāi）、甬

（béng）、孬（nāo）等字。清代的考据学者钱大昕因此讥讽行均"以意分部"，"文支不分"，收入甬、孬等"里俗之妄谈"，是"污我简编"（《潜研堂文集·跋龙龛手鉴》）。其实，钱大昕所攻击的几处，正是行均超越前人的独到处。辽朝书禁甚严，不准出境，但行均此书仍流入宋朝。沈括《梦溪笔谈》称赞它"音韵次序，皆有理法"。宋朝曾在浙西雕板刻印。元苏天爵说，当时辽朝文献，只有耶律楚材家藏的耶律俨《实录》和行均的《龙龛手镜》还保存，其他多亡失（《滋溪文稿·三史质疑》）。《手镜》宋刊本因避讳改为《手鉴》。苏天爵所见，当仍是辽刊本。此书还曾传入朝鲜，有朝鲜古刻本，分为八卷。后来也传到日本。日本元和（一六一六至一六二三年）时，有古活字本印行。

另一部著述是希麟著《续一切经音义》。唐长安西明寺僧慧琳（疏勒人），依《开元释教录》所收佛经，依次音注，写成《一切经音义》一百卷。唐朝亡后，此书在江南地区不再流传。五代末年，高丽曾遣使去吴越寻访不得，但辽朝仍有留存。圣宗时，燕京崇仁寺僧人希麟（汉人），依仿慧琳书例，对《开元释教录》以后的佛经，续加音注，写成《续一切经音义》一书，分为十卷。元代编撰的《至元法宝勘同总录》卷十及《大藏目录》卷下，都还著录慧琳及希麟书，但明、清时，两书不再在我国流传。辽道宗时，曾送给高丽丹藏一部，希麟书因而传入高丽。一四五八年（明天顺二年）又传入日本。清光绪初，我国学者才又发现了此书的日本翻刻本，开始利用来进行汉语史的研究（一九一二年刊印的《频伽藏》曾据日本刊本影印收入）。中、朝、日三国在历史上有过多方面的文化交流，许多古代典籍因而得以保存和流通。希麟书流传的历史，是其中的又一个事例。

六、文 学 艺 术

　　唐、五代吟诗成为风气，也影响到辽朝。辽初，皇子倍有"小山压大山"诗流传。圣宗以后，随着汉文化的传布，契丹贵族多学作诗赋。史载圣宗喜吟诗，曾作曲百余首。道宗多作诗赋，并由耶律良编为《清宁集》。道宗宣懿后，天祚帝文妃（渤海人）也都有诗歌流传。经辽朝皇帝的提倡，贵族文人也多作诗编集。如皇族耶律隆先有诗集《阆苑集》。萧柳作诗千篇，编为《岁寒集》。耶律良有《庆会集》等等。这些诗集都不再流传，大抵内容平泛，被淘汰是自然的。元人耶律楚材《湛然居士集》收有《醉义歌》一首，自序说是"辽朝寺公大师"所作，原作为契丹字，楚材在西域遇到西辽前郡王李世昌，学习契丹字，乃译此歌。寺公大师不知何许人，诗中称"病瘁""斥逐"，与南村农丈人饮叙。大约是得罪被黜的契丹官员或失意文人，流寓乡间，以表面的豁达掩盖内心的愤闷。诗中有"村家不弃来相陪"，"黍稷馨香栖畎亩"，"老母自供山果醋"等农村景色，与辽朝帝后的庙堂酬唱，旨趣不同。诗体似乐府歌行，长达一百二十句，是仅存的辽人长篇。《醉义歌》原作不存，现在只有耶律楚材的这一译本。契丹语与汉语语序结构不同。宋人洪迈《夷坚丙志》曾记契丹人学汉诗，如"鸟宿池中树，僧敲月下门"读作"月明里，和尚门子打。水底里，树上老鸦坐"。《醉义歌》百余句一气呵成，诗中多用汉人史事掌故，全篇依汉语用韵，也颇工整。如开头四句："晓来雨霁日苍凉，枕帏摇曳西风香，困眠未足正展转，儿童来报今重阳"。耶律楚材称赞为"可与苏（轼）、黄（庭坚）并驱争先"。如果不是经过耶律楚材改作，失传的原作当也是模拟汉诗。

现存辽朝帝后的一些片断诗句，大多不出宫闱享乐或劝谏之类，没有什么文艺价值可说。它只是显示了汉文化对契丹的深刻影响。唐诗中影响最大的是白居易的作品。辽圣宗曾以契丹字译白居易讽谏集。《古今诗话》载圣宗佚句"乐天诗集是吾师"，想见白诗在辽朝流传甚广。白居易曾自记：自长安到江西三四千里，凡乡校、佛寺、旅店、行舟之中，往往题我诗句。元稹也说，元、白诗的手抄本、摹勒本在市上贩卖，用来交换茶酒，处处都有。白诗不仅在汉族，而且也在兄弟民族中得到传播，原因是他的某些诗篇反映了一些人民的呼声，诗句也明白易懂，比李、杜诗更加接近民间的口语。宋朝苏轼的诗也在辽流传。苏辙奉使到辽朝，回来向宋朝报告说，本朝民间开版印行的文字，北方无所不有。我初到燕京，就有人告我：令兄（苏轼）的《眉山集》

辽宁义县奉国寺大雄殿内辽代胁侍菩萨像

已到此多时。另一使辽的使臣，听说辽燕京书肆自己刻印苏轼诗，叫做《大苏集》(宋王辟之《渑水燕谈录》)。苏辙使辽，有诗说"谁将家集过燕都，每被行人问大苏"。耶律楚材称赞寺公《醉义歌》，可与苏、黄并驱，也正说明辽诗受到了苏诗的影响。

辽初，耶律倍善绘画，以契丹人物和骑猎为体裁，受到人们的重视。《宣和画谱》著录耶律倍画十五幅，为宋朝所珍藏。元时黄溍还曾见过耶律倍《猎骑图》一幅，写有跋文，但元朝以后，不再见著录。郭若虚《图画见闻志》载，辽兴宗以五幅缣画千角鹿图赠宋仁宗，宋仁宗曾作飞白书回赠。辽宁巴林左旗林东辽庆陵有壁画保存，画中有契丹服装和汉服的人物，四时山水鸟兽和鹿等写实景色。一九七二年，吉林库伦旗发现道宗时辽墓，墓中门洞及天井有巨幅彩绘壁画。墓道长二十多米，左壁绘出行，右壁绘归来景象，构成一条地下画廊。画中有契丹贵族和汉族官员等人物，也有被奴役的契丹、汉族人民的形象。有山水花鸟，也有车马及日常用具等具有契丹民族特色的多种景物。精美的画面显示出辽代无名画工们的艺术才能，与陕西乾县唐章怀、懿德两太子墓壁画，同为我国绘画史上的杰作。但内容局限于贵族生活范围，境界是狭隘的。

七、医　学

契丹原奉巫教，以巫术治病，无医药。阿保机破吐谷浑，得医人子直鲁古收养。直鲁古长大后，学医，专门从事针灸。辽太宗时，成为皇室的太医，著《脉诀针灸书》一卷，传于世。此书明人陈第编《世善堂藏书目录》中仍有著录，可见明代还有流传。针灸早在战国时已经发明，唐代更有发展。直鲁古大约是从汉人学得针灸，又在实践中总结经验，写成针灸书流传，对针灸学作出了贡献。

辽朝的医学，在长时期内可能主要是依靠针灸。至兴宗时才又有发展。《辽史·耶律庶成传》说，兴宗时，契丹医人还很少知道切脉审药。耶律庶成译出方脉书通行，人们都能学会。契丹各部落也由此懂得"医事"，即懂得切脉审药。耶律庶成翻译介绍的功绩是不应被抹煞的。

辽代契丹、汉族等各族共同创造了丰富多彩的辽文化。在我国各民族的历史文化遗产中，辽文化有一定的贡献。

第 四 章

西 夏 的 兴 亡

第一节　夏国的建立和发展

　　游牧在我国西部地区的羌族，是一个有着悠久历史的古老的民族。早在商朝时期，现存甲骨卜辞上就已有了有关羌族的记事。羌族与汉族的祖先黄帝族，在远古时期已建立了密切的联系和交往。东汉时期，羌族以青海为中心对汉地展开掳掠，东汉王朝对羌族残酷地压迫和屠杀。羌族被迫向西南方迁徙。进入西藏地区的发羌，建立了强大的吐蕃。羌族的另一支党项羌曾一度进入青藏高原，因遭到唐旄羌（女国）的攻击，又退回到松州附近游牧。

　　西晋时，鲜卑慕容部吐谷浑西迁到枹罕（枹音夫fú），征服这一带的羌族，建立吐谷浑国。唐初，吐谷浑分为两部，东部在青海，西部在鄯善。青海的吐谷浑与党项羌的拓拔部通婚姻。唐朝李靖攻灭吐谷浑，党项羌首领拓拔赤辞降唐，唐朝加号为西戎州都督。

　　六二九年，弃宗弄赞建立吐蕃国家。吐蕃古钵教经典把党项列为吐蕃统治下的"外四族"之一。吐蕃强盛,党项族遭到吐蕃的压迫。八世纪初,吐蕃袭杀党项拓拔首领。党项各部落被迫迁移到今甘肃和陕西北部一带。迁到夏州的部落,被称为平夏部。

唐朝末年,在黄巢领导的农民革命战争中,唐朝利用沙陀、党项兵去镇压起义的农民。党项平夏部首领拓拔思恭出兵助唐,镇压黄巢,随李克用攻占长安。唐朝以夏州为定难军,加思恭节度使,进爵夏国公,赐姓李氏。从此,党项族便据有银、夏、绥、静、宥等五州地区。

这时的党项族,还处在氏族社会的父权制时期。党项族的居民组成为大小不等的氏族和部落,最大的部落可达四、五千人。各部落散处各地,还没有形成固定的部落间的联盟。接受唐朝封号的拓拔首领在党项族中有着颇大的权威,遇有战事,他可以射箭为号,召集各部落对外作战,但战事过后,即行解散。

唐朝末年以来,一些党项部落进入汉地,入居州城。党项族在不断地发生着分化。

进入州城,与汉族杂居的党项部落,逐渐接受汉族的封建文化制度。某些贵族酋长,也购买田地,剥削汉族农民,甚至经营工商业,广置财产。这些党项部落人户,被汉人称为"熟户"。

散处在广阔山野间的广大党项氏族、部落,继续从事游牧,被称为"生户"。各部落还没有共同的首领,也没有法律和赋税。信奉原始的巫教，有疾病由称作"厮"（音斯sī）的专职的巫送鬼治病。各部落之间相互争夺，互相复仇。无力复仇者，就集合妇女去焚烧仇家的庐舍。仇解后，双方饮鸡、猪、犬血盟誓。杀人者可出命价钱偿命。这些状况说明，党项族中已确立了私有财产制，并为争夺财产和奴隶而展开内部的和对外的争夺。党项的生户部落不断向汉族地区去掳掠"生口"作奴隶。

但是，在唐、五代时期，党项的奴隶制不可能得到迅速的发展。唐朝和吐蕃都是强大的国家。五代时，后梁、后唐仍有足够的力量控制着西北。契丹建国后，国势强大，一直控制到党项的居住区。党项部落的对外掳掠不能不受到极大的限制，也就是奴隶的来源受到限制。宋朝统治时期，党项族才由氏族部落制逐步发展了奴隶占有制，并进而建立了党项奴隶主的国家西夏。

(一)党项族的对外掳掠和 奴隶占有制的发展

党项族处在宋、辽和吐蕃之间，它的发展不能不伴随着频繁而错综的对外斗争，经历了复杂的发展过程。

党项族拓拔思恭的后裔继续继承唐朝定难军节度

使的称号，后周时又加号西平王。九六〇年，宋朝建国，宋太祖加给定难军节度使李彝兴以太尉的称号，继续承认他的职位。九六二年，彝兴向宋朝进贡马三百匹，对宋臣服。但随着宋朝对党项的压迫和党项对外掳掠的发展，斗争不可免地展开了。

宋朝派张佶（音及jī）守秦州，设置四门寨，侵占党项羌地，又拘留党项人户，扣押在质院作人质，至死不放。在环州一带向党项部落强制推行汉地的剥削制度，"和买"粮草。宋朝统治者对党项进行了残酷的压榨。

党项部落日渐强大，也在不断展开对汉地的掳掠。十余年间，掳去人口、牛羊以万计。掳掠奴隶的增加，又促使党项各部落之间展开了相互的争夺。

一、党项部落的分化与斗争

九八二年，党项贵族内部相互争战。拓拔部首领李继捧率领部落、氏族长二百七十余人，民户五万余帐，投附宋朝，愿留居宋朝的京师东京。宋太宗加封继捧为彰德军节度使，并派使臣到夏州护送继捧家族全部迁居东京。夏州党项贵族李克文、绥州李克宪也相继投宋。宋太宗派出官兵，占领了夏、银、绥、宥等四州。

党项内部由此引起了急剧的分裂。继捧弟继迁年二十，住在银州，不愿内迁。继迁对弟继冲和亲信张浦（汉人、银州人）等说："我祖宗在这里已经三百多年了，倘若宗族都入京师，生死被人束缚，我们这一家就完了。"继冲说："虎不可离山，鱼不可离水。不如乘其不备，杀了宋朝的使臣，占据银、绥，可以得志。"张浦说："不然。现在各部落都在观望。宋兵屯驻境上，朝发夕至。银州党项羌素不习战，无法抵御。不如走避漠北，安立家室，联络部落贵族，然后卷甲重来，也不算晚。"继迁采纳张浦的建策，率领部落贵族逃入夏州东北三百里的地斤泽，抗宋自立。

继迁联络党项部落，九八三年进攻葭芦川，又进攻夏州三岔口，都被宋兵击败。张浦建策攻打宋兵力薄弱的宥州，继迁率领党项兵两万人攻宥州，又被宋宥州巡检使李询战败。九八四年，宋知夏州尹宪与都巡检使曹光实乘势出兵反攻，夜袭地斤泽，焚烧党项部落四百余帐。继迁母、妻被俘。继迁败逃至夏州北黄羊平，与当地野利部通婚，招集各部落复仇。继迁拿出祖先李彝兴像，对各部落长说："李氏（拓拔）世代占有这一带，你们不忘我家，能随我复兴么？"部落长都允诺。原居银州的部落长拓拔遇，这时率领部落散居山谷间，派人对继迁说："银州地居四塞，你如领兵来，我率部落协助，州城可得。"继迁向众问计。张浦说："时不再来，机不可失。"建策向曹光实诈降，把他诱出城，乘机消灭。九八五年二月，继迁派人骗曹光实，约在葭芦州会见。曹光实带领百骑赴会。继迁设伏兵杀曹光实，袭据银州。继迁据银州，自称都知蕃落使、权知定难军留后。各部落长折八军、折罗遇、嵬悉咩（音 miē）、折遇乜（音 miē）等都加号州刺史。

九八五年三月，继迁进攻会州，焚会州城。宋太宗派知秦州田仁朗与李继隆等出兵讨伐继迁。党项部落长折罗遇及弟乞埋战死，折遇乜被宋朝俘虏处死。四月，继迁放弃银州退走。六月，宋兵乘胜进击，党项部落多败破。继迁见部落败溃，宋兵势盛，九八六年，降附辽朝以对抗宋朝。辽圣宗授继迁定难军节度使、都督夏州诸军事，继冲为副，又以宗室女义成公主嫁继迁。九九〇年，封继迁为夏国王。继迁得到辽朝的支持，又足以与宋朝争胜负了。

九八七年，继迁再攻夏州。宋太宗见继迁附辽，利用继捧回夏州抵抗继迁。九八八年，宋太宗赐李继捧姓赵，改名保忠，授夏州刺史、定难军节度使及夏、银、绥、宥、静等五州观察处置押蕃落等使，入守夏州。

九八九年四月，继捧出兵击败宥州御泥、布啰树两部。九九〇年四月，与继迁战于安庆泽，继迁中流矢败退。十月，继迁派破丑重遇贵至夏州诈降继捧。继迁率领部落攻城，破丑重遇贵在城中接应，继捧大败。九九一年初，继迁再攻夏州，宋朝派兵来援。七月，继迁占领银、绥二州。宋朝被迫授给继迁银州观察使封号，赐姓名赵保吉。

九九二年，继迁与宋朝在陕西通贸易，交换货物。银、夏州以西地区产青白盐。党项各部落以青白盐与

147

宋朝交换谷麦。九九三年，宋太宗采转运副使郑文宝议，禁止青白盐入境，以控制继迁。结果是汉族商人私贩盐不能禁，党项各部落缺粮，便在边地掳掠。宋太宗又只好把盐禁解除。继迁向宋朝索取夏、宥等州，宋太宗不许，继迁又发兵进攻庆州，攻入陕西原州。九九四年初，继迁攻掠灵州，掳掠居民。又至夏州袭击继捧。继捧败逃。四月，宋朝堕毁夏州城。继迁攻夏州不胜，退居沙漠。次年，派张浦到宋朝谈和，宋太宗扣留张浦。

九九六年，继迁在浦洛河邀击宋朝军粮，又先后在灵州、环州、绥州等地与宋军作战。两军互有胜负。九九七年，宋太宗死，真宗即位。宋朝疲于应付，真宗妥协退让，授继迁夏州刺史，定难军节度使，夏、银、绥、宥、静等五州观察处置押蕃落等使。继迁夺回五州地数千里。党项族以此为基地，又迅速地向前发展了。

控制部落 继迁在对宋作战的同时，对党项族的某些对立的部落，展开攻击。九九五年，攻灵州睡泥部，俘掳七百余帐。又攻会州熟仓部。继迁控制的部落，自贺兰山西，至黄河以东，陇山内外不下数十万帐，声势大振。继迁进而掠夺宋朝边地的"熟户"，加给"归顺"、"归明"等称号。又在灵、夏二州设市贸易，招诱熟户。

迁居西平 继迁受任夏州刺史后，仍在边地掳掠，不断与宋朝发生局部的战争。一〇〇一年九月，继迁

148

攻陷宋清远军，乘胜进围灵州。灵州是宋朝边境的要地，如失灵州，沿边各郡都不可保。宋真宗派王超为西面行营都部署领兵六万抵御。宋咸平五年（一〇〇二年）正月，继迁与宋环庆路部署张凝交战。党项损失二百余帐。三月，继迁聚集各部落，大举攻陷灵州，杀宋知州裴济，改灵州为西平府。一〇〇三年，继迁自夏州迁居西平，作为进一步进取的基地。宋真宗又遣使议和，把宋定难军地全部割让给继迁。党项的势力更加壮大了。

西凉攻战 继迁对宋作战胜利，又把攻掠的目标转向西部的回鹘和吐蕃部落。回鹘和吐蕃部落依附宋朝以对抗党项。一〇〇一年四月，吐蕃六谷部长潘罗支接受宋朝的封授，统治西凉，出兵助宋攻继迁。一〇〇三年，继迁迁居灵州，宋朝又加授潘罗支为朔方节度使。潘罗支出兵攻灵州。继迁出兵攻西凉府。十一月，继迁攻下西凉府，潘罗支伪降。当继迁出行时，潘罗支聚集六谷部和者龙族在途中邀击。继迁大败，中箭逃回。一〇〇四年（宋景德元年）正月，死在灵州。

二、党项与吐蕃、回鹘的斗争

一〇〇四年，继迁死，子德明继立，向辽朝报哀。辽朝封德明为西平王。继迁死前，遗嘱德明，向宋朝进表附宋。一〇〇五年六月，德明派牙将王旻(音民 mín)到宋朝奉表入朝。宋真宗厚加赏赐。宋朝提出七事要德明

149

承允，主要是把灵州归还给宋朝和派子弟入宋宿卫作人质。宋朝开放贸易，许贩青白盐。德明始终不允宋朝的条件，宋朝只好让步。一〇〇六年，遣使封授德明定难军节度使、西平王。宋朝又先后开榷场贸易。夏州天旱歉收，榷场不再禁止夏人买粮。德明时，只是边地部落有过小的冲突，一般说来，和宋朝始终保持着和好关系。德明的劲敌主要是西方的吐蕃部落和回鹘。

一〇〇四年，吐蕃六谷部潘罗支在击败继迁后，又与宋朝联络，愿率领六谷部及回鹘兵乘胜攻打党项。继迁统属的党项部落迷般嘱部及日逋吉罗丹部投附者龙族。继迁出兵攻者龙，潘罗支领兵援助者龙抵抗。迷般嘱部及日逋吉罗丹部乘机杀潘罗支。者龙十三部中，六部归附党项。六谷部落选立潘罗支弟厮铎督为首领附宋，继续与德明为敌。宋朝加号厮铎督为西凉府六谷大首领。

一〇〇八年十月，德明派夏州万子等四部军主率领党项兵攻打西凉府，见六谷部兵势盛，转而引兵攻打回鹘。回鹘伏兵袭击，万子等败走。一〇〇九年四月，德明又派张浦率领精兵二万向回鹘复仇，攻打甘州。甘州回鹘夜落纥可汗领兵拒守，乘间出兵袭击，张浦大败而回。一〇一一年，德明又派西凉人苏守信袭击凉州样丹部。六谷部厮铎督会集诸部兵迎敌，苏守信败退，据守凉州。一〇一六年，甘州回鹘攻占凉州，苏守信子啰麻弃城走（苏守信已死）。回鹘成为德明的一个严重威胁。

一〇二〇年,德明在灵州怀远镇修建都城,从西平迁到新城,号为兴州。一〇二四年,又在怀远西北省嵬山下建省嵬城,作为兴州的屏障。一〇二六年,甘州回鹘叛辽,辽萧惠兵攻甘州,德明出兵助战,不能战胜,随辽朝退兵。一〇二八年,德明子元昊领兵攻下甘州,又乘胜攻下西凉府,取得对回鹘作战的重大胜利。德明仿宋朝制度,立元昊为皇太子。一〇三〇年,瓜州回鹘可汗贤顺也率部投降。德明、元昊战胜回鹘,党项的历史进入了一个新时期。

(二)西夏的建国

一〇三一年,德明病死。在对外作战中立有大功的太子元昊,继承德明的职位。宋朝封元昊定难军节度使,袭爵西平王。元昊统治时,适应着党项族历史发展的要求,建立了党项族的国家——夏国。

一、夏国的建立

继迁、德明以银、夏等州为基地,不断展开对外掳掠。散处各地的党项部落,也在联合对外作战中,不断掳获外族奴隶。德明时,依附宋朝,转而对回鹘、吐蕃部落展开大规模的攻掠,极大地加强了党项奴隶主贵族的力量,扩展了统治的领域。

元昊继续统率党项部落，向吐蕃、回鹘进攻。一〇三三年，元昊战胜吐蕃唃厮罗（唃音谷gǔ）部，攻破氂牛城。一〇三六年，又西攻回鹘，攻下瓜州、沙州和肃州，占领了河西走廊。统治的领域"东尽黄河，西界玉门，南接萧关，北控大漠"，包括夏、宥、银、会、绥、静、灵、盐、胜、威、定、永和甘、凉、瓜、沙、肃等州的广大区域。

　　领域的扩展，被统治的外族分子的大量涌入和俘掠奴隶的急剧增加，原来以兴州为中心的松散的部落联合，显然已经不够了。历史的发展，迫切需要建立一个实行阶级压迫的统治机关，以保护党项奴隶主贵族的利益，统治奴隶和各族人民。建立国家的条件，日益成熟了。

　　唐末宋初以来，拓拔部和被称为平夏部的夏州部落首领，接受唐、宋封授的官职，并且入居州衙通过贡赐的方式，接受了汉族的物质生活和文化。他们以这种特殊的地位，在对外作战时召集各部落形成暂时的联合。宋朝皇室也通过他们来控制党项各部落的对外掳掠。历史形成的这种特殊的状况，不仅越来越不能适应党项奴隶制发展的要求，而且日益成为发展的障碍。

　　在党项族这样一个历史转变的时期，党项贵族中出现了两种不同的主张。早在德明时，以德明和元昊为代表，便对党项的发展道路展开了争论。德明主张继续维持现状，依附宋朝。他说："我族有三十年不穿皮毛，而能穿着锦绮的衣服，这都是宋朝的好处。"元昊

152

说："穿皮毛，事畜牧，是我们本来的习俗。英雄应当成霸王之业，何必穿锦绮。"党项贵族接受宋朝的赏赐，部落居民穷困，矛盾也日益尖锐。元昊对德明说："我们所得俸赐，只归自己。可是，众多的部落都很穷困。我们失掉了部落，还怎么能自守？不如拒绝朝贡，练习兵事，力量小可以去掳掠，力量大还可夺取疆土，上下都能富裕，何必只顾我们自己。"德明死，元昊继立，便按照他自己的主张，摆脱宋朝的控制，按照党项奴隶制发展的道路，建立起夏国。

建国诸措施 元昊建国时，野利部的野利仁荣成为他重要的支持者。野利仁荣通晓党项和汉族的文化。他提出"商鞅峻法而国霸，赵武胡服而兵强"，主张按照党项本民族的状况和风俗，"顺其性而教之功利，因其俗而严以刑赏"。以兵马为务，反对讲礼乐诗书。依据

西 夏 官 印

这个方针，元昊在建国前采取了一系列的新措施。

秃发——元昊继立，首先下令秃发。即推行党项的传统发式，禁止用汉人风俗结发。元昊首先自己秃发，然后下令境内人民三日内必须秃发，不服从命令者杀头。

改姓立号——废除唐朝和宋朝的赐姓李氏和赵氏，改用党项姓"嵬名"。又废去宋朝西平王的封号，用本族语称"吾祖"（兀卒。青天子）。

立年号——德明时用宋朝年号纪年。一〇三二年，元昊自立年号显道。一〇三四年，改年号开运、广运。一〇三六年，又改为大庆。

建都立国——一〇三三年，元昊把兴州升为兴庆府，扩建宫城殿宇，作立国的准备。一〇三八年，元昊正式建国号大夏，称"始文英武兴法建礼仁孝皇帝"（景宗）。改年号为"天授礼法延祚"。

立官制　夏景宗元昊建国后，在他的周围建立起一个统治机构。由于夏国境内存在着汉族和其他各民族，元昊一面采择宋制建立官职，一面又设党项官，两个系统并列。同时也有了司法官，并逐渐出现了法律。

汉制官职——夏国仿宋制，设中书省和枢密院，分掌文武两班。最高长官是中书令和枢密使。设御史台，由御史大夫司监察。中书、枢密以下有三司、翊卫司（翊音奕yì）、官计司、受纳司、农田司、群牧司、磨勘司、飞龙苑、文思院等机构。一〇三七年，增至十六司，管理政

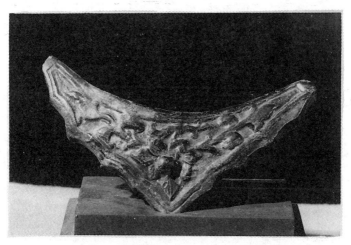

西夏王陵园出土的琉璃瓦当和滴水

务，官员由蕃、汉分别担任。野利仁荣、嵬名守全、张陟、张绛、杨廓、徐敏、张文显等分任中书、枢密、侍中等官。一○三九年，又仿宋制，设尚书令，总管十六司事。

党项官职——专授党项人的官职，有宁令、谟宁令、丁卢、丁弩、素赍（音肌jī）、祖儒、吕则、枢铭等。野利仁荣任谟宁令（天大王），在党项官员中，处在极高的地位。

司法——《辽史·西夏外纪》记载，夏有专司曲直的"和断官"。元昊建国前即注意法律，案上常置法律书。后来，还陆续出现了官修的审刑、治狱的专书，夏国的法律和监狱也作为国家的组成部分建立起来了。

定兵制 党项部落住帐幕，

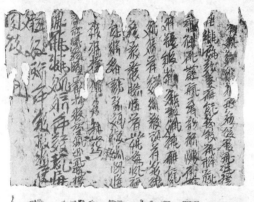

西夏文审判书

西 夏 文 铜 牌

一家称一帐,小部数百帐,大部千余帐。男子年过十五成丁。每逢发生战争,各部落出丁作战。元昊建立夏国的军队,各部落每二丁取"正军"一人,配备随军服杂役的"负担"一人,合称一"抄"。原来是以四丁为两抄,同住一帐幕,后来改为三丁同住一帐幕,即二正丁合用一"负担"。正军每人给马、驼各一,如倒毙需赔偿,称为"长生马驼"。

擒生军——元昊又设立十万擒生军,是夏军的精锐,职责是在作战中掳掠生口作奴隶。擒生军有三万正军,七万"负担",每一正军平均有"负担"两人以上,大概装备特别精良。又有炮手二百人,称"泼喜迭",立旋风炮于骆驼鞍上,发拳大的石弹攻击敌人。擒生军的设立是夏国兵制中的一大变革,它使夏景宗元昊为首的皇室贵族拥有最强大的兵力,也使夏国拥有众多的国家奴隶,各部落首领无法与之抗衡了。

侍卫军——元昊选拔豪族子弟中善骑射的五千人,号"御园内六班直",分三番宿卫,每月给米二石,作为给养。这是一支侍卫军,又是一支质子军。它用来保卫夏国奴隶主的统治,又可用以控制各部落豪强。

地方驻军——夏国各地方的军队仍沿用原来的部落组织形式,但各有固定的驻地,对居民实行区域性的统治。夏国发兵,用银牌召部落长面受约束。部落首领统领各部落兵,谓之"一溜"。全国共置左、右厢十二监军司,委任豪右贵族分别统帅部众。每一监军司都仿宋制立有军名,规定驻地。左厢神勇军司驻弥陀洞,祥祐军司驻石州,嘉宁军司驻宥州,静塞军司驻韦州,西寿保泰军司驻柔狼山北,卓啰和南军司驻黄河北岸,右厢朝顺军司驻克夷门,甘州甘肃军司驻甘州,瓜州西平军司驻瓜州,黑水镇燕军司驻兀剌海城,白马强镇军司驻盐州,黑山威福军司驻汉居延故城。每一监军司设都统军、副统军和监军使各一员,由贵族豪右担任;下设指挥使、教练使及左右侍禁官等数十人,由党项人和汉人分任。

兵力部署——西夏的兵力重点,设置在以兴庆府为中心的一个三角线上,以七万人护卫兴庆,五万人镇守东南的西平府,五万人驻守西北的贺兰山。左右两厢和河南北四条线上也配备了军队。其中左厢宥州路五万人和河南盐州路五万人防宋,河北安北路七万人防辽，右厢甘州路三万人防吐蕃和回鹘。每逢要向西用兵，则从东点集而西，要向东就从西点集而东，在中路就东西都向中集合。

夏国出兵作战，仍保持着若干原始的风俗制度。出兵前各部落首领要刺血盟誓。元昊率领各部首领在出兵前先外出射猎，猎获野兽，环坐而食，共同议论兵事，择善而从。这实际上是一种贵族议事的制度。

造文字 随着夏国阶级统治的建立，文字成为必需了。元昊通汉文。建国后与谟宁令野利仁荣，制成西夏文字十二卷。夏国文书纪事，规定一律用新制的夏国文字。一○三七年，设立国字院和汉字院。汉字只用于和宋朝往来的文书，同时以西夏国字并列。对吐蕃部落、回鹘和张掖、交河等地的各民族，一律用西夏国字，同时附列各民族文字。西夏文是依据汉字改制成的方体字。在夏国统治的近二百年中，一直行用。在夏国亡后，也还长久流传。西夏文字的创制，对夏国统治的确立和经济、文化的发展，起了重要的作用。

文化礼仪 西夏建国前后，宋朝正在大力提倡因循保守的孔孟儒学。它不能不在党项贵族中产生某些影响，阻碍着党项的前进。野利仁荣早就对元昊提出，"斤斤言礼言义"，决没有益处。元昊长子宁明喜学儒、道，元昊对他很是厌恶。一天，元昊问宁明，什么是"养生之道"。宁明答："不嗜杀人"。又问什么是"治国之术"。宁明答"莫善于寡欲"。元昊大怒，说"这小子说话

甘肃武威发现
西夏文草书残页

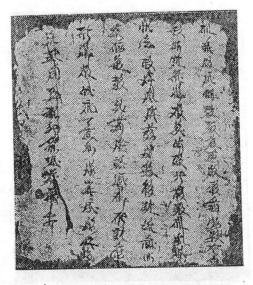

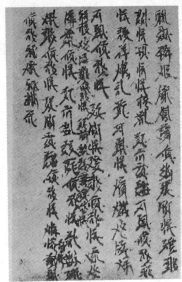

甘肃武威发现竹笔　　　甘肃武威发现写本"会款单

不伦不类，不是成霸业的材料"。西夏建国，正需要巩固和发展奴隶制度，展开大规模的掳掠和镇压，保守的儒学当然完全不适合新兴的西夏国的需要。元昊和野利仁荣极力消除儒学的影响，顺应本民族的发展需要，也在文化领域进行了一系列的改革。

定仪服——元昊建国称帝，不再采用宋朝的衣冠，改穿白色窄衫，戴红里的毡帽，脑顶后垂红结绶。这是采择了吐蕃赞普和回鹘可汗的服制。文武官员的服式也有规定。文官戴幞头（幞音符fú），穿靴执笏，穿紫衣、绯衣，基本还是宋朝的样式。武官按照等级戴镂金、镂银和黑漆冠，穿紫衣，系涂金的银束带。平民穿青绿衣，以分别贵贱等级。

制礼乐——元昊又参用宋制，改定朝仪。每六日，官员朝见皇帝，称"常参"。九日朝见，称"起居"（问候皇帝起居）。凡吉凶、嘉宾、宗祀、燕享等，改宋九拜礼为三拜。

德明时，礼乐都照宋制。元昊对野利仁荣说："本族风俗，以忠实为先，战斗为事。唐宋的缛（音褥rù）节繁音，我很不喜欢。"元昊下令废除宋朝的五音，改为一音。

建蕃学——元昊创制西夏文字后，又命野利仁荣主持建立"蕃学"（党项学）。用西夏文字翻译《孝经》、《尔雅》、《四言杂字》等书，选拔党项和汉族官僚子弟入学学习。学成之后，出题试问。学习精良，书写端正者，酌量授给官职。蕃学的建立实际上是仿照宋朝的科举授官制，并借以推动夏国文化的发展。元昊反对儒学而又译读《孝经》，显然是为了适应氏族部落制的传统习俗的缘故。

夏景宗元昊采取一系列的建置，完成了建立西夏国家的巨大事业。这是党项族历史发展中的一大事件，也是中华各民族发展史上的一个重大事件。夏国的出现，对我国各民族历史的发展，产生了深远的影响。

西夏国家的建立，是历史发展的必然的结果，但正如一切新事物的产生总是要伴随着同旧事物的斗争一样，元昊建国前，也遭到了党项族守旧贵族的反抗。一〇三四年，元昊母卫慕氏的族人、贵族山喜企图发动叛乱，谋杀元昊。元昊发觉了山喜的阴谋，把山喜全族处死，并毅然杀死母卫慕后，胜利地击败了贵族的反抗。

二、对宋、辽的战争

新建的夏国，处在宋、辽两大王朝之间，这又不能不和宋、辽发生冲突。夏景宗元昊经过了同宋、辽的激烈战斗，才使夏国的统治巩固起来。

夏、宋之战　一〇三八年十月，元昊建国称帝，宋朝大为震惊。这年十二月，宋仁宗命知永兴军夏竦(音 年sǒng)兼泾原、秦凤路安抚使，知延州范雍兼鄜延、环庆路安抚使，准备出兵夏州。次年（天授礼法延祚二年）正月，夏景宗向宋朝进表，说明已建国号，称帝改元。但元昊名义上仍向宋称臣，请求宋朝承认夏国，册封帝号。宋朝君臣议论不决。六月间，终于下诏削去元昊的官爵，并在边地揭榜，募人擒捕元昊。又派庞籍为陕西体量安抚使，协同夏竦、范雍备战。十一月，夏军侵宋保安军，被宋部将狄青战败，损失帐二千余。一○四○年初，元昊侵宋延州，范雍惊惧不敢战。元昊派牙校诈降，范雍不再戒备。夏兵乘势攻保安军，袭击金明寨，生擒宋都监李士彬，乘胜取延州。范雍召部将刘平、石元孙来援。元昊伏兵三川口，生俘刘、石二将，进而攻破宋塞门寨、安远寨，获得大胜利。

宋朝兵败，贬范雍，任命韩琦、范仲淹经略陕西。九月，夏兵侵三川寨，宋兵又败。天授礼法延祚四年（一○四一年）正月，元昊向渭州进军。韩琦命任福领兵出击。两军战于好水川，宋兵大败，任福战死。夏兵再次获得胜利。

一○四二年闰九月，西夏兵再次出击。宋将葛怀敏屯驻定川寨。夏兵在夜间围城放火。宋将葛怀敏等十四名将官战死。夏军俘掳宋降兵九千四百余人，获战马六百余匹，乘胜直抵渭州，俘掠大批居民而回。

夏军连续获胜，腐朽的宋朝连遭惨败后，不得不妥协求苟安。夏、宋往来交涉。一○四四年十二月定议，宋朝接受元昊建国时提出的条件，册封元昊为夏国主，夏对宋仍保持名义上称臣。宋每年"赐"给夏国绢十三万匹，银五万两，茶二万斤。另在各节日和元昊生日共赐银二万两，银器二千两，绢、帛、衣著等二万三千匹，茶一万斤。宋、夏恢复往来贸易。夏国经过连年的激战，终于获得宋朝的承认。

夏、辽之战 元昊即位前，辽兴宗以兴平公主嫁元昊。元昊与契丹兴平公主不睦。一〇三八年，契丹公主死。辽兴宗曾遣使诘问。西夏与辽，以大河相隔，无城堡可守。交界处的党项部落原来处于辽朝统治之下，西夏建国后，多叛辽附夏。一〇四四年十月，辽兴宗亲率骑兵十万向西夏进攻。皇太弟重元、北院枢密使萧惠、东京留守萧孝友分三路渡河，战于贺兰山北。夏兵败退，拒守贺兰山。元昊向辽上表谢罪。辽将萧惠等以为大兵已集，应该乘胜进击。元昊突围反攻，大败辽兵。俘掳辽将萧胡睹等数十人。辽兴宗败回，与夏谈和。辽朝放回扣留的西夏使臣，元昊放回萧胡睹。西夏在建国前即依附辽朝以抗宋。元昊战胜辽兴宗，显示夏国有足够的力量抗辽自立。由此形成夏与辽、宋相互对峙的鼎立局面。

（三）蕃礼与汉礼、皇族与后族的斗争

西夏建国后，在它的统治区内，存在着不同的民族和不同的社会制度。党项奴隶主奴役着俘掠的各族奴隶。汉族地主阶级仍然保持着封建的剥削方法。在这

样不同的经济关系的基础上,夏国建立起所谓"蕃官"与"汉官"两套并行的政治制度,同时也存在着"蕃礼"与"汉礼"两种不同的文化。夏景宗元昊建国时,必须摈弃宋朝强加的节度使制度,提倡本族的习尚,才能适应党项族的历史发展,建立起奴隶主的国家。夏国建立后,蕃礼与汉礼的矛盾,则是反映着奴隶制与封建制的斗争,性质完全不同了。这个矛盾和斗争,反映到统治集团的内部,又和皇族与后族争夺权力的斗争密切地联系到一起。夏国正是在这样复杂的斗争中,逐步地完成了由奴隶制过渡到封建制的历史过程。

一、景宗被害,后族没藏氏专权

景宗元昊建立夏国,后族野利氏起了重要的作用。野利仁荣成为景宗的主要的支持者。一○四二年七月,野利仁荣病死。景宗大哭说:"我失去了膀臂"。同年(天授礼法延祚五年)十二月,太子宁明病死。景宗另立野利后子宁令哥为太子。野利后从父野利遇乞领兵驻守天都山。后族野利旺荣为宁令(大王)。

一○四三年四月,夏、宋议和,景宗改名曩霄(曩音nǎng)。宋朝派遣间谍从中离间,诬陷野利旺荣、遇乞通宋叛夏。景宗中计,九月,杀野利旺荣及遇乞。一○四五年,野利后向景宗诉说旺荣、遇乞兄弟无罪。景宗知中计,迎遇乞妻没藏氏入宫。景宗与没藏氏私通。野利后出没藏氏居兴州戒坛寺为尼。一○四七年五月，景宗又夺太子宁令哥新妇没㖫氏，立为皇后，废野利后，黜居别宫。

没藏氏被黜出宫后，景宗仍常到寺院看视，并偕没藏氏出猎。一〇四七年二月，没藏氏随景宗出猎，在行帐生子谅祚。养于没藏氏兄讹庞家。没藏氏是西夏的大族，讹庞是没藏的族长。一〇四七年三月，景宗以讹庞为国相，总管政务。野利后被废，讹庞唆使宁令哥作乱。天授礼法延祚十一年（一〇四八年）正月，宁令哥与野利氏族人浪烈等入宫刺杀景宗。景宗受重伤，次日死。景宗建国十七年，结束了他的统治。

野利氏和没藏氏都是夏国有权势的贵族，皇后的废立和夏景宗的被刺，并不只是宫廷间的私事，而是反映着党项奴隶主贵族间争夺权力的斗争。景宗死后，讹庞又杀宁令哥及其母野利后。讹庞与夏国领兵的大将诺移赏都等共立谅祚为夏帝，没藏氏为太后。这时谅祚只是两岁的幼儿。夏国的政权落入没藏后和国相没藏讹庞一族的手里。

一〇四九年七月，辽兴宗又领兵亲征西夏，以重元、耶律仁先、萧惠为先锋。九月，没藏讹庞领兵袭击萧惠部，辽兵大败。十月，辽、夏又战于贺兰山，夏兵战败。夏景宗后没㖫氏及家属被辽兵俘去。次年二月，夏兵攻辽金肃城，战败。三月，在三角川攻辽，夏兵又败。五月，辽兵围攻夏兴庆府，大掠而去。夏兵屡次失败，被迫向辽求降，依旧称臣。

二、毅宗执政，改蕃礼用汉礼

没藏讹庞执政，夏国贵族间争夺权利的斗争仍在继续。代表汉人地主势力的汉臣也在夺取政治权力。一○五六年十月，拥有权势的汉臣李守贵在没藏太后出猎途中，杀没藏太后。讹庞把李守贵全家处死。随后又以己女为谅祚妻，立为皇后，继续通过后族操纵皇室。一○五九年八月，没藏讹庞杀汉臣高怀正、毛惟昌。高、毛原属野利遇乞帐下，讹庞使高、毛妻哺乳谅祚。讹庞杀高、毛，意在削弱谅祚左右的汉人力量。毅宗谅祚年已十二，制止杀高、毛，讹庞不听。

一○六一年，没藏讹庞父子阴谋杀毅宗，夺取皇权。讹庞子妇梁氏（汉人）密告毅宗。毅宗在大将漫咩支持下，擒杀讹庞父子。没藏氏族人在外任官者也都处死。毅宗一举夺回政权，又处死讹庞女没藏后，迎娶梁氏为后，以梁后弟梁乙埋为家相。

毅宗执政，实行了一系列的变革。

改蕃礼用汉礼　一○六一年十月，毅宗下令夏国人都不再用党项的蕃礼，改用汉礼，并派遣使臣向宋朝上表陈告。次年，又遣使向宋朝献马五十匹，求换九经及《册府元龟》。宋朝退还马匹，送给使臣九经携回。一○六三年，毅宗又改用汉姓，仍用唐朝的赐姓李氏。

划地界、复榷场　西夏与宋麟州交界地带，有七十里无堡障。地在屈野河西，田土肥沃。没藏讹庞执政时，令夏民逐渐侵耕，收获归讹庞。一○五五年，已侵耕地距屈野河只有二十里。宋朝屡次遣使划界，讹庞不理。一○五七年，讹庞出兵，大败宋麟、府州守将郭恩。一○五九年，讹庞进据屈野河。次年，讹庞拟把屈野河西田二十里退还宋朝定界。宋朝不允。一○六一年讹庞被处死后，毅宗随即派吕宁（官名）拽浪撩礼与宋朝议定，恢复旧界，在边界地带设立寨堡，两方人户都不得再在边地耕作。夏宋连年因边地冲突，停止贸易。地界划定后，一○六三年，又恢复榷场，通互市。

增官职，用汉人 一○六二年，毅宗增设官职，以巩固统治。汉官增设各部尚书、侍郎、南北宣徽使等官。蕃官增设昂摄、昂星等名号。

毅宗喜与汉人相处，习汉族文化。边地汉人犯罪，多来投附。一○六五年，毅宗在宋秦凤路俘掳汉人苏立，授以汉官。陕西文人景询犯罪逃来夏国，毅宗以景询为学士，参与国事。

夏毅宗采取多种措施，在国内废蕃礼用汉礼，明显地显示出接纳汉文化的趋向。对外则与宋朝停战言和，恢复贸易，以适应夏国经济发展的需要。但是，夏国的奴隶制仍在党项族中占居主要的地位。毅宗的统治确立后，便又展开了对吐蕃部落和宋朝边地的侵掠。

攻掠吐蕃部落 没藏讹庞执政时，曾在一○五八年进攻吐蕃青唐城，被吐蕃首领唃厮啰战败。唃厮啰领兵进入夏境，大掠而去。毅宗即位后，唃厮啰子董毡杀契丹使者，与辽绝交。毅宗乘隙出兵，进攻青唐城，又被唃厮啰战败，退守古渭州，筑堡防御。一〇六三年，西使城吐蕃首领禹藏花麻以西使城及兰州一带地降夏。夏毅宗以族女嫁花麻，封驸马。西使城距古渭州百二十里。毅宗升西使城为保泰军，命花麻领兵驻守。

夏州贵族邈奔，见吐蕃势盛，夏国屡败。一〇六四年五月，以西夏陇珠等三城投降唃厮啰。唃厮啰对邈奔不加礼重。邈奔怒，又逃回西夏，请毅宗出兵收复三城。毅宗发骑兵万人出战，不能取胜，只收降丁五百帐而回。

拱化四年（一〇六六年）十二月，河州吐蕃部落首领瞎毡子木征，以河州降夏。河州与西使城保泰军接近，木征不能自立，与青唐吐蕃部落投附夏国。夏国的统治势力由此伸展到河州了。

对宋朝边地的掳掠　一〇六四年，宋仁宗死，英宗即位。夏毅宗遣使臣吴宗入贺，宋引伴使高宜因礼仪事与吴宗争吵。高宜说：当引一百万兵入贺兰山穴。宋朝下诏给夏毅宗指令"精择使人，不令妄举"。吴宗回报，夏毅宗以为这是宋朝有意侮辱夏国。夏毅宗以此为理由，在这年七月，发大兵七万，侵掠泾原。夏兵分攻诸州，掳掠熟户八十余族，杀蕃族弓箭手数千人，掳去人口、牲畜以万计。一〇六五年初，以万人攻庆州王官城。十一月，又派兵攻掠德顺军外同家堡。同家堡原为党项族生户地，元昊时投归宋朝。夏毅宗派兵杀属户数千，掳掠牛羊数万。一〇六六年九月，夏毅宗亲自领兵数万，攻打宋朝的庆州，围大顺城三日。宋朝利用降宋的蕃官发强弩射夏军。夏毅宗中流矢退走。

一〇六七年十月，夏绥州监军司左厢监军嵬名山被部下的汉人李文喜等胁迫，以绥州降宋。夏毅宗派兵争夺绥州，战于大理河，失败。夏国失绥州，加强银州的驻兵以备宋。十二月，夏毅宗病死。

三、后族与惠宗皇室的争斗

一〇六八年，夏毅宗子秉常（惠宗）即帝位。秉常年仅八岁。太后梁氏执政，弟梁乙埋为国相。政权为梁氏所掌握。梁氏是蕃化的汉人，他所代表的不是汉人地主，而是党项奴隶主的势力。梁氏执政，即在次年宣布废汉礼，改用蕃礼。夏国统治集团内部又一次发生斗争。

梁太后当权，以梁乙埋和大将都罗马尾、贵族罔萌讹组成统治集团，掌握夏国军政。夏景宗弟嵬名浪遇熟知兵事，毅宗时为都统军，参预国政。以浪遇为代表的毅宗一系党项贵族不附梁氏。梁太后免浪遇官，徙居下治。次年，浪遇死在贬所。梁氏对浪遇的压制，反映着后族与皇族的斗争在激烈地展开了。

梁氏执政，对外与宋朝展开激战，对内与皇族势力反复地搏斗。

武胜城之战 一○六九年三月,梁氏向宋朝上表,请以塞门、安远二寨换回绥州。宋朝不许。四月,夏兵攻宋秦州,破刘沟堡。九月,进攻宋庆州,大掠人户而回。十二月,又攻顺安、黑水等寨,围绥德城(宋得绥州,筑城后改名绥德)。次年五月,又攻庆州,大败宋兵。八月,梁乙埋大举攻环、庆,攻大顺城。吐蕃董毡乘机入夏国西境。梁乙埋退兵。

天赐礼盛国庆三年(一○七一年)正月,梁乙埋在无定河畔抚宁故县北崖上筑啰兀城,以扼横山冲要。宋种谔率河东兵来攻,乙埋邀击,宋兵败走。夏国都枢密使哆腊（哆音侈 chǐ）守啰兀城,宋兵来袭,哆腊弃城逃走,宋兵入城。三月,梁乙埋领兵夺啰兀城。宋兵不战而退。夏兵夺回啰兀。五月,与宋朝谈和。九月,梁氏又派阿泥(官名)嵬名科荣、吕宁(官名)焦文贵由延州入宋,索取绥州。宋朝仍不许。一○七二年七月,夏、宋议定,以绥德城外二十里为界,各立封堠。

绥州定界后,梁氏又采汉人学士景询的建策,谋夺吐蕃部落占据的武胜城。武胜是夏国入洮河的要路,得武胜便可向西发展。这时,宋朝任命王韶为秦凤路沿边安抚使。王韶也建策夺取武胜,以扼制西夏。一○七二年闰七月,梁乙埋派兵进攻武胜,吐蕃守将瞎药战败。武胜城将破。忽然,王韶率领的宋兵到来。夏兵出乎预料,仓促应战,被宋兵击败。瞎药弃城逃跑。宋王韶兵入据武胜城。宋朝在武胜建镇洮军, 又升为熙州。

一○七三年，王韶部又向河州进军。河州原是吐蕃部落首领木征的居地。木征早已降附西夏，被王韶击败后，逃到夏国，请求梁氏派兵收复河州。一○七四年四月，梁乙埋派兵七千人从结河川出援，被王韶击败，夏兵退军。

皇族、后族之争　梁氏连败于宋朝，引起夏国内贵族的不满。一○七六年，惠宗秉常年十六，开始亲政，但梁太后、梁乙埋仍然握有大权。一○八○年，惠宗在皇族支持下又下令废蕃礼，行汉礼。梁太后、乙埋及后族一系的贵族群起反对，惠宗不理。惠宗企图恢复毅宗时行汉礼和与宋朝和好的政策，停止对宋的掳掠。一○八一年三月，汉人将军李清劝惠宗把黄河以南地归还宋朝，夏、宋以黄河为界，与宋议和。梁太后与乙埋、罔萌讹等设计害死李清。随后又把惠宗囚禁到离故宫五里左右的兴州的木寨。梁乙埋、罔萌讹等聚集人马，斩断河梁，使惠宗不能与外界通消息，实际上是后族向皇族再次发动了夺权的政变。

惠宗被囚，各地拥护皇族的将领拥兵自重，不听梁氏的统治。夏国内部出现了分裂。保泰军统军禹藏花麻请求宋朝出兵讨伐梁氏。宋朝得知夏国政变，出兵五路进攻西夏。一○八一年八月，宋李宪部出兵熙河，禹藏花麻以西使城降宋。九月，李宪攻入兰州。十月，宋种谔部攻米脂。夏米脂守将令介讹遇以城降。宋高

172

遵裕部出环州，夏清远军守将嵬名讹吃降宋。梁乙埋率领的大军也被宋刘昌祚部击败。十一月，宋兵围灵州。

夏兵在各路战败，梁太后向朝臣问计。一个老将献计说，不须拒战，只要坚壁清野，纵敌深入，把精兵聚集在兴、灵。派轻兵抄敌军的后路，断绝粮运，宋军无食，不战自困。梁太后采纳此策，调十二监军司十万精兵驻守兴州要害之地。宋军围灵州，夏兵出截宋军粮运。宋种谔、王中正等部都因无食溃退。宋高遵裕部围灵州十八日。梁太后令夏兵决黄河水灌宋营。宋兵冻溺而死者无数，大败而退。

宋兵进军时，曾攻入银、夏、宥三州，但无力驻守。一○八二年九月，宋神宗又命给事中徐禧在三州界的永乐川下棣筑永乐城，企图困扼兴州。徐禧等急速建造，十九天建成。夏国统军叶悖麻、咩讹埋等领六监军司兵三十万屯泾、原北。宋军建成永乐城后，夏兵发起急攻，宋兵大败，徐禧等将官败死。永乐城被攻陷。宋士兵、民夫损失近二十万。夏国取得重大的胜利。

夏国连年对宋战争，停止贸易，对夏国经济带来了损害，物价上涨，财政困乏。横山一带，农民因战争也不能耕作。梁氏当权，拥护皇族的将领不服，夏国的统治长期不能稳定。一○八三年闰六月，梁太后又和梁乙埋等谋划，让惠宗秉常恢复了皇位。

惠宗复位，随即向宋朝上表谈和，并表请宋朝恢复夏国的旧疆，即把战争中占去的地区退还给夏国。宋朝不许。

一○八四年初，惠宗发兵八十万围攻兰州，不能攻下，只好退兵。四月，都统军叶悖麻、副统军咩讹埋又领兵攻安远寨，兵败战死。十月，监军仁多唛丁进攻泾原，又在静边寨战死。夏国连续进攻不胜，损失甚重。

一○八五年，梁乙埋、梁太后相继病死。乙埋子乙逋（音 bū）自任国相，与大将仁多氏分掌兵权。

一○八六年，惠宗秉常死，子乾顺继位。

四、对宋作战的失败和崇宗皇权的确立

一○八六年，夏崇宗乾顺继位，年只三岁。惠宗秉常复位时，梁乙埋女（乙逋妹）立为皇后，生乾顺。梁氏一家二后，连续操纵两朝政事。崇宗即位，夏国政权又归于梁乙逋和梁太后兄妹。皇族嵬名阿吴和仁多保忠分掌兵权。嵬名、仁多和梁氏形成夏国掌握军政的三大家族，展开相互倾轧的角斗。

梁氏败亡 梁氏执政，继续从西部向宋朝进攻。一○八七年五月，梁乙逋与吐蕃阿里骨部联合，侵宋定西城。阿里骨是董毡的养子。董毡死，阿里骨继为部落首领。梁乙逋与阿里骨相约，作战得胜，以熙、河、岷三州归吐蕃，兰州及定西城归夏国。阿里骨攻破洮州，梁乙逋领兵数万出河州，大肆焚掠。在定西城击败宋军，杀宋都监吴猛。梁乙逋又令仁多保忠率万人攻镇戎

174

军。仁多保忠与梁乙逋不和,出兵一夜即回军。九月,梁乙逋又下令仁多保忠率兵十万入泾、原,围攻镇戎军西寨。宋兵困守,不敢出战。宋知庆州范纯粹派兵来援,仁多保忠解围而退。

一〇八九年,宋夏议定,宋朝把米脂、葭芦、安疆、浮图等四寨地退给夏国,夏国把永乐城俘获宋朝人口退还宋朝。宋、夏暂时休战。

天祐民安三年(一〇九二年)正月,夏国得辽朝援助,梁乙逋再次出兵攻绥德城,大掠五十余日而回。三月,夏兵在韦州聚集大兵攻环庆,战败,又遣使向辽求援。十月,梁太后亲自领兵攻打环州,围攻七日,不下。还军至洪德寨,被宋兵打得大败。梁太后弃帷帐,改换衣服逃走。夏兵死伤甚多。

梁乙逋在国内专权,贵族间的矛盾日益发展。梁太后亲自出战,不让梁乙逋领兵。梁乙逋对梁太后逐渐不满,阴谋篡夺。一〇九四年十月,夏国大将嵬名阿吴、仁多保忠等率领部众,杀梁乙逋,并杀其全家。

梁太后亲自掌握兵权,继续对宋侵掠。一〇九六年,梁太后和崇宗乾顺领兵号称五十万,侵入宋鄜延路,攻陷金明寨,献俘给辽国。一〇九七年,宋朝在好水川北修筑城防,号平夏城,以扼制夏国。夏兵破坏修城,不成。宋兵在沿边地带相继筑堡。夏人愤怒说:"唱歌作乐地,都被汉家占却,以后该怎么办?"一〇九八年十月,梁太后领兵四十万,尽全力攻平夏城,连营百里，造高车运兵填壕而进，又用飞石激火攻城，昼夜不息。攻城十三日，不能破。夏兵粮食渐乏。一天，大风突起，冲车折损。梁太后退兵。

梁太后兵败，十一月再次向辽求援。一〇九九年，辽朝派使臣来夏，用药酒害死梁太后（一说病死）。崇宗乾顺在辽朝支持下，开始亲政。

五、崇宗皇权的巩固与"国学"的建立

梁氏败亡，崇宗乾顺和嵬名氏皇室执政，对外采取依附辽朝和对宋和解的方针，对内则全力巩固嵬名氏的皇权统治，消灭统兵的贵族势力。形成弛兵政、重文学的新的局面。

依附辽朝　夏永安二年（一〇九九年）正月，崇宗亲政。二月，即接受辽朝的号令，为辽朝出兵攻打反辽的拔思母部。三月，辽朝派使臣萧德崇、李俨去宋朝，为宋、夏和解。十一月，崇宗派遣令能（官名）嵬名济向宋朝上誓表，说夏国"两经母党之擅权，累为奸人之窃命，频生边患，颇亏事大之仪"。今后愿"饬疆吏永绝争端，诫国人恒遵圣化"。宋哲宗赐给银器五百两、衣著五百匹，答诏许和，并恢复作战年代停止了的给夏国的"岁赐"。

一一〇〇年，夏崇宗向辽朝请婚。一一〇二年，派汉官殿前太尉李至忠、秘书监梁世显去辽朝入贡，再次请婚。辽天祚帝问崇宗为人如何。李至忠回答说："秉

性英明，处事谨慎，是守成的好皇帝。"——一〇三年，辽天祚帝许婚。一一〇五年，辽天祚帝封宗室女南仙为成安公主嫁夏崇宗。夏国更加依附辽朝了。

巩固皇权 夏崇宗初亲政，即陆续消除领兵贵族，以巩固嵬名氏皇族的统治。梁太后当政时，大将嵬保没、陵结讹遇等曾劝梁后对外扩张。崇宗以梁后之死，归罪于二将。一〇九九年四月，杀嵬保没、陵结讹遇。这时，大将嵬名阿吴已死。仁多保忠统兵在外。一〇九九年闰九月，仁多保忠等领兵十万援助吐蕃部落围攻湟州（邈川），败还。一一〇三年，宋朝蔡京令熙河帅王厚招诱仁多保忠。夏崇宗随即解除仁多保忠统军职务，招赴牙帐。仁多氏是与嵬名氏和梁氏相抗衡的大族。梁氏败亡，仁多氏被解除兵权，嵬名氏的统治更为巩固了。

夏崇宗为了进一步巩固皇权的统治，又采用汉人封王的制度，对嵬名氏宗室加封王爵。一一〇三年，崇宗弟察哥封为晋王，掌握兵权。察哥勇猛善战，是皇室中有谋略的大将。一一二〇年，又封宗室景思子仁忠为濮王，次子仁礼为舒王。景思在惠宗秉常被囚时，曾防止了罔萌讹等对惠宗的暗害，是与后族梁氏对立的皇室贵族。这时，景思已死，仁忠、仁礼通蕃、汉字，善文学，成为辅佐皇室的文臣。

建"国学" 西夏建国以来，一直存在着蕃学与汉学，蕃礼与汉礼之争。梁氏当权，废除汉礼，汉学也随

177

之衰落。崇宗亲政，一一〇一年，汉官御史中丞薛元礼上疏说："士人之行，莫大于孝廉，经国之模，莫重于儒学。"他指责夏国承平日久，"文教不明，汉学不重"，"民乐贪顽之习，士无砥砺之心"。崇宗下令，在蕃学之外，特建"国学"，教授汉学。国学设置教授，收学生三百人。建立养贤务，供给食用。这时汉族的儒学是维护封建统治的保守的政治学说，但对西夏说来，却是接受汉族的封建文化的一大措施。崇宗把汉学定为国学，表明他推行汉文化的决心，比以前的行汉礼，又前进了一步。

夏崇宗大力提倡汉文化，使夏国的风气为之一变。一一一二年六月，御史大夫谋宁克任上疏反对，说："治法之要，不外兵刑。富国之方，无非食货。""吾朝立国西陲，射猎为务。今国中养贤重学，兵政日弛"，主张"既隆文治，尤修武备"。谋宁克任看到了夏崇宗重文轻武的流弊，但他的主张实际上是反映了保存西夏旧俗，继续对外掳掠的奴隶主贵族的利益，是和西夏国内封建关系发展的趋势相违背的。夏崇宗不予采纳，仍然继续提倡汉学。

六、依附金朝和疆域的扩展

一一一五年，女真族奴隶主的总首领金太祖阿骨打在黑龙江畔建立了金国。我国的北方从而发生了急剧的变动。新兴的金国展开大规模的对外侵掠，先后消灭了辽朝和北宋。宋王朝逃到江南。在这个剧烈的变动中，地处西北的夏国依附金国，扩展了自己的领域。

一一二〇年，金太祖阿骨打攻陷辽上京。金宋约定：金兵进取辽中京，宋兵攻取燕京。一一二一年，夏崇宗遣使臣去辽，请求先出兵攻取宋地。辽天祚帝不许。一一二二年春，金兵攻陷辽中京，进围西京。夏崇宗派兵五千援辽。夏兵未到，西京已被金攻破。辽天祚帝逃入阴山。五月，夏崇宗派大将李良辅领兵三万援助天祚帝。夏军至天德军遇金兵数万骑，李良辅击败金兵。六月，李良辅进军宜水。金完颜娄室、斡鲁军来战，夏兵大败。一一二三年，夏崇宗再发兵救辽，被金兵阻道，不能前进。辽天祚帝逃往云内。夏崇宗遣使臣迎天祚帝入夏国，金兵陷云内，天祚帝又逃入夹山。

辽朝将亡，金将斡离不写信给夏崇宗，说辽国已亡，如辽天祚帝去西夏，擒送给金，金朝当割地给夏作酬赏。元德六年（一一二四年）正月，夏崇宗奉表降金，金朝把原属辽朝的西北地带，阴山以南吐禄泊以西之地割让给夏国。三月，夏国向金上誓表，愿按事辽的旧例事金。金太祖赐夏誓诏，视如藩国。次年辽亡，辽成安公主在夏国绝食死。

一一二六年三月，夏崇宗依照金朝割地的许诺，进兵攻占天德、云内、武州及河东八馆地带。四月，又攻下宋边地的震威城（距府州三百里），杀宋知州朱昭。

九月，夏国又出兵攻占兰州东北的宋西安州。随后又攻破宋麟州建宁寨，又破平夏城怀德军，并进攻天都、兰州诸堡，掳掠人畜而去。夏国在金兵侵宋的时机，乘虚而入，宋朝在夏国边境设下的城堡陆续被夏国攻破了。

夏国攻下天德、云内等州后不久，又被金完颜宗弼军占去。夏向金质问。一一二七年三月，金朝又把陕西北部地割给夏国，以河为界，以抵偿天德、云内。金、夏在陕西划定分界，确定了夏国的领域。

一一三六年七月，夏崇宗出兵攻占乐州和西宁州。一一三七年，金朝又接受夏国的请求，把乐州和积石州、廓州等三州地割给夏国。夏国不断扩展自己的领域，疆土的广阔为建国以来所未有。

（四）蕃部起义和封建关系的发展

夏崇宗娶汉人曹氏女，生子仁孝，又娶宋降臣任得敬女立为皇后。一一三九年六月，夏崇宗乾顺死，子仁孝年十六岁，即皇帝位（仁宗）。任后和母曹妃，并立为太后。仁宗即位，娶党项大族罔氏女为后。罔后好汉礼，是后族中趋向封建化和接受汉文化的代表。

任太后父任得敬原是宋西安州通判。夏崇宗攻破西安州，任得敬出降。任得敬献女给崇宗，擢任静州防御使。任女立为后，任得敬又升任静州都统军。辽朝

180

扈从成安公主来夏的萧合达，在夏国任夏州都统。萧合达见辽天祚帝败亡，成安公主绝食死，一一四○年四月，乘仁宗新立，据夏州起兵，联络阴山和河东契丹人，图谋拥立辽朝皇室后裔，恢复辽朝。六月，合达围攻西平府，夏守将罔存礼战败。七月，合达分兵攻下盐州。八月，任得敬自静州出兵，十月收复夏州，进攻盐州。萧合达败死。任得敬作战有功，威震河南，被擢任为翔庆军都统军，封西平公。任得敬领兵在外，夏国朝中军政仍然掌握在晋王察哥、中书令濮王仁忠等皇室贵族的手里。

一、哆讹等领导的蕃部起义的失败

夏崇宗统治时期，随着皇权统治的巩固和领域的扩展，夏国贵族掠夺到大量的社会财富。他们在日趋封建化和接受汉文化的同时，也象汉族贵族地主那样，过起骄奢淫逸的腐朽生活。而广大的党项部民则遭受着残酷的压榨，处在水深火热之中。晋王察哥当权，"贿货公行，威福自用"，抢夺民间园宅，建宅第数处。年已七十余，仍是姬妾成群。察哥多方搜刮，蕃、汉人民都极厌苦。贵族世家，也都以奢侈相尚。党项居民当然不能容忍这种残酷的统治。

一一四二年，夏国发生饥荒，民间一升米要卖百钱。一一四三年三月，国都兴庆府发生强烈地震。余震一月不止。官私庐舍、城壁塌坏，人畜死亡上万。四月，夏州地裂，涌出黑沙，阜高数丈，陷没居民数千人。七月，又出现大规模的饥荒。党项部民没有粮食可吃。遭受残酷压榨的部民，更加无法活下去了。

一一四三年七月，威州大斌部、静州埋庆部、定州笆浪（笆音池chí）、富儿等部同时发动武装起义。较大的队伍上万人，较小的也有五、六千人。起义者攻打州城。州将出兵镇压，都被起义者击败。党项起义队伍胜利进军，为夏国的历史写下了壮丽的一页。

十月间，夏仁宗命任得敬领大兵镇压。任得敬出兵，陆续屠杀和瓦解了各州起义队伍。定州笆浪、富儿两部依险拒守，对夏官军进行了顽强的抵抗。任得敬在夜间发兵，偷袭起义者的营寨。起义领袖哆讹被杀牺牲，起义遭到镇压而失败了。

党项族的起义对夏国奴隶主和封建主贵族的统治，是一个沉重的打击。起义显示了党项族人民和我国其他各族人民一样，具有光荣的革命斗争传统。

二、封建关系的发展

夏国自建立时起，在它的统治区内即存在着奴隶制和封建制两种不同的社会制度。这两种制度并存于同一个社会里，不能不相互斗争又相互渗透，它反映在上层建筑的领域，就又和蕃礼与汉礼之争溶合在一起。随着历史的推移，封建制在斗争中逐渐得到发展，而自夏崇宗到夏仁宗时，更进而在夏国占据了统治的地位。

封建关系的急剧发展有其多方面的原因和条件：（一）夏国境内封建制的不断发展越来越影响以至取代奴隶制，越来越在社会关系中占居优势。夏崇宗依附金朝确立了自己的领域，更加促进了封建关系的发展。（二）夏崇宗统治时期，依附辽、宋，基本上停止了对宋朝边地的大规模掳掠。金朝建立后，夏国依附金朝求自保，更无力对金作战。奴隶制的发展，是以不断开展对外掳掠以补充奴隶的来源为条件的。夏国处在强大的金朝的威胁下，基本上失掉了对外掳掠的条件。夏国断绝了自外界补充奴隶的来源，不能不由奴隶制加速地向封建制转化。（三）夏国统治集团的内部一直存在着发展奴隶制和转向汉族封建制的两种势力的斗争。自毅宗谅祚以来，经过近百年间的反复搏斗，到仁宗仁孝时，奴隶主保守势力已经遭到失败，趋向封建化的力量取得了胜利并且在贵族中巩固了自己的统治。这就使夏国封建关系的急速发展，有了有利的政治条件。（四）夏国党项部民的起义虽然遭到镇压而失败，但它打击了党项贵族的统治，暴露了阶级矛盾的日益激化，从而推动了夏国进一步向着封建制的道路发展。

仁宗仁孝即位时，夏国已经具备了上述的几个条件，此外，还有一个外部的重要条件，即新兴的金国正在全力南下，侵掠南宋。夏国不再有外部的威胁，从而获得了较为稳定的发展环境。仁宗在位五十五年，是夏国统治时期最长的皇帝。在这期间，夏国的统治保持着相对的稳定,在崇宗时发展了封建关系的基础上,进一步确立了封建制的统治,完成了夏国封建化的过程。

封建土地所有制 夏国建立以来,即存在着封建制的土地占有关系。夏仁宗制定法令,完全确立了封建的土地所有制。

皇室占田——早在夏惠宗秉常时,皇室即设有所谓"御庄"、"御仓"。夏惠宗在新占领的兰州兔谷川和鸣沙州都有"御庄"、"御仓"的设置。这可能是来源于西夏士卒的屯田,后来其中一部分即转为皇室所私有。大约在仁宗时制定的西夏文的《新法》中曾记载:"从来就已利用的渠道、土地、水等,永远属于国君和个人所有。"国君成为夏国最大的地主。

贵族地主占田——夏国党项贵族地主的占田,主要来源于两个途径。一是领受国家的赐田。《新法》中规定,夏国所有的居民,诸王、官员和庶民"可以使用国君赏赐的土地。"大约夏国的土地原来在原则上都属于国家所有,国君有权赏赐给奴隶主贵族使用。但长期占用的结果,便事实上属于贵族。《新法》明确规定了永远属于个人所有,土地私有制完全确立了。贵族占田的另一个途径,是依恃权势扩占。如没藏讹庞、梁乙埋等都曾迫使夏民侵耕边地,而把收入归为己有。土地私有制确立后,夏国又允许土地自由买卖。贵族地主也可以通过买田来扩大土地占有。

184

农民小所有田——仁宗天盛年间（一一四九——一一六九年）修订的《天盛年改新定律令》（即《天盛律令》）规定：生荒地归开垦者所有，他和他的族人可永远占有，并有权出卖。这个规定确立了农民的小所有制。但垦田既可以出卖，就不免被地主所兼并。

地租和赋税——《天盛律令》和《新法》记载有夏国的赐田，每亩田应交地租的数额。说明封建地租已是普遍的剥削方式。夏国也渐实行赋税制，向土地占有者征收赋税。《天盛律令》详细规定了土地买卖法。土地所有者买卖土地要呈报官府，并在官府的赋税册上勾掉卖主的姓名，改填买主。一一四三年，兴庆府和夏州发生强烈地震时，夏仁宗下令，二州人民遭地震，家中死二人者，免租税三年；死一人者，免租税二年。受伤者，免租税一年。这个命令，反映出夏国征收赋税的制度，已在各地普遍地实行了。

疆域、政治制度、法律　夏仁宗时，夏国确定了辽阔的疆域。在封建的经济关系发展的同时，政治制度和法律也进一步革新和完善起来。

一一四六年金朝再次割地后，夏国直接统治二十二州。黄河之南，领有九州：灵州、洪州、宥州、银州、夏州、石州、盐州、会州、南威州。黄河之西九州：兴州（兴庆府）、定州、怀州、永州、凉州、甘州、肃州、沙州、瓜州。熙、秦河外领有四州：西宁州、乐州、廓州、积石州。此外，夏国还先后领有静州、胜州、龙州、韦州（灵州东南)、伊州,以及崇宗时领有的陕西北部地和仁宗时金朝割给的德威城定边军。领域的扩展,使政治制度需要改革和统一。仁宗时骨勒茂才撰《番汉合时掌中珠》记载这时的地方官制,在各州设置了州主、通判、正听、都案等官职。

夏国中央的官制,原来是蕃、汉两个体系并列。但崇宗、仁宗时,自中书令、御史大夫以下的汉制官员,也多由党项贵族充任。一一六二年,仁宗又把中书省、枢密院移到宫廷内门之外,以备顾问。这些状况说明,在夏国官制中,汉制逐渐代替蕃制,成为主要的政治制度。

《掌中珠》关于刑法的记述,说明夏国的司法也在逐渐完善。如记载诉讼程序,官府接诉状后,把犯人枷在狱里追查证据。如不招供,即严刑拷打,逼使“伏罪入状”。伤人致死,赔偿死者的“命价”。

仁宗时编纂的西夏文《天盛年改新定律令》,依据前代律令增补修改,全书共二十册。卷首列编纂者和汉文译者的姓氏,是参考宋代政书体例而编修的一部政治制度和法令的汇编。以后,又编纂《新法》,续有增补。

科举学校 夏仁宗在政治制度方面的一项重大的改革,是仿照宋朝的制度,实行科举。一一四七年八月,仁宗正式策试举人,立唱名法。又设立童子科。通过科举策试任用官员,是对拥有政治特权的贵族的一个限制,但广泛任用文人执政,又不能不使夏国统治集团走向文弱了。

实行科举,就必须广设学校培养生员。夏崇宗时设立国学,招收贵族子弟三百人。一一四四年六月,仁宗下令各州县普遍设立学校,增子弟员至三千人。又在皇宫中立小学,设教授,宗室子孙七岁至十五岁都可入学学习。一一四五年七月,建立太学。一一四六年三月,尊孔丘为文宣帝。一一四八年三月,又建内学,仁宗亲选名儒主持讲授。

学校讲授汉学,主要是儒学。科举也以儒学取士。夏仁宗从多方面接受汉文化,模仿宋朝,是封建关系确立后的反映,从这方面说,是有积极意义的。

三、任得敬"分国"的失败

仁宗仁孝初立,任得敬先后领兵镇压契丹萧合达和哆讹等领导的党项起义,逐渐扩大了他的军事力量。任得敬以外戚而握重兵,封西平公,成为权势显赫的军阀。一一四七年,任得敬上表请求自西平入朝,企图参预国政。濮王仁忠和御史大夫热辣公济等向仁宗谏告,说:"从古外戚擅权,国无不乱","任得敬未必没有异心"。仁宗纳谏,不准任得敬入朝。一一四八年十一月,中书令、濮王仁忠病死。一一四九年,任得敬用金珠向晋王察哥行贿,察哥请仁宗召任得敬为尚书令。一一五〇年,又为中书令。一一五六年,晋王察哥死，任得敬进为国相。仁忠、察哥等皇室重臣相继病死，任得敬在朝更加无所顾忌。一一五七年，任得敬以弟任得聪为殿前太尉，任得恭为兴庆府尹。此后，又任族弟任得仁为南院宣徽使，侄任纯忠为枢密副都承旨。夏国党项贵族习尚汉文化，日趋文弱。夏国的军政权逐渐地被汉人军阀任氏所窃夺。

一一六〇年，任得敬对仁宗尊崇儒学极为不满，上疏请废学校，说"经国在乎节俭，化俗贵有权衡"，夏国地瘠民贫，士多而滥，廪禄浩繁，供养不起。养士之法，难以行于夏国。这实际上是企图废弃科举取士，以便任氏独揽政权。仁宗不予采纳。这年，任得敬又进爵楚王，出入仪从，几乎同于皇帝。一一六五年，任得敬驻营西平府，征发民夫十万修筑灵州城，以他直接统辖的翔庆军监军司所，建造宫殿。任得敬篡国的阴谋，日益显露了。

天盛三年（一一五一年）造西夏官印

188

任得敬在朝专横日甚，朝中蕃、汉大臣和宗室贵族多被排斥或诬陷。只有御史大夫热辣公济等鲠直（鲠音梗gěng）之士，敢于同任得敬抗争。一一六九年二月，热辣公济上疏，直接指斥任得敬身为国亲"擅权宠，作威福"，请予罢斥。任得敬大怒，要借故杀热辣公济。仁宗令热辣公济罢官回乡，得免被害。

任得敬擅权专政，又领兵二十年，握有军权，仁宗受他威胁，不能制驭。一一六九年四月，任太后病死。一一七〇年闰五月，任得敬公然胁迫夏仁宗"分国"，分夏国之半归他统治。夏仁宗被迫分西南路及灵州啰庞岭地归任得敬，建号楚国。任得敬又胁迫仁宗派遣左枢密使浪讹进忠等去金朝奏报，求给任得敬封号。金世宗同尚书令李石等商议说："有国之主，岂肯无故分国与人。此必权臣逼夺，非夏王本意。况夏国称藩岁久，一旦迫于贼臣，朕为四海主，怎能容忍此举？倘若他无力自治，当发兵诛灭。"金世宗下诏给夏仁宗说："自我国家戡定中原，怀柔西土。始则画疆于乃父，继而赐命于尔躬"，"今兹请命，事颇靡常，未知措意之由来，续当遣使以询"。金世宗退回了夏国的贡物，拒不承认楚国。

任得敬遭到金朝的反对，阴谋附宋自立。夏仁宗得到金朝的支持，策划诛任自保。一一七〇年八月，任得敬密通宋朝，宋四川宣抚使虞允文派使者以蜡丸书回报任得敬，约夹攻金朝。宋密使被夏国捕获。夏仁宗拿到这项铁证，先命弟仁友等诱捕任得聪、任得仁等，在八月三十日设计杀任得敬，并杀任党。夏仁宗取得胜利，派遣殿前大尉芭里昌祖等到金朝奏报，并把宋使和蜡丸书一起献给金朝。

夏国蕃、汉学教授斡道冲，遭到任得敬的排挤。夏仁宗杀任党，任斡道冲为中书令，又进为国相。朝中文臣多奉斡道冲为师。斡道冲执政，夏国又转危为安了。

任得敬分国阴谋的失败，是西夏历史上的一件大事。夏仁宗在金朝支持下诛灭任党，避免了割据分裂，巩固了夏国的封建制统治。但夏仁宗受制于汉人军阀的事实，也暴露了夏国皇室军事权力的削弱。夏崇宗削除贵族的兵权，轻武重文。仁宗时，随着国家的安定和封建关系的发展，党项贵族日益沉湎于腐朽的地主生活，侈靡挥霍，逐渐失掉崇尚骑射的武风。崇尚儒术和科举取士的结果，也使统治集团日趋于文弱。任得敬等军阀的专横，正是反映着夏国统治力量的衰弱和空虚。夏仁宗统治的半个多世纪，是夏国确立了封建制的统治，走向稳定和经济、文化发展的时期，也是日趋汉化，轻武崇文，走向安逸保守，由盛而衰的时期。夏仁宗用文臣领袖斡道冲执政，稳定了夏国的统治，但并没有扭转兵政废弛的局面。

(五) 西夏的灭亡

夏国的统治由盛而衰的年代，正是蒙古在漠北兴起的年代。夏国自仁宗仁孝以后，面临着来自蒙古的严重威胁，而皇室内部又一再出现了皇位的篡夺。夏国依附金朝八十年，巩固了它的封建制统治。随着皇位的一再更迭，夏国时而附金抗蒙，时而降蒙侵金，终于和金朝一起，先后被蒙古所灭亡。

一、蒙古南侵和襄宗篡位

夏仁宗皇后罔氏在一一六五年病死。一一六七年，仁宗立汉人罗氏女为后。罗后生子纯祐。一一九三年，仁宗年七十岁病死。子纯祐十七岁，继位作皇帝（桓宗）。仁宗弟仁友，杀除任得敬有功，进封越王。一一九六年十二月，仁友病死，子安全请求承袭王爵，桓宗不许，降封安全为镇夷郡王。安全由此失望而生怨。

这时的蒙古草原，正在进行着激烈的斗争。蒙古孛儿只斤·乞颜部长帖木真战胜了泰亦赤兀场、塔塔尔和克烈等部落，克烈部长脱斡邻子亦剌哈桑昆逃入西夏。一二〇五年，帖木真在消灭乃蛮部后，统率骑兵向西夏进军，追击亦剌哈桑昆。三月，蒙古军攻破西夏力吉里寨。四月，蒙古军在夏落思城大掠人口、牲畜而回。蒙古军退，夏国度过了一次危机，桓宗纯祐把都城兴庆府改名为中兴府。

一二○六年,帖木真在蒙古斡难河畔建国,称成吉思汗。以成吉思汗为首的蒙古奴隶主开始了大规模地对外侵掠的时期。而在这一年,西夏国内也发生了篡夺皇权的政变。

夏天庆十三年(一二○六年)正月,镇夷郡王安全在罗太后支持下,废桓宗纯祐,自立为帝(襄宗)。桓宗被废后,在三月间突然死去,年三十岁。六月,罗太后遣御史大夫罔执中去金朝,上表说:"纯祐不能嗣守,已与大臣议立安全。"请求金朝赐予册封。金朝派使者来夏,询问废立的原因。罗太后再次上表请求册封。七月,金朝派使臣册封安全为夏国王。夏国继续依附金朝,以抗御蒙古。

一二○七年秋,蒙古再次发兵侵掠西夏,攻下兀剌海城,四出掳掠。夏襄宗调集右厢诸路兵抵抗。蒙古兵在西夏攻掠五个月,于一二○八年二月退军。

一二○九年三月,成吉思汗自黑水城(哈剌和托)北兀剌海关口,攻入夏境。夏襄宗派皇子承祯为主帅,大都督府令公高逸为副,领兵五万抵抗。夏兵大败,高逸被俘,不屈被杀。

四月,蒙古兵再攻兀剌海城,西夏守将出降。七月,蒙古进攻克夷门。夏襄宗派嵬名令公领兵五万抗敌。嵬名令公自山坂驰下,击退蒙兵。两军相持两月。九月间,蒙古设伏诱战,夏兵败,嵬名令公被俘。蒙古攻破克夷门,进围夏都中兴府。

中兴府被围,襄宗亲督将士登城守御,蒙古兵不能攻破。九月中,值天大雨,河水暴涨。蒙军引河水灌城,城中居民淹死无数。襄宗向金朝求援兵。金帝卫王允济对群臣说:"敌人相攻,是我国之福"。拒不出兵。十二月,河堤决,城墙将塌陷,河水四溃。蒙古遣讹答入城招降。襄宗献女给成吉思汗求和。蒙古退兵。

嵬名令公在克夷门被俘,成吉思汗数次派人说降。嵬名令公被囚在土室,坚持不屈。襄宗降蒙,蒙古放还嵬名令公。

二、神宗附蒙侵金

一二一一年,西夏再次发生了皇位更迭的事变。

这年七月,皇室齐王遵顼(音须xū)废襄宗安全,继立为帝(神宗)。八月,安全死。现存史料没有留下关于这次皇位更迭过程的纪录,但安全有子承祯不能继立,显然是皇族内部又一次的权位争夺。

齐王遵顼是皇室齐王彦宗子。彦宗在任得敬当权时被排斥在外,贬守凉州。任得敬被杀后,彦宗被召入朝,为马步军太尉,病死,谥齐忠武王。遵顼年少时力学,博通群书。桓宗天庆十年(一二○三年)廷试进士第一(状元),袭封齐王,又升为大都督府主,统领军兵。遵顼即帝位,年已四十九,显然已是西夏皇族中一个具有威望的人物。

蒙古围中兴府，金朝拒不出兵，金、夏关系开始破裂。遵顼即位，不再向金朝求册封。面对着蒙、金两大势力，夏国由前朝的附金抗蒙转变为附蒙攻金了。

神宗遵顼即位，即派兵万骑攻金，围金东胜城。金派大兵来援，解围。这年冬季，蒙古进兵围金中都，金朝危急。夏神宗乘机侵入金泾州、邠州，又进围平凉府。一二一二年三月，金朝主动派使臣册封遵顼为夏国王。直到年底，遵顼才遣使谢封，但仍然继续进攻金朝。一二一三年六月，夏兵攻破金保安州，围庆阳府。八月，破金邠州。十二月，破巩州。一二一四年八月，攻庆、原、延安诸州。一二一五年十月，攻破金临洮府。

一二一六年秋，成吉思汗出兵侵金。西夏出兵配合作战，攻延安、代州，进而破潼关。十一月，夏神宗又乘胜派兵四万余，围攻金定西城，战败而回。十二月，金兵反攻西夏，分兵攻打盐、宥、夏、威、灵等州。夏神宗分道派兵抵御，金兵不能前进。

光定七年（一二一七年）正月，西夏又应蒙古的征调，派兵三万随蒙古兵攻金，大败于宁州。蒙古西侵花剌子模，再次向西夏征兵。西夏不堪蒙古的频繁征调，拒绝出兵。蒙古发兵渡河攻打西夏，十二月，围中兴府。蒙古突然来攻，神宗惊惶逃走，出奔西凉，留太子德任守中兴府。蒙古兵退，神宗才又返回。

夏神宗遵顼按照金朝兴起时西夏附金扩土的经验，企图附蒙侵金。蒙古不断向西夏征兵和侵掠，使西夏蒙受严重的摧残。一二一八年二月，神宗起用主张联金抗蒙的秘书监苏寅孙为枢密都承旨。三月，神宗写信给金保安、绥德、葭州，商请恢复边地互市，与金朝谈和。金宣宗不许。神宗联金不成，又在一二一九年二月，派遣枢密都招讨使宁子宁去四川与宋朝守将联络，企图联宋侵金。这时，金宣宗正在发兵渡淮，分道南侵宋朝。宋朝军民展开了守土抗金的斗争。宋利州路安抚使丁焴（音育yù）写信答复西夏，联兵抗金，但宋兵并未如约出师。一二二〇年初，宁子宁再写信向四川质问。五月间，宋四川安抚使安丙正式写信给西夏，定议宋、夏同时出兵，夹攻金军。

夏国得到宋朝的支持，一二二〇年八月，发兵万人围攻金会州，攻破会州城，金守将乌古论世显投降。关右大震。金宣宗向夏国请和，夏神宗不许。九月，宁子宁与嵬名公辅领兵二十万攻打金巩州。宋安丙派张威、王仕信等分道进兵，攻下定边城，与夏兵会于巩州城下。夏宋联合作战，约定夏兵野战，宋兵攻城。金行元帅府事赤盏合喜派兵拒守。夏兵攻城不下，只好退军，又遇金朝伏兵邀击，伤亡甚众。十月，宋安丙再约夏兵攻秦州。夏兵不再出战。

夏国联宋侵金不成，仍处在蒙古威胁之中。一二二一年，蒙古木华黎部，由东胜州渡黄河经西夏攻金，再向夏国征兵。神宗派塔哥甘普领兵五万归木华黎指挥，向金葭州、绥德州进军。十月，蒙古兵攻绥德，再向夏征兵。神宗又派大将迷仆领兵会师。一二二二年，蒙古又命夏兵由葭州攻金陕西，夏兵在质孤堡被金兵战败。一二二三年春，蒙古木华黎进兵凤翔，神宗发步骑十万随蒙古军攻城，不下。夏兵见势不利，不告蒙古，先行逃回。

夏国自投附蒙古以来，遭受着沉重的压榨和威胁。夏国每次应征出兵为蒙古作战，都要遭到重大的伤亡，损失惨重。神宗附蒙侵金的政策，越来越引起了人民的不满。统治集团中联蒙与联金两种主张也在展开激烈的争论。一二二三年，神宗派太子德任领兵侵金。德任说，金兵势尚强，不如和他讲和。神宗说，这不是你懂得的事。德任坚持联金，拒不领兵。四月，神宗废掉德任的太子位，把他囚禁在灵州。十月，蒙古兵在夏积石州侵掠而去。神宗仍要聚集兵力侵金。御史中丞梁德懿上疏说："国家用兵十余年，田野荒芜，民生涂炭。虽妇人女子都知道国势已很危险，可是朝廷大臣还在清歌夜宴。太子毅然陈大计，献忠言，是出于不得已。请召太子还宫复位，就会使臣民悦服，危者得安"。神宗当面予以责斥，罢去梁德懿的官职。

这年，蒙古木华黎已在山西闻喜病死。子孛鲁继续领兵。成吉思汗已指令孛鲁准备领兵灭夏。夏国面临着亡国之祸。夏神宗附蒙侵金的国策彻底失败，眼看无法统治下去了。光定十三年（一二二三年）十二月，神宗在上下反对声中，不得不宣告退位，传帝位给次子德旺（献宗），自称"上皇"。

三、献宗联金抗蒙和夏国的灭亡

献宗即位，改变国策，抗拒蒙古。派遣使者与漠北诸部落联络，企图结为外援，牵制蒙古，以便于西夏拒守。这时蒙古木华黎子孛鲁继为国王，总管华北的探马赤军和乣、汉诸军，得悉西夏"阴结外援，蓄异图"的消息，即于一二二四年，组织大军从东面进攻夏境，直抵银州。九月，蒙古兵攻破银州，夏兵数万人战死，俘获生口、牛羊数十万，夏将塔海兵败被俘。

夏国经孛鲁这次打击，决计变侵金为联金。同年十月，采纳右丞相高良惠策，遣使去金朝议和。次年八月，献宗派吏部尚书李仲谔、南院宣徽使罗世昌、尚书省左司郎中李绍膺等去金朝定和议：金、夏为兄弟之国，各用本国年号，双方相互支援。这时的金朝已处在亡国前夕，兵虚财尽，早已无力援夏抗蒙了。罗世昌出使金朝回来，对献宗说："金朝的援助不足恃"，劝献宗自强。献宗不听，罗世昌被罢官，流寓龙州。

一二二五年，成吉思汗自西域回到漠北，见夏国不屈，秋天再出兵征夏。一二二六年春，成吉思汗亲领大兵自北路侵入夏境。二月，攻破黑水、兀剌海等城。蒙古大将阿答赤率军与畏兀儿亦都护配合，进军沙州，先派遣忽都铁穆尔与昔里钤部前往招抚。夏守将籍辣思义伪降，设伏袭击，阿答赤几乎被擒。蒙军受挫，全力攻城。籍辣思义坚持拒守。蒙古军在夜间挖地穴攻城，籍辣思义在地穴中放火，蒙兵多死。蒙古军经过月余的强攻，才攻下了沙州。

这年五月，蒙古军进侵肃州。夏军坚守不降。城破，夏国军民都被蒙军屠杀。蒙古军进围甘州，派使者招降夏甘州守将曲也怯律。夏国副将阿绰等三十六人杀蒙古使者及曲也怯律一家，率城中军民并力抵抗。甘州城破，阿绰等战败牺牲。七月，蒙古军攻西凉府，夏守臣战败投降。

蒙古兵长驱深入，夏国连失城邑。一二二六年五月，六十四岁的上皇神宗病死。七月，献宗也惊忧而死，年四十六岁。献宗侄睍（音现 xian）被拥立继位。帝睍执政，夏国已处在灭亡的前夜，夏国军民展开了抗蒙救亡的激烈战斗。

成吉思汗自西凉府继续进兵，穿越沙漠，至黄河九渡，取应理等县。十一月，成吉思汗亲率大军围灵州，夏帝睍派遣老将嵬名令公来援。成吉思汗渡黄河，指挥蒙军进攻。嵬名令公率夏兵迎战。波斯拉施德《集史》记载说：战斗的激烈，是蒙古人在作战中所少见的。西夏将士英勇抵抗，最后因牺牲惨重败退，灵州被蒙古攻占。

一二二七年春，成吉思汗留兵攻中兴府，自己率师渡河，攻积石州，进入金境。二月，破临洮府。三月，破洮、河、西宁三州。

帝睍被蒙古军围困在中兴府，外援断绝。右丞相高良惠激励将士，日夜拒守，积劳成疾。僚佐劝他自爱。高良惠慨叹说："我世受国恩，不能消除祸乱，敌人深入到如此地步，我活着有什么用？"高良惠带病指挥抗敌。四月间，高良惠病死。夏国失丞相，更加困难了。闰五月，成吉思汗自隆德州至六盘山避暑，派遣使者察罕去中兴府劝谕帝睍投降，被帝睍拒绝。

中兴府被围半年。城中粮尽，军民患病者众。六月间，又发生地震，宫室都被破坏。夏国粮尽援绝，走投无路了。帝睍向蒙古请降，要求宽限一月献城。七月，成吉思汗在军中病死。帝睍出降，被蒙古军杀死。蒙古军入中兴府屠城，西夏抗蒙军民遭到残酷的杀掠。西夏立国一百九十年，最后灭亡了。

第二节　夏国的经济与文化

西夏在我国西北地区统治一百九十年，在它的周邻，先后有宋、辽、金、吐蕃、回鹘。各民族间曾经不断发生过规模大小不等的战争和各种形式的斗争，但在斗争过程中，各民族间也逐渐加强了相互的了解和经济、文化的交流。党项族原以畜牧狩猎为主要生产，随着同汉族联系的加强和夏国领域的扩展，逐渐发展了农业和手工业，并且在各民族间展开了商业贸易来往。各族人民的辛勤劳动，共同开发了夏国统治的广大地区，丰富了人们的经济生活。夏国在党项族传统文化的基础上，吸收汉族和各民族的文化，形成为具有民族特点的夏文化。在中华民族的文化发展史上，夏作出了自己的贡献。

（一）经 济 概 况

一、畜 牧 业

畜牧业是西夏的主要生产部门。党项人向北移居到今鄂尔多斯和阿拉善地区以后，即主要从事游牧式的畜牧业。十世纪中，党项人居住的夏州只产羊、马。李继迁时，仍过着"逐水草牧畜，无定居"的生活。元昊说："衣皮毛，事畜牧，蓄性所便"（《宋史·夏国传》）。说明西夏建国时，畜牧业仍是党项人传统的生产部门。

西夏的畜牧业地区主要在银、夏、盐等州及其以北的鄂尔多斯高原、阿拉善和额济纳一带。此外，河西走廊的凉州，有"畜牧甲天下"之称。"瓜、沙诸州，素鲜耕稼，专以畜牧为生。"（《金史·西夏传》）

西夏牧民饲养的牲畜以马、驼、牛、羊为主，还有驴、骡、猪等。马是对宋贸易最主要的项目。阿拉善和额济纳的骆驼之多，在《元朝秘史》和《马可波罗游记》中都称道过。由于成吉思汗从西夏得到过许多骆驼，这种牲畜才在蒙古高原广泛繁殖。

西夏建国以后，兼并了邻境广大的农业区，部分党

200

项人向农业过渡，牧民可以得到粮食和牲畜的冬储饲料，有利于畜牧业的发展。

狩猎业在西夏的山区、沙漠和半沙漠地区仍很重要。继迁一次向契丹进贡沙狐皮一千张，可见猎获物不在少数。对辽、宋的贡品还有兔、鹘、犬、马等。乾顺时，御史大夫谋宁克任还说："吾朝立国西陲，射猎为务"。成吉思汗征西夏时，他们也用"调教好的鹰鹘"作礼物，这都是用来狩猎的。夏景宗元昊每次出兵作战，都要先率领部落长狩猎。狩猎是生产部门，也有练习武事的意义。

二、农　　业

农业是西夏另一个重要经济部门。继迁时，党项人多住在夏、盐等州荒僻地区，宋人说那里"地不产五谷"。后来发展到西南的洪、宥州，当地"多土山柏林"，住着自称为"南山野利"的党项野利部人，经营农业，"每岁资粮取足洪、宥"（《宋史·刘平传、宋琪传》）。十一世纪，继迁等占领了灵州、兴州，得到历代在此屯垦的沃野，农耕在西夏经济生活中比重逐渐增大。后来占领河西走廊，又扩充了凉、甘、肃州等地的农业区。

西夏的水利灌溉事业很发达。周春的《西夏书》提到共有六十八条大小渠道灌溉着九万顷土地。兴州是水利灌溉的中心，汉、唐以来就开始在这里兴修水利屯田。汉源渠长达二百五十里。唐梁渠长达三百二十里。其余支渠几十条，可以引黄河水灌溉。在灵州附近，有秦家、汉伯、艾山、七级、特进等五渠同兴州汉源、唐梁两渠相连。夏统治者很重视这些水利设施，役使民工整修了这些渠道，使它们互相沟通。甘、凉之间，也可乘祁连山雪水融化时，筑渠引河水灌溉。西夏文《天盛年改新定律令》载有夏国的灌溉制度，并严格规定了使用水利设施和使用水的办法（据克恰诺夫：《唐古特史纲》）。

西夏领域的扩大，很多是占领了宋朝一些经营农业的州县。继迁扩地至灵州时，就"籍夏、银、宥州民之丁壮者徙于河外"。以后对宋战事不断，凡俘掳的汉人，"勇者为前军"，"脆怯无他技者迁河外耕作"。所以兴、灵州等处居民，多是元昊时掳掠来的汉人。汉人在西夏农业居民中占相当比例，他们同党项劳动人民长期接触，特别是"沿边地区，蕃、汉杂处"，可以直接交流生产经验，使部分党项人逐渐熟悉农耕技术，转牧为农。所以宋人记载说，西夏境内，"耕稼为事，略与汉同"。

夏人使用的农具同宋西北地区大致相同。《番汉合时掌中珠》载有犁、铧、子耧、镰、锄、镬、杴（音谦 qiān）、锹，还有碌碡、刻叉、车、碾、碓、硇等。西夏长期使用宋朝颁发的农历，并根据当地的气候确定农时，在西夏文类书《圣立义海》中有汉族农作节令的记载，如八月桃、葡萄熟时，就要收割大麻，烤麻子，榨油。……腊月末，要为来年备耕修好农具等等（引自聂利山：《西夏语

202

文学》)。

　　夏国人民,包括从事畜牧业的蕃部人民,大多以农产品为主食。兴、灵一带,土地肥沃,水利发达,尤宜稻麦。其余地区,还种植大麦、荞麦、床(音迷 mí)、粟、豌豆、黑豆、荜豆、青麻子等作物。

　　西夏境内缺乏已耕的熟地,粮食不能满足食用的需要,因此夏国大力提倡开荒。由于可耕荒地多在宋、夏交界地区,往往要由西夏官方组织人力,在它保护下开垦。如宋麟州屈野河西,"田腴利厚",元昊时开始插木置小寨三十余所,发动开垦寨旁之田。没藏讹庞执政时,甚至在耕获时派军队保护,发动几万人用耕牛开垦。梁乙埋执政时,夏人又侵耕绥德城生地。元昊以后,夏、宋之间的战争常常因侵耕土地而起,原因主要是夏要扩大农田解决食粮问题。

　　西夏是一个多民族的国家,除党项、汉人外,还有吐蕃、回鹘、鞑靼(塔坦)、交河等族,他们处于不同的社会发展阶段,经济和文化生活各不相同。一部分经过收编、迁徙,同党项族溶合。据刘涣《西行记》记载,贺兰山西北,回鹘么啰王子,邈拏(同拿)王子原来部落甚盛,自被继迁破灭,其地遂成沙漠。甘州、沙州的回鹘,有自己的"可汗",可以直接向辽、宋两国朝贡,相当于附庸的地位。其他各族,有的比党项族落后,如鞑靼经常掳掠各部,继续向奴隶制发展。有的蕃部本来是汉族,如"西凉蕃部,多是华人子孙,例会汉言,颇识文字。"(《续资治通鉴长编》卷五十一)此外，长期从宋朝边州掠去的蕃部"熟户"，经济和文化也同汉族十分接近，他们同汉人一样，早已建立了封建的生产关系。吐蕃以及同吐蕃"风俗相类"的党项人，原是吐蕃王朝时期的奴隶或"奴部"。十世纪以来，吐蕃奴隶主受到奴隶起义的打击，"奴多无主，遂纠合为部落"。党项人迁往银、夏州等地后，在长期与汉族人民接触中，又发展了农业，不再以蓄养奴隶为主，而以剥削劳役地租为主了。

夏统治者经常发动战争，"一有征调，辄妨耕作，所以土瘠野旷，兵后尤甚"。为了事先备荒，夏人有"积粟"的习惯。宋元丰间对夏作战时，宋兵几乎每到一处，都发现他们有充足的"官、私窖谷"和粮草。这无疑只有国库和大地主才能有如此丰富的积储，劳动人民和士兵是没有份的。甚至战争发生时，士兵的粮饷也只是大麦、荜豆、青麻子之类。广大劳动人民遇有灾荒，常年吃不上粮食，要靠采集野生植物充饥，曾巩《隆平集·西夏传》说："春食鼓子蔓、碱蓬子，夏食苁蓉（音从容cōng róng）苗、小芜荑，秋食席鸡子、地黄叶、登厢草，冬则畜沙葱、野韭、柜霜、灰藋子、白蒿、咸松子以为岁计"。

三、手 工 业

西夏的手工业以畜产品加工为其特色，如鞣皮、纺毛线、织造氆氇(音 pǔ lu)、毛褐(音贺 hè)、毡、毯等。当时，这些手工业还没有从畜牧经济中分离出来，而是由牧民就地加工自己的畜产品。可是，夏国已有专门剪裁和缝制衣服的“裁缝”，可能也有专业的皮匠、织匠等，甚至在城市里还集中了一批熟练的工匠。元代初年，马可波罗曾途经额里合牙(即宁夏)的阿剌筛城，记载说：“这城里用骆驼毛制造驼毛布，为世界最佳美，白驼毛布是白羊毛做的，极精细，极好看。他们做出这种布很多。”由此也可想见西夏毛织业的水平。

早在十一世纪，西夏毛织品的产量就已可观。据说：“所产羊、马、毡毯，用之不尽，必以其余与他国交易”。成吉思汗初征西夏时，西夏就以特产的毛织品大量贡奉给蒙古人，请求罢兵。

夏国也有专业的木匠、泥匠、瓦匠、石匠、铁匠等，屡见于记载。夏州以东，国家设有铁冶务，以生产兵器为主。据榆林窟壁画，夏国已使用当时比较先进的竖式风箱。战甲经冷锻制成，坚滑光莹，为宋人所赞美(《续资治通鉴长编》卷一三二)。

一九七二年以来，考古工作者对宁夏银川市西贺兰山下的西夏王陵进行发掘。已发掘的夏神宗遵顼陵园，出土有各种石雕、金银饰、竹雕、铜器、铁器和瓷器的残片。这些出土遗物和王陵的建筑显示出西夏手工业在各方面的成就。石嘴山西省嵬城遗址和灵武县石坝还先后出土了瓷器和银器。

甘肃敦煌西夏壁画：酿酒图（上）、打铁图（下）

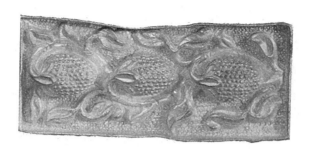

西夏王陵出土的金带饰

西夏王陵出土的镶绿松石鎏金银饰

盐州有盐池,盛产青白盐,质量甚好,夏国常用来与邻近的蕃、汉民交换米麦,生产规模很大,每年有畦夫数千人。青白盐生产是西夏手工业的重要部门。

西夏的手工业在民间怎样组织生产及生产关系如何,史料中都很少反映。但在国家管理下,的确有一批专业匠人从农、牧民中分离出来,成为国家作坊的官匠。夏景宗元昊时,就先后设置夏州铁冶务、茶山铁冶、酒务等。仁孝时,立通济监专司铸钱。据《天盛律令》记载,官府中还有制金司、织绢院、铁工院、木工院、纸工院、砖瓦院、出车院（造车）等，还有专门刻书的字刻司（见苏联《亚洲各族研究所简报》第六十九期）。这说明有许多手工工匠集中在官营作坊中，分工的专业性强，生产技术也决非不脱离农牧业生产的家庭手工业所可比拟。一九七五年，银川市西夏陵区的正献王墓出土丝织品残片，包括罗、绫、锦等多种。夏国曾经以"变革衣冠之度"为理由，遣使向宋朝求匠人，西夏国内当有不少来自宋朝的汉人丝织工匠。

西夏历朝建筑了许多宫室、佛寺、仓库、驿舍等等。德明定都兴州，即建造门阙、宫殿。元昊又在城内修避暑宫，"逶迤数里，亭榭台池，并极其胜"。晋王察哥、权臣任得敬，都有自己的园宅或宫殿。十一世纪末重修凉州护国寺感应塔时，碑文形容说："众匠率职，百工效技，杇者（杇音污wū，泥瓦匠）、缋者（缋音会huì，画匠），是墁（音慢màn，涂饰）是饰，丹雘（音护hù）具设，金碧相间，辉耀日月，焕然如新，丽矣壮矣，莫能名状"。这些建筑反映了西夏各种手工艺的技术水平。

四、商 业 贸 易

商业贸易在西夏经济生活中占有重要的地位。继迁以前，党项人居住在银、夏之北，千里不毛，只能用池盐与边民交易谷、麦，羊、马及畜产品可供交换的也不多，贸易百货都要靠中原供应。宋太宗淳化四年（九九三年），为了压制继迁，采取"绝其青盐不入汉界，禁其粒食不及蕃夷"的措施。宋执行禁令几个月后，造成了意料不到的被动：一、沿边私市长期互通有无，禁后犯禁者更多；二、党项人得不到粮食，相率在边境掳掠；三、引起内属熟户不满，万余帐叛宋归附继迁；四、关陇汉族人民得不到食盐，也在境上"骚扰"。宋朝又只好解除禁令(《宋史·郑文宝传》)。此后，宋朝依据对夏斗争的需要，又多次实行禁盐和禁市的措施。

盐是宋朝国家垄断的商品，山西解县等地盐池的收入，是陕西财用的重要来源，而鄂尔多斯的"青盐价贱而味甘"，解盐不能同它竞争，所以宋朝最不愿意进口的是盐。德明屡次请求宋朝放行青盐，都遭拒绝。元昊同宋朝言和，首先就要求岁卖青盐十万石，也因为是他"数州之地，财用所出，并仰给于青盐"(《包拯集·论杨守素》)。而青盐又"出产无穷"(《宋史·孙甫传》)，所以夏最需要出口的也是盐。宋始终不答应西夏销盐的要求，又无法割断沿边熟户与夏人历史的联系，边臣只好"宽其禁以图安辑"，只对汉户犯者处刑，但犯禁者始终不断(《韩魏公集·家传》)。盐的交易在民间通过私市进行。

德明继位，停止对宋作战，派遣使臣商谈同宋朝恢复贸易。一〇〇七年(真宗景德四年)，宋朝正式允许通市，宋朝官方的货品单中，收购的有驼、马、牛、羊、玉、毡、毯、甘草、蜜、蜡、麝脐、毛褐、羱羚角、硇砂、柴胡、苁蓉、红花、翎毛等。输出的有缯、帛、罗、绮、香药、瓷器、漆器、姜、桂等。德明每年派人以羊、马在边界与宋人贸易，规定按交易数量为赏罚，有时还杀死贸易不力的使人（《东坡志林》）。

宋朝缺乏战马，需要买进西夏的马。一〇四五年，宋仁宗出内藏库绢二十万匹买马于府州、岢岚军。一〇五五年，又以银十万两买马于秦州。以后岁以为常。西夏因战争的消耗，有时也要向吐谷浑及其他党项人买马。德明卖马给宋，元昊说："以马资邻国，已失计矣"。不过并未禁止输出马。

宋朝输出的商品中，粮食是大宗，但主要通过沿边农、牧民物物交换的方式进行。茶也是大宗，大多通过岁赐和交换马的方式输出。西夏很需要宋的金属品（铜、铁、锡、钱币等），但宋朝常加限制。

西夏同宋贸易有多种形式。一种是通过进贡的形式。夏以名义上称臣的方式，向宋进贡马、驼等，换取宋的回赐。一〇〇六年，宋朝一次赏给德明银万两、绢万匹、钱二万贯、茶二万斤。元昊称臣，宋的岁赐达银七万二千两，绢帛等十五万三千匹，茶三万斤。这实际上是一笔数字巨大的贸易。德明派进奉使赴东京，同时要求购买所需货物，实际上是以进奉为名做买卖。起初，使者出入民间没有限制。元昊时宋规定设馆舍招待，由官方主持贸易。金朝也采取相似的办法，使人入境，可以同富商交易；到了京师，可以留在会同馆互市，甚至金朝的外戚大臣也参与买卖，贸易大为开展。

夏、宋商民的大量贸易是在官方设立的榷场进行。一〇〇二年，继迁自己在灵、夏二州蕃族屯聚的赤沙川和橐驼口，分别置会（市场）同熟户贸易。一〇〇七年，宋朝正式在保安军置榷场，除官市者外，其余货物民间可自由交易。一〇二六年，并、代部署司也开设了西界和市市场。一〇四四年，元昊要求恢复夏、宋通市，宋朝开放保安军和镇戎军的高平寨市场。两年后，迁保安军榷场于顺宁寨。次年，又通河东银星和市。此外，还有绥州界内的抚宁和市场、环州以北的折姜会市场等。一〇六〇年，宋朝在秦州古渭、永宁寨、原州、德顺军置场买马，由京师每年支银四万两，绸绢七万五千匹充马价，每年买良马达八千匹，仅古渭寨一地每年就用钱十余万缗。宋朝在这些地区购买的马匹主要当来自西夏。每逢西夏发动侵掠和边界纠纷时，宋朝常以封闭市场和禁通贸易相威胁。和好时，夏遭饥馑，宋朝也取消粮食出口的禁令。市场的开闭，常常是为了适应宋对夏政治斗争的需要，经济上并不看重它。夏国依赖和市"如婴儿之望乳"，所以宋朝能以此胁制夏国。宋、夏通好时，双方人民都欢迎开市，出现"略无猜情，门市不讥，商贩如织"（《续资治通鉴长编》卷一二四）的盛况。

另一种是私市。宋、夏关系恶化时，宋就禁绝一切贸易。但法禁稍一松弛，夏人就同边民私下交易，日夕公行，所以西夏即使失去岁赐，靠互市之利还可维持。宋朝的诏书也承认，累戒陕西、河东诸路禁止边民同夏人交市，但"颇闻禁令不行"。甚至边防军官也同夏人贸易，无法断绝。夏人一般是驱牛、马到边境博籴米谷。禁令严格时，就将大段牛、羊肉、青盐包裹，私下换取粮食。德明时，还常派人携带违禁商品从小道到边境私市。麟、府州汉民也有带轻细货物直接去夏州境内所设榷场贸易的。

夏对辽的贸易比对宋规模小得多，市场在西京西北的东胜、天德、云内、银瓮口等处，后来金朝也继续开放这些市场。在关陇地区，金开设了环州、保安军、兰州、绥德等榷场。辽禁止夏国使臣沿路私市铜、铁，后又禁止边民卖铜、铁给夏国，并严禁夹带交易。

夏国在西边同回鹘贸易。回鹘的商品主要是珠、玉，还有棉织物、丝毛织品、药材、香料、镔铁刀、乌金银器等。这些货物主要是通过夏国贩往宋、辽和金境内，夏国边将和官吏从中取十分之一的过境税，然后又以珠、玉交换中原的丝帛。

五、货　　币

西夏起初没有自己的货币，贸易是通过实物交换或使用宋朝的货币。夏景宗元昊时开始铸钱。现在见到最早的钱是天授（一○三八——一○四八年）通宝，此外还有大安（一○七五——一○八五年）、贞观（一一○一——一一一三年）、大德（一一三五——一一三九年）、乾祐(一一七〇——一一九三年)和天庆(一一九四——一二〇五年)等。又有番汉字并列的天赐(天赐礼盛国庆,一〇六九——一〇七四年)和大安宝钱。

夏崇宗乾顺时开始铸造汉字钱,元德(一一一九——一一二六年)通宝。仁宗以后,陆续铸造天盛(一一四九——一一六九年)、乾祐、天庆、皇建(一二一〇——一二一一年)、光定(一二一一——一二二三年)元宝。一一五八年,仁宗仁孝正式建立铸钱的专门机构通济监,大量铸造天盛元宝钱。天盛钱传世较多,铸钱技术也超过了辽钱。

天盛元宝

乾祐元宝

乾祐宝钱

天庆宝钱

西 夏 铜 钱

"欠款单"上反映的
西夏货币使用情况

213

（二）文化概况

一、文　字

西夏建国时，夏景宗元昊和野利仁荣等创制西夏文字，称"国书"。野利仁荣演绎为十二卷，是西夏最早的一部字书。西夏文模仿汉字，字形方整。字体也有草书、隶书、篆书。文字结构有全、左、右、干、头、下等区别。字体的创制，多用汉字六书的会意法。如闪为电傍、霹傍。也有以类相从法，如属于丝织品的字自成一类。西夏文中还有时直接借用汉字，如圣字，字义和读音都作圣。但西夏文字多用左撇，无直钩，这又与汉字不同。西夏文字的创制，是夏国进入阶级社会，建立国家的一个标志，同时也为夏文化的形成和发展提供了必要的条件。

西夏国书创制后，公私文书都用国书书写，但汉字仍在夏国通行。夏国给宋朝的文书，多用西夏文和汉文并列书写。夏国铸造的钱币也有国书和汉字两种文字。惠宗秉常时铸造的天赐宝钱、大安宝钱都是两种字同时并列，以利于在各民族间流通。现存西夏碑刻，如一〇九四年凉州护国寺感应塔碑，也是西夏字和汉字同时并列刻石。西夏国内，汉族居民和党项族居民长期共处，两种文字同时通行，也有利于相互学习。骨勒茂才在《番汉合时掌中珠序》中说："不学番语，则岂

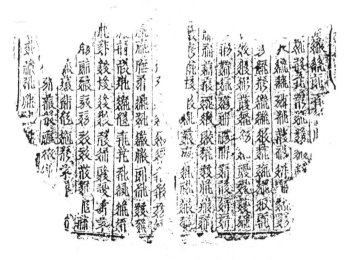

《番汉合时掌中珠》的一页

甘肃武威发现印本字书《杂字》两页

和番人之众。不会汉语，则岂入汉人之情。番有智者，汉人不敬；汉有贤士，番人不崇；若此者，由语言不通故也。"骨勒茂才看到了党项人和汉人互通语言文字的重要，提倡相互学习，以增进彼此的了解。这个见解是极可珍贵的。

二、语文著述

随着西夏文字的广泛应用，西夏学者编纂了多种说明西夏字声韵、字义和结构的书籍。《音同》是按声排列的字汇，仿《切韵》的九音分类编辑，收入六千余字。《五声切韵》编排与《音同》一样，是仿司马光的《切韵指掌图》编纂的西夏字韵表。《文海杂类》也是按声排列的字典，每一字下都有解释，分别说明字体构成、字义、发音。《文海》的内容与《文海杂类》一样，但它是一种仿照《广韵》按韵排列的字典。梁义礼编的《义同一类》属于另一种类型，是一部大型的同义语字典。还有一种按字形和概念分类排列的字汇，如《杂字》、《三才杂字》等，书中分天、地、人三部，以下再分小类，如"地"部分牛、羊、男服、女服、山、河海、宝、丝……等，这类字书收编字数不多，没有解释。元昊曾命人译《尔雅》、《四言杂字》供番学之用。可能这些书是《四言杂字》一类的西夏字识字读本。另有一种字书名《要集》，每字下注有汉义，用西夏字表汉字音，兼有帮助学习汉文的用途。

一一九〇年，骨勒茂才编的《番汉合时掌中珠》是一部西夏语汉语字典，也是按天地人"三才"分类，收编常用词，用汉字注"国书"的音、义，又用"国书"注汉义所用字的音。汉字注音难以准确，《掌中珠》采用了反切法，同时旁注"合"（合口）"轻"（轻呼）等字以表示发音部位，说明编者力求审音精确，是一部优良的夏汉字典。

三、汉文经史的译注和流传

夏国儒学逐渐流行，主要依靠来自宋朝的经书。夏国推行儒学，陆续将汉文经书译成西夏文字。额济纳夏黑水城出土的古书中，有《孝经》、《论语》、《孟子》的西夏文译本。《论语》和《孟子》都有西夏人自己作的注释。还有一种无题书，内容全是《礼记》、《左传》、《周书》、《毛诗》的引文辑录。

斡道冲八岁时以《尚书》考中童子科，年长后通晓五经，曾译《论语注》，又作《解义》二十卷，称《论语小义》。并著有《周易卜筮断》一书（虞集：《道园学古录》卷四《西夏相斡公画像赞》）。

夏景宗元昊自称是"循拓跋之远裔"，对元魏"为帝图皇"的事业很为景慕。一〇五五年，谅祚遣使者向宋购买史传和佛经，宋朝"以史有东晋、元魏间事，不可示夷狄，只与佛书。"赐《大藏经》。一〇六二年，又向宋上表求太宗诗草隶书石本及《九经》、《唐史》、《册府元龟》。

宋仁宗准予《九经》。中原的史籍逐渐流入夏国。黑水城发现题名《十二国》的史书，是春秋时十二国历史的西夏文译本，可能译自宋人的《十二国略史》(见戈尔巴捷娃、克恰诺夫：《西夏文抄本和刻本》)。现存的《类林》一书，体制同《太平广记》相近，可能原本是金人编的一种类书。

夏国是在不断的战争中发展起来的，所以又很重视中原的兵书，现存的西夏文译本有：《孙子兵法三注》、《六韬》、《黄石公三略》和诸葛亮的《新书》等。唐太宗的"贞观之治"，被历代统治者奉为楷模，吴兢的《贞观政要》也部分译成西夏文，称为《贞观要文》。

四、律令、实录和天文历法

夏国自仁宗仁孝以后，随着封建经济关系的发展，学术文化也呈现出新的局面，陆续出现了夏国自己编纂的系统的著述。

甘肃武威发现汉文人庆二年
(一一四五年)日历残页

218

前引仁宗时编修的《天盛年改新定律令》，是仿照宋朝政书而编纂的一部二十册的大书，是西夏政令的汇编。此后又编纂有《新法》。夏神宗遵顼光定二年（一二一二年）又编修《光定猪年新法》，大约是仿照宋朝续修编敕的办法，陆续修订。

夏仁宗时，也参照宋朝编修实录的办法，开始重视国史的修纂。斡道冲一家，

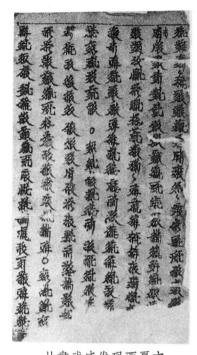

甘肃武威发现西夏文写本药方残页

即专掌夏国史，成为专门的官职。一一六一年，仁宗设立翰林学士院，以王佥、焦景颜为学士。王佥为夏国历朝实录的总纂。罗世昌罢官后居家，曾为夏国"谱叙世次"。明人钱谦益《牧斋有学集》说："庆阳李司寇家有西夏实录"。大约资料都来自西夏官修实录。

一一八三年，西夏编印了《圣立义海》一书，全书采取诗注形式，由简短的格言编成。体例也是仿照汉籍的类书。

《掌中珠》列举星象名称甚多。在西夏字中，所谓
"十一曜"、"黄道十二宫"、"二十八宿"都有专名。说明
天文历法的研究受到重视。《天盛律令》载有"大恒历
司"、"史卜院"等专管天文历法的机构。现存的西夏历
书残本也有好几种。

谅祚时，西夏从宋朝得到医书。黑水城发现的西
夏字医书残本，有用紫菀（音晚 wǎn）制作丸药的描述及
其用法，有关于针刺疗法的残页，有治马的药方等等。
夏国还设有专管医疗的医人院。

五、佛教的传播与民族文化的交流

骨勒茂才说："烦恼缠缚，逐物心动，以富为贵，争
名逐利"，这是夏国的普遍现象，因而佛教"六趣轮回，
苦根无量"的说教，就成为统治阶级用来进行欺骗的工
具。德明"幼晓佛书"，元昊"晓浮图学"。夏国统治地
区过去大部分曾受吐蕃王朝管辖，留下不少寺院和僧
侣，因此佛教很早就为人们普遍信奉。西夏建国前后，
德明、元昊、谅祚、秉常曾多次向宋进马换取《大藏经》。
一〇四七年，元昊在兴庆府东十五里役民夫建高台寺
和佛塔，俱高数十丈，贮藏宋朝所赠《大藏经》，并译为
国书。一〇五五年，元昊后没藏氏与谅祚又征发兵、民
数万，于兴庆府西建承天寺，贮藏《大藏经》。一〇九五
年，乾顺大力修复因地震倾颓的凉州护国寺。一一〇
二年，又在甘州新建卧佛寺。这几所大寺成为夏国佛

教的中心。各地也陆续兴建佛寺。《感应塔碑铭》说："释教尤所崇奉，近自畿甸，远及荒要，山林磎（音希 xī）谷，村落坊聚，佛宇遗趾，只椽片瓦，但仿佛有存者，无不必葺。"在中书、枢密以下的政府"次等司"中，有僧众功德司、出家功德司、护法功德司等高级机构，专管全国的宗教事务。

本来党项语接近吐蕃语，由于"国书"模仿汉字而并非采用藏文字母，两种文字形式上差异很大，但仍能相互沟通。自秉常起，大量译经，既用汉文佛经，也用藏文佛经作底本。夏国境内的吐蕃僧侣因翻译和念诵的需要，以藏文字母替"国书"注音，后来发展为一种以藏文字母拼音的"新国书"，虽未经西夏王朝正式认可，但民间已在流行。现存敦煌写本《鬼名王传》，就是用这种文字书写的党项民间传说。

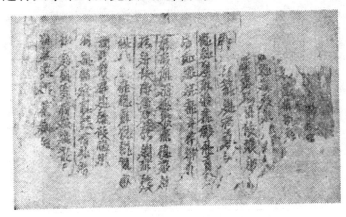

甘肃武威发现蝴蝶装西夏文写经

吐蕃道是当时的西域通道之一，夏国完全控制了这条交通线，同吐蕃联系日广。仁孝时曾迎请朵陇地区的著名喇嘛都松钦巴。都松钦巴是元、明盛行的哈立麻教派的初祖，他本人虽未到夏国，但派遣弟子格西藏锁布携经像来到凉州，同夏国建立了密切的联系。后来粗布寺建塔，仁孝献饰塔的金缨络、金幢盖（幢音床chuáng），一直是这个寺院的"镇塔之宝"。此后，吐蕃著名的教派如萨思迦、必力工瓦等都有僧徒住在夏国。成吉思汗灭夏后，很快就同乌思藏僧侣封建主建立联系，并很快就臣服了他们，这也同在西夏境内的吐蕃喇嘛有关。

九八四年，宋太宗派王延德出使高昌，自夏州启程。《宋史》记龟兹地理位置作"东至夏州九十日"，又说回鹘"往来皆经夏国"。可见宋初党项人就同回鹘有密切联系。德明、元昊控制了河西走廊，今新疆地区的高昌回鹘、龟兹、于阗、黑韩国就只有通过西夏境才能到达中原。这不仅在过境时给夏国带来经济上的好处，而且文化上也受回鹘等族的影响。甘、肃、瓜、沙等州本是回鹘人统治区，所以回鹘也是夏国内的民族之一。元昊起高台寺，"广延回鹘僧居之"。没藏氏建承天寺，延请回鹘僧登座演经。西夏有《金佛梵觉经》，"系回鹘僧所演，历二十年乃成"。

夏与辽文化也有交流。辽、夏都流传佛教，夏国曾向辽进献回鹘僧《金佛梵觉经》和《贝多叶经》。

六、文 学 与 艺 术

夏国文学中，诗歌有乾顺所作《灵芝歌》。宗室仁忠、仁礼都通蕃、汉学，善歌咏。现存的西夏文著作中，有无题的宫庭赞美诗残本。五言诗《新集金碎掌直文》，由一千个不重复的字组成，类似汉族的《千字文》。此外，还有各种体裁的诗，可惜大多充斥了儒家和佛教的道德说教的内容。西夏韵书和表很多，说明写诗的人不少，需要借此参考。夏国的散文比较质朴。遵顼"博通群书"，枢密都承旨苏寅孙"少力学，善属文"，吏部尚书权鼎雄以文学著名。梁德养编《新集锦合辞》，是一种现存的西夏谚语和格言集。宣德郎李师白两次出使金国，著《奉使日记》三卷，详记金朝民风土俗。

琼祚曾派使臣，向宋朝请要伶官、工匠，又要求买戏剧服装和化装品，可见戏剧已在夏国流传（司马光：《涑水记闻》等）。黑水城曾发现戏剧底本《刘知远诸宫调》，是金平阳刻本，说明金诸宫调已传入夏国。

西夏的乐器有鼓、琵琶、笛、箜篌等。唐僖宗时，赐拓拔思恭鼓吹全部。德明臣宋，律度声音，遵依宋制。元昊反对唐、宋的缛节繁音，大概是采用党项本族的音乐。仁孝时，使乐官李元儒采汉族乐书，参照夏国制度，增修新律，赐名"鼎新"。夏政府中还有番、汉乐人院的专门机构。蒙古灭夏后，即征用西夏旧乐。黑水城出土物中有西夏乐器和乐舞形象，说明西夏人民是能歌

西夏王陵出土石刻盘龙柱

西夏王陵出土竹雕

善舞的。绘画，夏国也有一定成就。元昊善绘画。黑水城曾发现风景画稿，风格与宋院画相同。

西夏在与各族交流中，创造了自己的文化。吐蕃、回鹘等各族人民，也通过西夏加强了同各兄弟民族的文化联系。在这一时期各民族共同创造历史文化的过程中，夏国的作用是值得重视的。

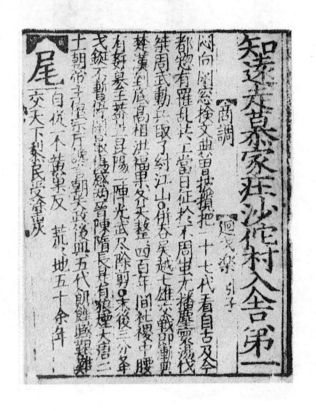

传入西夏的金刻《刘知远诸宫调》书影

226

第 五 章

金朝的建立和封建制的发展

第一节 女真奴隶制的发展和金国的建立

居住在长白山和黑龙江流域的女真族，早在战国时期，即见于历史记载，译名作"肃慎"。《国语·鲁语》记载：肃慎在西周时"贡楛矢石弩"（楛音库kǔ），大约还处在使用石器的时代。契丹建国后，女真族处在辽朝的统治之下，文献上确立了"女真"的译名。

辽朝统治下的女真族生活在林木众多的山区和江畔，从事狩猎生产，同时也经营农业。人们从小就练习骑马和射箭，长大后都是骑射的能手。他们畜养叫作海东青的大鹰，作为渔猎时的助手。用树皮作哨子，用吹哨的方法把鹿引来捕捉。女真人骑着马在山林里往来，上下崖壁，也能骑马浮渡江河。

女真族的居地天气很冷，夏天和中原地区的初冬差不多。女真人在山谷里用桦树皮和木栅建成小屋，屋内用泥土作成土炕，炕下面可以烧火。人们用狩猎来的兽皮作成衣服。外出打猎都要穿上厚毛的皮衣，否则皮肤就要冻裂。妇女梳辫发盘髻。男子脑后留发，辫子垂在后面。

辽朝统治初期的女真族，仍处在氏族部落制时期，但早已度过了母权制，而进入到父权制。它的特征是：（一）氏族以父系来计算，若干氏族组成一个部落。氏族、部落长都由男子来充担。（二）各部落的成员只能同另一个部落的成员通婚姻。（三）氏族长称谋克，他的副职称蒲里衍（蒲辇）。（四）部落长称孛堇。另有一个军事首长称猛安。（五）各部落各自从事生产和活动，还没有形成部落间的联合。处在氏族部落制的女真族没有文字，用结绳或刻箭的方法来记事。

辽朝建国后，散处在辽阳一带的女真部落，由辽朝官员直接统治，编入辽朝的户籍，称为曷苏馆（合苏款）女真或"熟女真"。松花江以北、宁江以东地区的女真族也处在辽朝统治之下，承受着勒索"贡品"等剥削，但不象曷苏馆女真那样由辽官直接统辖，也不编入辽籍，因而被称作"生女真"。松花江以北地区的"生女真"，按照氏族部落制的道路在继续向前发展。

（一）部落联盟的发展

随着历史的发展，居住在按出虎水的女真完颜部发展成为一个强大的部落。完颜部长久保留着一个历史传说：在不能记忆的年代，完颜部的一个六十岁的妇女和外族人函普通婚，生二男一女，子女都为完颜部人。这个传说反映着人们对母系氏族制的模糊的记忆。传说中的函普时代当是由母权制逐渐过渡到父权制的时期。

在这个时期里，在女真族的原始社会中，陆续出现了如下的一些新现象。

铁器的使用　女真族原来没有铁器。完颜部从邻族传入铁器，制造弓箭和甲胄，迅速提高了狩猎生产和作战的能力。完颜部的邻部加古部人学会了锻铁，用铁器和完颜部相交换。铁器的使用，使女真族的社会生产力发展到了一个新水平。

交换的发展　随着生产力的发展，女真人各部落之间以及和邻族之间，加强了物品的交换。女真族以貂皮、马匹等向辽朝和高丽相交换。宋王朝也曾向女真购买马匹。

家庭、私有财产和奴隶　女真族传说，函普立约，杀人者出家人一人和牛、马等给被杀者之家赎罪。《高丽史》记载，高丽靖宗时，女真人仇屯、高刀化二人向他们的部落长开老争夺财物，杀死开老，逃往高丽。高丽按照女真族的本俗，要二人出具家财给开老家赎罪。宋人也记载说，女真族杀人者死，家属要罚作奴婢，但亲戚可用牛马来替他们赎免。《金史·刑志》记录女真旧俗，也有大致相同的记载。这些记载至少可以说明：（一）女真人这时已分化出个体家庭，并且有了牛、马等

黑龙江绥滨出土:
扁凿式铁镞、分叉式铁镞.

黑龙江阿城发现金代炼铁炉遗迹

私有财产。(二)犯罪罚作奴婢的现象已经产生，氏族中出现了本族的奴隶。伴随着这些现象的产生，也就不能不发生贫富家庭的分化和对奴隶、财产的争夺。

《三朝北盟会编》记载女真状况说："居处绝远，不相统属，自相残杀，各争雄长"。完颜部传说，部落长石鲁曾率部众夺取混同江蜀束水人的财产和妇女。又传说石鲁曾要建立"条教"（制度），遭到保守"旧俗"的部落长老们的激烈

黑龙江肇东出土的
奴隶刑具——脚镣和手铐

反对。石鲁被部落人捉住，甚至要将他坑杀（活埋）。石鲁叔父谢里忽射箭驱散部众，石鲁才得救。石鲁率领完颜部去征伐其他部落，直到苏滨水（恤品河）和耶懒水地带。石鲁死在中途。部落间的斗争在激烈地进行。乌林答部石显曾抢走石鲁的尸体，对部众说："你们以为石鲁有能力当推选他，现在他已被我得到了"。完颜部夺回石鲁尸体。加古部蒲虎也来向完颜部袭击，要夺取石鲁的尸体。这些传说表明：随着私有财产和奴隶制的产生，各部落之间的斗争，以及部落中保存和改革"旧俗"的斗争，都已发展到十分激烈的程度。女真族正是在激烈的斗争中，经过部落联盟制，向着建立奴隶制国家的道路迈进。

乌古迺联盟　女真族处在辽朝的统治之下，他的

发展不能不和辽朝有着密切的联系。大约在辽兴宗时，完颜部和白山、耶悔、统门、耶懒、土骨论等部以至五国部等建立了松散的部落联盟。完颜部长乌古迺受部众推选为"诸部长"。五国部的蒲聂部长拔乙门起而反抗辽朝的统治，使辽朝不得勒索海东青鹰。辽朝将发兵镇压，乌古迺设计捕拔乙门，献给辽帝，因而得到辽朝的信任。乌古迺被召到辽朝，辽朝加给他生女真部族节度使的称号，即承认他的部落联盟长的职位。

乌古迺在辽朝的支持下，从邻族换入大量铁器，制作弓箭器械，完颜部更加强大起来。斡泯水蒲察部、泰神忒保水完颜部、统门水温迪痕部、神隐水完颜部相继加入了乌古迺的联盟。联盟中出现了"国相"的职位，辅佐联盟长处理联盟事务，大约和契丹的"于越"相当。乌古迺时，任国相的是完颜部的雅达。一〇七二年（辽道宗咸雍八年。女真的历史，自此始有准确年代）五国没撚部长谢野又起而反抗辽朝，断绝鹰路。乌古迺率部兵讨伐，击败谢野。乌古迺也在作战后死去。

劾里钵联盟 乌古迺死后，子劾里钵继任联盟长，一〇七四年，接受辽朝授予的节度使称号。劾里钵把马匹财物送给国相雅达，要他让位给劾里钵弟颇剌淑任国相。女真部落联盟在劾里钵时得到进一步的发展，各部落之间和完颜部的内部也进一步展开了激烈的斗争。

与桓赧（音碾niǎn）、散达等的斗争——在乌古迺联盟中，国相雅达是权位仅次于联盟长的强有力的家族。劾里钵继任联盟长后，弟颇剌淑为国相，引起了雅达之子桓赧和散达的强烈反对。劾里钵叔父跋黑未能充当联盟长而和劾里钵相对立。劾里钵命跋黑任孛堇（部落长），但不能统率军兵，即不任部落的猛安，以防止他的反乱。跋黑与桓赧、散达相联络，支持桓赧、散达兄弟起兵反抗。劾里钵命弟颇剌淑领兵出击，颇剌淑战败。桓赧乘胜大肆掳掠。劾里钵亲自领兵涉舍很水经贴割水，自后路袭击桓赧、散达家，焚烧他们的屋舍，杀百余人。颇剌淑一军失利，劾里钵派人议和。桓赧、散达索要劾里钵弟盈歌的大赤马和辞不失的紫骝马作为议和的条件。劾里钵不许。两方展开激战。

桓赧集合部众，下令说："你们准备车辆随行。乌古迺夫妇的宝物财产你们任意运走。遇有不服从的，就把他俘掳来。"桓赧兵多，劾里钵兵少。劾里钵一马当先，率领部众出战。三扬旗，三击鼓。部众手持长枪突入敌阵，刺杀桓赧的步兵。劾里钵族弟辞不失领兵从桓赧阵后奋击，大败桓赧的骑兵。桓赧、散达败走，劾里钵乘胜追击，俘获到大批的车、甲、牛、马，按着战功的大小，分配给作战的部众。战后不久，桓赧、散达率部众来降。

与温都部乌春的斗争——居住在阿跋斯水的温都部，是一个以锻铁为业的部落。乌古迺时，温都部成为联盟的一员。劾里钵任联盟长，跋黑诱桓赧、散达反抗，温都部长乌春也和他们联合，反对劾里钵联盟。加古部铁工乌不屯以铁甲九十副和劾里钵的完颜部相交换。温都部长乌春责问劾里钵说："铁甲是我的，为什么拿走？必须立即还给我。"乌春并扣留了完颜部人厮勒，作为要挟。劾里钵被迫交出铁甲。乌春的温都部日渐强大。

桓赧、散达起兵时，乌春也与之联合，起兵反抗，遇大雨不能前进。桓赧败后，原来是乌古迺联盟成员的斡勒部的盂乃又和乌春联合。劾里钵命颇剌淑和斜列、辞不失等出战。颇剌淑乘大风纵火烧乌春军。乌春大败。劾里钵俘掳了盂乃，把他献给辽朝。

与纥石烈部腊醅（音胚 pēi）、麻产等的斗争——住在活剌浑水的纥石烈部的腊醅、麻产兄弟是完颜部联盟的另一个劲敌。腊醅、麻产约集乌古论部的骚腊勃堇和"富者"（部落贵族）挞懒等去掳掠"野居女真"，即女真族中处在更原始的社会阶段、尚未形成部落而散处山野间的居民。劾里钵出兵击败腊醅，夺回了被腊醅俘掠的野居女真居民。腊醅、麻产集合兵力，到来流水掳掠劾里钵弟盈歌的牧马。劾里钵与盈歌分兵迎战。劾里钵率骑兵五、六十，与腊醅军遭遇。腊醅兵多，劾里钵兵少。完颜部欢都出战，战马死十余匹。劾里钵受伤四处，不能指挥。腊醅、麻产又与温都部乌春相联络，乌春派兵士一百多人助腊醅。劾里钵领兵在暮棱水围攻腊醅、麻产。腊醅兵败，被擒，麻产逃走。劾里钵将腊醅献给辽朝。温都部的援兵也多归于完颜部。

劾里钵进而向温都部乌春发动进攻。劾里钵与欢都领兵到阿不塞水，青岭以东各部落都来会集。这时，乌春已死。温都部窝谋罕请求辽朝从中和解，把以前收纳的逃亡奴隶交还完颜部。劾里钵同意和议。窝谋罕又乘机以三百骑来攻，兵败，弃城逃走。劾里钵攻破其城，将所得资产按军功大小分给作战的部众。

劾里钵相继战胜完颜部内的反对派和温都部、纥石烈部的反抗，《金史·世纪》说他"袭位之初，内外溃叛，缔交为寇"。"因败为功，变弱为强。……基业自此大矣。"部落联盟进一步巩固和强大了。

一〇九二年（辽道宗大安八年），劾里钵任联盟长十九年后病死。弟国相颇剌淑继任联盟长，继续推进劾里钵未竟的事业。

腊醅败后，麻产逃走，占据直屋铠水，招纳逃亡的奴隶，建造营堡。颇剌淑命乌雅束（劾里钵长子）、阿骨打（劾里钵第二子）等去讨伐。乌雅束沿帅水进兵，阿骨打从东路去掳掠麻产的家属财产，把家产全部抢走。阿骨打与欢都等追至直屋铠水，捉住麻产，斩首献给辽朝。阿骨打、辞不失、欢都和讨平腊醅、麻产有功的颇剌淑弟盈歌，都被辽朝加给惕隐的称号。他们日益成为完颜部最有权势的人物。

盈歌联盟 一〇九四年（辽大安十年）颇剌淑死。盈歌继任联盟长，称节度使。以兄劾者之子撒改任国相。

乌古迺时，部落联盟长本由各部共同推选。劾里钵以后，虽然还不是父子世袭，但都由劾里钵一家所继承。联盟巩固后，就引起部落显贵的非议。完颜部的习烈、斜钵等说："众部长和国相，都由你们担任，这怎么能行？"掌握军权的欢都反驳说："你们如果敢纷争，我就不能不管。"盈歌得到欢都的支持，部众不敢再有异议。联盟长劾里钵、盈歌一家的势力更加发展了。

但是，各部落间的相互掳掠和斗争仍在继续。斡准部互相掳掠，盈歌派遣纥石烈部纳根涅去平治。纳根涅招募苏滨水部民充当兵士，不来，即掳掠其部民。盈歌又派斡赛、冶诃去阻止，纳根涅掳掠而去。斡赛军追及，杀纳根涅。纳根涅子钝恩逃走，与乌古论部联合起兵反抗。乌古论部敌库德等鼓动各部说："徒单部有十四部联合一起，乌古论部也有十四部，蒲察部有七部，总共三十五部，而完颜部只不过十二部。以三十五部对抗十二部，胜利是必然的。"劾里钵时加入联盟的各部落，也离心离德，联盟面临着动摇、解体的危险。盈歌和撒改、阿骨打等起兵迎战，击败了乌古论等部的反抗。擒敌库德、钝恩等，释放回部。各部落不再有反抗。盈歌命阿骨打通告各部，此后不准再自称"都部长"，即不得另行组成部落的联盟。盈歌联盟从此成为女真各部统一的联盟。

各部落原来各有信牌（木牌），盈歌依从阿骨打的建议，禁止各部自置牌号，统一于联盟。《金史·世纪》称"一切治以本部法令"，即以完颜部的"法令"作为联盟各部落的统一法令。联盟的统一进一步巩固，奠定了金朝建国的基础。

一一〇二年（辽天祚帝乾统二年），辽朝萧海里叛辽，逃入系案女真（曷苏馆女真），派遣斡达剌来与完颜部联络。盈歌把斡达剌捕送给辽朝，辽朝命盈歌捕讨萧海里。盈歌得到辽朝支持，在各部落募集甲兵一千多。女真各部落在此以前只是几十人，至多几百人的军兵互斗，从来没有到过千人。盈歌募兵千人，形成一支强大的队伍。阿骨打勇气倍增，说："有这样的甲兵，还有什么事做不到啊！"辽兵数千人追击萧海里，不能取胜。盈歌领兵迎战。阿骨打骑马突击。萧海里中箭堕马。阿骨打杀海里，获得大胜，俘获甚多。辽乾统三年（一一〇三年）正月，盈歌把萧海里首级献给辽朝。盈歌在混同江畔辽帝捕渔处，朝见天祚帝，大被加赏。经此一战，女真更加强大。辽兵也在女真面前暴露了它的虚弱。

一一〇三年，盈歌死。劾里钵长子乌雅束继任联盟长，进而向苏滨水一带求发展。乌雅束派弟斡带征服苏滨水含国部，进兵直到北琴海，攻下泓忒城（堡垒）。完颜部为首的部落联盟在斗争中迅速壮大了。

(二)金朝的建立

一一一三年十月，乌雅束死。劾里钵次子阿骨打继任联盟长，称都勃极烈。阿骨打曾为巩固完颜部联盟，多次作战得胜，接受辽朝惕隐的官称，是完颜部中掌握军事实力的重要人物。阿骨打继任时，女真各部落的联盟已经巩固。以阿骨打为首的奴隶主便把他们侵掠的目标，指向了辽朝。

一一一四年六月，辽天祚帝派使臣授予阿骨打节度使的称号。阿骨打派习古迺等去辽朝，索要逃奔在辽朝的星显水纥石烈部长阿疏，借以探听辽朝内部的虚实。习古迺回报辽天祚帝统治骄肆废弛。阿骨打建城堡、修器械，准备南侵辽朝。

辽天祚帝命统军萧挞不野领契丹、渤海兵八百人进驻宁江州防备。阿骨打调集各部落军兵，决意攻辽。九月间，向宁江州进军。各部落兵在来流水会合，共有二千五百人。阿骨打率领兵士祭告天地，执梃誓师，说："你们同心尽力，有功者奴婢可以作平民，平民可以作官。原先有官职的，可以按功劳大小进升。倘若违反誓言，身死梃下，家属也不能赦免。"次日，到达辽界，与渤海军相遇。阿骨打射死辽将耶律谢十。辽兵溃败，死者十之七八。十月，女真兵乘胜攻克宁江州城。阿骨打又派人招降辽朝统治下的铁骊部渤海人和系辽籍女真人(编入辽籍的曷苏馆女真)。阿骨打俘获大量马匹和财物,胜利回师。

十一月,辽朝都统萧嗣先、副都统萧兀纳率领诸路大军进攻女真,集中于鸭子河北。阿骨打领兵三千七百抵敌。辽兵正准备渡河,女真军迎头击退,乘势渡河登岸。两军在出河店相遇。会大风起,尘埃蔽天,女真军乘势进击,大败辽兵,掳获大批车马及兵甲、武器。阿骨打把俘掳的辽兵收编入女真军。女真军发展到一万人。出河店之战是一次决定性的战役,女真军顺利取胜,势不可当了。

女真军乘胜分路进兵。勃堇斡鲁古斩辽节度使挞不野,攻占宾州。吾睹补、蒲察败辽将赤狗儿、萧乙薛军于祥州东。辽斡忽、急塞两路军投降。斡鲁古又败辽军于咸州西,与完颜娄室一起攻占了咸州。

女真军占领了辽东地区,要对各族人民实行有效的统治,原来的部落联盟组织已经不够了。

自劾里钵以来,女真社会中不断出现一些新的变动,阿骨打侵占辽东后,这些变动更为加剧。

奴隶制的发展 女真族部落氏族成员沦为奴隶和掳掠外族奴隶的现象,在急速发展。奴隶主和奴隶的对立,在逐渐形成。依据片断的历史记载,女真奴隶制的发展,有以下一些情况:(一)债务奴隶。平民负债不能偿还,卖妻子作奴隶抵债。(二)随着贫富的分化,贫民无法生活,"多依附贵族,因为奴隶"。(三)犯罪不能自赎，折身为奴。(四)贵族私自订约，"以人对赎"，过期即为奴隶。(五)掳掠外族奴隶。对外作战的屡次胜利，俘掳到大批"生口"，按军功分给将士作奴隶。随着对外侵掠战争的发展，俘掳的奴隶越来越多。各级军事首领成为大小不等的奴隶主贵族。

有压迫就会有反抗。乌雅束时，不愿沦为奴隶的贫民曾纷纷起来反抗，"转而为盗"。奴隶主为了保护本阶级的利益，镇压奴隶的反抗，迫切需要组成一个阶级压迫的机关。

外族分子的涌入　对外作战的胜利，不仅使女真部落中加入了大量的外族奴隶，而且不断把降附的外族兵士收编入女真的队伍，即猛安谋克组织。宁江州之战后，阿骨打开始规定，以三百户为谋克，十谋克为猛安。猛安本来是女真部落的军事首长。谋克是氏族长。大量外族兵士的编入，使原来的部落氏族组织逐渐形成为军事组织。在这个组织中，女真的部落氏族显贵仍居于统治地位。女真部落氏族成员是基本力量。但在数量上，外族兵士甚至越来越超过了女真族人。女真兵原来不满千人，到出河店之战后，发展到上万人。随着作战的胜利，还在不断地发展。

原始的氏族、部落，本来是以血缘关系为纽带而形成的。氏族成员在本氏族中没有阶级的对立。贫富的分化和奴隶制的出现，造成了氏族成员之间的对抗。大量的越来越多的外族奴隶和外族成员的涌入，使原

240

来的氏族制度无法进行管理，它需要一个新的能够进行统治的机关来代替。

占领区的扩大 女真部落联盟逐步统治了周邻的各部落，并在阿骨打时，进而攻占了辽朝统治下的宁江州、宾州、咸州等广阔地区。在这些地区里，居住着大批的契丹人、汉人和渤海人。正如恩格斯在论述德意志人国家的形成时所说："对被征服者的统治，是和氏族制度不相容的。"女真人既不能把征服地区的广大的各族人民统统编入女真的氏族部落，又不能废除这些地区原有的社会、政治制度，而按照氏族部落制度来进行统治。恩格斯又指出："因此，氏族制度的机关便必须转化为国家机关，并且为时势所迫，这种转化还得非常迅速地进行。"①

女真奴隶制的发展和对外掳掠的扩大，越来越把氏族部落的旧制度推到了历史的尽头。建立一个阶级压迫的机关——国家的条件成熟了。一一一三年，阿骨打出兵得胜，射死辽将耶律谢十后，国相撒改就派他的长子完颜宗翰和欢都子完颜希尹等（乌雅束时，欢都已病死）向阿骨打建言立国称帝。一一一四年，女真军连续攻下宾州、咸州后，阿骨打弟吴乞买和撒改、辞不失等拥戴阿骨打建国。一一一五年夏历正月元旦，阿骨打即皇帝位，建立起奴隶主的国家，国号大金，立

---

① 《马克思恩格斯选集》第四卷第一四八页。

年号收国。

金朝的国家是在对辽作战的过程中建立的。它还不可能立即形成完整的国家制度。但在阿骨打（金太祖）在位的几年间，作为阶级压迫机关的军事、政治制度，已经初步地建立起来。主要的有以下几项。

皇权的统治 金国建立后，废除原来部落联盟长的制度，阿骨打自称皇帝，确立了皇权的统治。阿骨打没有象阿保机建立辽国时那样，模仿汉制立太子，皇位的继承仍然暂时保留着推选的痕迹，但实际上已完全掌握在阿骨打家族手中。

勃极烈制度 在金国的中央，废除部落联盟时的"国相"制，设立勃极烈四人，组成皇帝以下的最高统治机构。吴乞买为谙班（大）勃极烈，原国相撒改为国论（国）忽鲁（诸部统帅）勃极烈，辞不失为国论阿买（第一）勃极烈，阿骨打弟杲（斜也。杲音搞gǎo）为国论昃（音仄zè。第二）勃极烈，后又增阿离合懑（音闷mèn。阿骨打叔）为国论乙室勃极烈，管理对外事务。女真部落制时代，部落长老在山野环坐，指画灰土议事。乌雅束时，有事仍要聚集商议。勃极烈的设置，保留有古老议事制的一些痕迹，但它实际上已是辅佐皇帝的统治机构，是全国最高的行政管理的中枢。

军事制度 金国的军兵，仍由猛安、谋克统领。但已经打破了古老的部落、氏族组织，而成为由女真大小奴隶主统帅的军事编制。占领辽东地区后，在辽东设置南路，咸州地区设咸州路，各路设都统或军帅，统领当地军兵，统治各族人民。南路系辽籍女真和东京州县（主要是渤海人），仍按照女真制度，设置猛安谋克。随着对外作战的发展，女真兵在不断增加。金太祖是金军的最高统帅。遇有战争，皇帝直接任命国论忽鲁勃极烈，统帅军队作战。

刑法 《金史·刑志》说：金初法制是"刑、赎并行"。犯罪应没为奴隶者，可以用财物赎免。犯重罪也可以自赎，但要被削去鼻子或耳朵，以示不同于平民。掘地深、广各数丈作为监狱，以囚禁罪人。

金太祖没有制定完整的法律，但在建国前后，陆续颁发了几项法令：（一）贫民负债不能偿还，多卖妻子为奴。金太祖建国前，曾下令三年内不准催督债务，三年以后再议。这个法令，显然旨在保护平民的利益，以减少反抗。（二）一一一六年二月，下令：由平民沦为奴隶者，可用两人（两个奴隶）赎一人作平民。原来约定用一人赎者，仍用一人赎。这个法令的用意仍在保护平民，巩固奴隶制的统治。（三）同年五月，又下令：在东京州县渤海人和南路系辽籍女真人中，"除辽法，省税赋"，即废除辽朝的某些封建剥削制度，改用女真的制度。

造文字 随着国家的建立，文字成为必需的了。金太祖命欢都子完颜希尹创造女真字，在一一一九年八月正式颁行。在此以前，女真无文字，与邻族交往，都借用契丹字。完颜希尹依据由汉字改制的契丹字，拼写女真语言，制成女真字。女真字的创制，是汉族、契丹族和女真族文化交流的一个明显的事例。女真字颁行后，从此成为金国官方通用的文字。

金国的建立，是奴隶制发展的结果，是历史的必然。而当金朝奴隶主国家建立后，政治的和军事的统治得到加强，又必然要反转来巩固和发展奴隶制度。奴隶制度的发展，总是要伴随着对外的掠夺战争，以不断补充奴隶的来源，扩大对奴隶的占有。恩格斯指出："以前进行战争，只是为了对侵犯进行报复，或者是为了扩大已经感到不够的领土；现在进行战争，则纯粹是为了掠夺，战争成为经常的职业了。"① 金国建立后，随即展开对辽的大规模的掠夺战争，并终于消灭了辽朝天祚帝的统治。

（三）金太祖攻破辽朝

收国元年（一一一五年）正月，金太祖在建立金国后，立即向辽朝的黄龙府进攻。金太祖亲自领兵进逼达鲁古城，大败辽军，掳掠而回。八月间，又乘辽军不备，向黄龙府进兵。九月，攻占了黄龙府城。黄龙府是辽朝北边的重镇。辽天祚帝得知黄龙府失守，统领契

----

① 《马克思恩格斯选集》第四卷第一六〇页。

丹、汉军十多万人，大举伐金。金太祖领兵二万迎敌。金、辽两军在护步答冈相遇，辽军大败，死者相属，天祚帝逃跑。金军掳掠到大批兵器、财物、牛马。经此一战，辽军主力败溃，难以立国了。

收国二年（一一一六年）闰正月，渤海人高永昌据东京反辽。天祚帝先后派张琳、耶律淳募兵镇压。高永昌向金求援。金太祖乘机命斡鲁（撒改弟）统领内外诸军，攻讨高永昌。五月，高永昌兵败被杀。东京州县，全为金朝所占据。金太祖加号大圣皇帝，改明年年号为天辅。

一一一七年，国论昃勃极烈斜也领金兵一万攻取泰州。斡鲁古等攻占显州。乾、懿、豪、徽、成、川、惠等州相继投降。辽国灭亡之势已定。宋朝派使臣到金营，约夹攻辽朝（详见本书第五册）。辽朝派使臣来议和。辽使几次往返。一一一九年六月，辽太傅习泥烈奉册玺来，封金太祖为"东怀国皇帝"，金太祖不允，对群臣说："辽人屡败，遣使求和，只饰虚辞，作为缓兵之计，当议进讨。"一一二〇年四月，金兵向辽上京进发，命辽使习泥烈、宋使赵良嗣随行。金兵抵上京城下，金太祖亲自督战。早晨发动进攻，不到中午，即攻下上京城。辽上京留守挞不野投降。天祚帝逃往西京。金兵胜利班师。辽朝疆土已被金兵占领过半。一一二一年，辽都统耶律余睹来降。金太祖从而进一步得知辽国内部空虚，决定再度发兵。金太祖以忽鲁勃极烈完颜杲

（斜也）为内外诸军都统。以完颜昱（音玉yù。劾者弟、劾孙之子）、宗翰（撒改长子）、宗干（太祖长子）、宗望（太祖次子）为副，统领大兵进攻。金太祖下诏说："辽政不纲，人神共弃。今欲中外一统，故命汝率大军以行讨伐。"明确把夺取辽朝领土，作为这次作战的目标。

一一二二年，金完颜杲攻下辽中京，进据泽州。辽天祚帝逃往鸳鸯泊。完颜杲和宗翰分道向鸳鸯泊进击。天祚帝又逃往西京。金兵攻占西京，进而招降天德、云内、宁边、东胜等州。擒获逃奔辽朝的纥石烈部长阿疏。天祚帝逃入夹山。金兵大胜，完颜杲命宗望向金太祖报捷，朝中设宴庆贺。

六月间，金太祖亲自领兵自上京出发，追击辽天祚帝，直到大鱼泊。完颜昱和宗望部追及天祚帝，大败辽兵，天祚帝又逃走。归化、奉圣二州相继投降。金太祖率军到奉圣州。蔚州辽臣也来降附。十二月，金太祖统率宗望、娄室等部向辽燕京进发。这时，宋军自燕京南路配合攻辽。燕京的辽朝小朝廷中，耶律淳已死，萧德妃出逃。左企弓、虞仲文等汉臣开城门降金。金太祖入燕京城，接受官员们的朝贺。金兵获得大胜利。

一一二三年，金兵将燕京的工匠和财宝等掳掠一空。按照和宋朝约定的条件，金朝将燕京六州之地分给宋朝。斡鲁、宗望等继续追击天祚帝。金太祖领兵回师。

同年八月，金太祖在返回上京的路上病死。金太祖阿骨打，作为女真奴隶主的总首领，完成了建国、破辽两件大事。女真族的历史从而开始了一个新时期。

（四）金太宗的南侵和统治制度的确立

金太祖对外作战时，金国内部政事，全由谙班勃极烈吴乞买管理。一一二一年六月，金太祖下诏说："你是我的亲兄弟，因此用你来作副手，管理国政。"吴乞买事实上已成为仅次于金太祖的最高统治者。这时，阿离合懑和撒改已相继病死。太祖任命杲为国论忽鲁勃极烈、杲为昃勃极烈，又任命宗翰为移赍（第三）勃极烈，处理对外事务。一一二三年六月，金太祖在路上得病，急召吴乞买到浑河北行营。金太祖病死。国论忽鲁勃极烈完颜杲、太祖弟郯王昂、太祖子宗干、宗峻等，把皇帝的赭袍披在吴乞买身上，拥立他作皇帝（金太宗）。金太宗改年号为天会，仍用勃极烈制度。完颜杲为谙班勃极烈，宗干为国论忽鲁勃极烈。

金太宗继承金太祖的事业，继续展开对辽、宋的掠夺战争，擒辽天祚帝，灭亡北宋，并进一步南下，发动了对南宋的侵掠战争。在这一过程中，金朝的统治制度也在不断发生着重要的变动。

一、宋、辽人民的反抗和金朝领土的拓展

平州的反抗 辽耶律淳在燕京建立小朝廷时，辽

兴军节度副使张觉(毂)在平州,见辽朝将亡,募集兵士,达数万人。宗望入燕京,派辽降臣康公弼去平州招降,张觉降金。金太祖改平州为南京,任张觉为南京留守,仍统领旧部。金太祖将燕京空城让给宋朝后,金兵把城中人民全部掳去作奴隶。辽降臣左企弓、康公弼等随行。一一二三年五月,被掳掠的民众路经平州,他们对张觉说:"宰相左企弓不守燕京,使我们流离失所,无处安身。公守在重镇,掌握强兵,如能尽忠辽朝,必能使我们复归乡土。"在民众的推动下,张觉和诸将领集议,杀左企弓、康公弼等降臣,将被掳的民众全部释放归业。张觉派使臣和宋将王安中联络,投附宋朝。宋朝以张觉为节度使。

金太祖派南路统帅阇母(太祖弟)自锦州领兵向平州进攻。张觉率军五万驻于润州近郊。润、迁、来、隰四州已先后降金。张觉打算联合四州人民抗金。阇母率军到润州,击走张觉军,又败张觉军于营州东北。金太宗即位后,九月,阇母军屯兵来州,与张觉战于楼峰口,张觉兵败。十月,又战于怀柔兔耳山,张觉战胜金兵,阇母大败。十一月,金太宗命完颜宗望统领阇母军攻张觉,并强迫迁、润、来、隰四州人民迁往沈州。宗望在平州东大败张觉军。张觉逃奔燕京。金军向宋朝索要张觉,王安中杀张觉,把首级送给宗望。都统张敦固等以平州降金,不久,又杀金使者起兵反抗。

一一二三年金太祖病死前,已仿辽制设枢密院于广宁府,统治新占领的辽地汉军。一一二四年三月,宗望因平州难于统治,奏请金太宗,与知枢密院事刘彦宗(辽降臣)共同裁决。五月,阇母攻克南京,杀张敦固。迁、润、来、隰等州居民,不愿被金军掳作奴隶,纷纷上山结寨自保。宗望又派官员去招降。

平州的动乱,张觉等官员降叛无常。反抗金朝掳掠的决定性力量,是不愿作奴隶的广大汉族人民。在此以前,金朝在掳掠战争中,总是把战败投降的兵士编入金军猛安、谋克部中统领,而把掳掠的人民赶回女真族的住地作奴隶。平州等地人民的反抗,迫使金朝奴隶主不得不开始改变他们的统治方法。《金史·兵志》说:"平州既平,宗望恐风俗揉杂,民情弗便,乃罢是制(将降兵编入猛安、谋克部)。诸部降人,但置长吏,以下从汉官之号。"这就是说,不再象对付东京诸州和南路系辽籍女真那样"置猛安谋克,一如本朝之法",而是基本上仍然保持当地原来的军事行政组织,利用它去统治当地的人民。金朝统治制度中的这一变动,还仅仅是个开始,但它对金朝社会、政治的发展,无疑是意义重大的。

女真的奴隶制既然还是处在向上发展的时期,就必然还要继续对外掳掠奴隶。因此,金朝深入汉地掳掠奴隶,和广大汉族人民反侵掠的斗争,就成为一个时期里阶级斗争的主要形式。它规定和影响着金朝历史的进程。

联合西夏，擒天祚帝　金太祖时，辽天祚帝败走阴山，曾得到西夏兵的救援。金朝没有去远征西夏，而是争取西夏对金称藩属。天会二年（一一二四年）正月，金太宗为了集中力量灭辽和侵宋，命西北、西南两路都统宗翰、宗望与西夏商议割地议和。金朝把下寨以北、阴山以南的辽地割给西夏。西夏按照对辽的旧制，对金称藩。如天祚帝逃到西夏，西夏要捕送给金朝。三月，西夏乾顺向金朝上誓表，全部接受金朝的条件。金朝争取了西夏，西方边境稳定了。

同年十月，西南、西北路奏报，辽耶律大石西走称王。天祚帝只有步骑兵一万多，想逃往天德军，进驻应州西余都谷。完颜娄室领金兵追击，一一二五年二月，擒天祚帝。八月，金太宗降封天祚帝为海滨王。天祚帝在金朝一年多后病死。

耶律大石在八剌沙衮建西辽，对金朝仍然是一个威胁。但由于中间有西夏阻隔，并不发生直接的冲突。天祚帝被俘，西夏称臣，金朝在西部和西北部不再有后顾之忧，便得以集中兵力南下侵掠宋朝。

灭北宋　一一二五年十月，金太宗下诏伐宋。谙班勃极烈完颜杲为都元帅，统领金军。完颜宗翰为左副元帅，与完颜希尹、耶律余睹等，自西京攻太原。宗望为南京路都统，与阇母、刘彦宗等自南京（平州）攻燕京。

这时的北宋，在徽宗、蔡京集团统治下，极度腐朽。

新建的金朝正处在奴隶制向上发展的时期。腐朽的北宋王朝自然难以抵挡生气勃勃的金朝奴隶主的攻击。十二月，宗望军到白河，大败宋军。宋燕京守将郭药师等降金。宗望进而围攻汴京。天会四年（一一二六年）正月，宋徽宗退位逃跑，钦宗继皇帝位，派使臣向金朝求和。宗望提出宋割让太原、中山、真定三镇，派亲王作人质，宋对金称侄。钦宗一律接受。金兵胜利回师。

宗翰军围攻太原，太原军民坚决抵抗。二月，**宗**翰军攻下隆德府。三月，宗翰回兵西京，银术可围攻太原。

八月间，金太宗再次发兵南侵。宗翰为左副元帅，宗望为右副元帅，分别自西京和保州南下，计划在开封会合。九月，宗翰军猛攻太原，宋太原知府张孝纯在城破后降金。宗翰经隆德府、泽州向开封进军。宗望军攻占真定府，又渡河攻下临河、大名等县。十二月，宗翰、宗望两军会合在开封城下。宋钦宗投降。一一二七年四月，金军俘掳宋徽宗、钦宗，并掳掠大批人口、财物而回。北宋宣告灭亡。

侵掠南宋 北宋亡后，宋朝的河北兵马大元帅、康王赵构于一一二七年五月在宋南京（商丘）即皇帝位（宋高宗）。重建赵宋王朝，史称南宋。宋高宗继续实行妥协逃跑的政策，对金朝的南侵军不敢抵抗。在十月间，放弃中原，逃到扬州。黄河南北各地人民自动组织抗金武装，约六、七十万人，坚持战斗。金朝派出重兵前去镇压，并继续南下，进攻南宋统治下的江南。

宗望灭北宋后，率军北还。在凉陉病死。金太宗命宗辅（太祖子）为右副元帅，驻兵燕京。天会五年（一一二七年）十二月，宗辅与宗弼（太祖子）、阇母等向淄州、青州地区进兵。金兵在淄州攻宋李成军。天会六年（一一二八年）正月，宗弼在青州击败宋军，攻下青州。阇母攻下潍州。金军在千乘县遇到人民义军的抵抗。在青、潍等州掳掠后还军。

左副元帅宗翰率领的金军，天会五年（一一二七年）十二月向洛阳进兵。天会六年（一一二八年）正月，银术可部攻下邓州。萨谋鲁部攻下襄阳。金兵连下均州、房州。二月，取唐、蔡、陈州，攻下颍昌府。金兵在洛阳，曾被宋西京统制翟进军战败。翟进兄翟兴与河东、河北抗金民兵相联络，配合作战。郑州宋兵也反金附宋。二月，宗翰命诸将反击宋军，再度攻占郑州。宗翰军大肆掳掠洛阳、襄阳、颍昌、汝、郑、均、房、唐、邓、陈、蔡等地的百姓，把他们迁移到河北。

宗翰又命令娄室军向陕西进兵，攻下同、华、京兆、凤翔。宋军和人民义兵英勇抗敌。娄室军掳掠而去。宗翰统率的大军，还驻山西。

七月，金太宗下诏追击逃在扬州的宋高宗。金军将领中出现意见纷歧。河北诸将主张停止用兵陕西，并力南伐。河东诸将反对。这时，河北和河东一带人民抗金武装仍活跃在太行山两侧，具有强大的力量。

252

陕西地区也在宋军控制之下。所以，河东诸将说："陕西与西夏为邻，事体重大，不可罢兵。"宗翰主张，河北不足虑，先平定陕西五路，然后再东下伐宋。宗辅军的元帅左都监阇母主张，先定河北，然后再南进。金太宗两用其策，说："康王构必须穷追，陕西也不可不取。"命娄室率军攻陕西，宗翰与宗辅合兵南下侵宋。

娄室与蒲察等八月间败宋军于华州，攻取下邽（音归guī）。九月，绳果等破宋兵于蒲城、同州，取丹州。十一月，蒲察、娄室攻下延安府。一一二九年二月，宋安抚使折可求以麟、府、丰三州降金。娄室进攻宋晋宁军。宋守将徐徽言拒战，城陷被俘。娄室命折可求招降，徐徽言大骂不屈，被杀。四月，蒲察、娄室军进而攻占鄜、坊二州。娄室驻守延安，折可求屯兵绥德，蒲察还守蒲州。

宗辅和宗翰在一一二八年十月会师于濮州。宗辅自河北发兵，连续攻下滑州、开德府和大名府。又攻下东平府和徐州，宋济南知府刘豫投降。一一二九年五月，宗翰派拔离速领兵奔袭扬州，宋高宗率官属渡江，南逃建康，派使臣向金朝求和。金朝不许。挞懒、宗弼、拔离速、马五等分路南侵。十一月，宗弼在和州大败宋军，自和州渡江至建康。宋建康守臣陈邦光、江淮宣抚使杜充陆续降金。宋高宗自建康逃往杭州，又逃到越州。十二月，宗弼军经湖州攻下杭州。宗弼在杭州驻守，命阿里、蒲卢浑以精兵四千追击宋高宗。宋高宗又自越州逃往明州。阿里、蒲卢浑军渡曹娥江,离明州仅二十五里,大败宋军。宋高宗仓皇入海,逃奔温州。阿里、蒲卢浑军入海追击三百多里,不及,还军。

金朝这次出兵南侵,目标只是追击宋高宗和掳掠财物,还没有长期统治江南的打算。一一三〇年二月,宗弼领军在杭州掳掠大批财物后北还。沿途又把秀州、平江洗劫一空。宗弼回师的路上,先后在镇江和建康遭到宋军的打击。宋将韩世忠在镇江扼守江口,金军虽然兵多,但宋军拥有大量的战船。金军不善于水战,依靠军中契丹、汉人驾驶的小船作战,多被宋军击沉。金军被堵截在黄天荡,宗弼循老鹳河故道,连夜开凿一条三十里长的大渠,通往秦淮河,才逃到建康。宗弼军到建康,得到挞懒部下的援兵,在江渡打退韩世忠部的追兵。五月间,宗弼军在建康掳掠后,准备从静安镇北归,又遭到宋岳飞部的袭击,损失惨重。金军北退,宋军收复建康。

侵掠江南的战事,至此告一段落。宗翰又提出增兵陕西,他说:"以前讨宋,分西路军合于东路军。现在当并力攻取陕西五路。"陕西五路原由娄室部攻掠。但攻下城邑后,当地军民又往往起而反抗,"叛服不常",金朝的统治难以巩固。元帅府召集诸将集议。诸将认为:"这不是因为兵力不足,而是统治不得其法。只要派有威望的人去,指日可定。"金太宗采纳诸将的建策,调派右副元帅宗辅去陕西。一一三〇年九月,宗辅到

扩大了他的统治领域。金太宗时，金朝的统治领域，东到混同江下游吉里迷、兀的改等族的居住地，直抵海边。北到蒲与路以北三千多里火鲁火疃谋克地，沿泰州附近界壕而西，出天山，与西夏毗邻。南部与南宋以淮河为界。在这个广阔的领域里，存在着三种不同的情况：一种情况是原来辽朝统治下的东北部区域，自上京路、辽东（东京）路、咸平路，东到大海，北到北方边地，是金朝建国前后占领的地区。这里包括女真各部落的住地，也还有原在辽朝统治下的大批契丹、奚、渤海以及五国部、吉里迷、兀的改等各族人民。契丹、渤海等族早已进入封建制时期，但还有一些民族仍然处在比女真族更为

黑龙江阿城出土金"上京路勾当公事云字号之印"铜印

落后的氏族部落制时代。第二种情况是自辽上京临潢府以南，直到河北、山西，即五代时辽朝占领的燕云十六州地区。这里的居民主要是汉族，长期以来，处在封建制统治之下。第三种情况是原来北宋统治下的淮河以北，包括陕西的汉族地区，封建制度比辽朝统治区更为发展。金太祖、太宗迅速地占领了辽、宋统治下的如此广大的领域。在这个领域里，不仅居住着不同的民

族,而且具有不同的社会、政治制度、不同的历史传统。建国不久的金朝,如何有效地建立它的统治,是金朝奴隶主面临的严重课题。金太宗在南下侵掠的过程中,陆续采取了一些措施,暂时地维护了金朝的统治。

政治制度 适应着侵掠战争发展的需要,金太宗进一步加强了金朝的政治制度,并对新占领区,依据不同情况采取了不同的措施。

勃极烈制的改革——太祖末年以来,诸勃极烈不断出现一些变动。一一二三年,阿买勃极烈辞不失病死,不再补任。太宗即位后,叔漫都诃参议国政,称阿舍勃极烈。次年,漫都诃病死。移赉勃极烈宗翰追击辽主,受命为西南、西北路都统。太宗时,领兵侵宋,成为主要的军事统帅。谙班勃极烈完颜杲为内外诸军都统(都元帅),但并不出兵作战。一一三〇年,完颜杲死。宗翰、宗干向太宗建言,立宗峻子合剌(完颜亶)为谙班勃极烈。这时的金朝,还没有立太子的制度。谙班勃极烈实际上是皇位的继承人。一一三二年,金太宗改订勃极烈制度。勃极烈定为四员。完颜亶仍为谙班勃极烈,太宗子宗磐为国论忽鲁勃极烈,原国论忽鲁勃极烈宗干为国论左勃极烈,原移赉勃极烈宗翰为国论右勃极烈兼都元帅。金太祖时建立的勃极烈制度,仍然带有部落贵族议事制的痕迹。金太宗改订后,进一步成为金朝中枢的政治、军事统治机构。

金太祖在按出虎水完颜部居地誓师建国,这一地区称为"内地"。金太宗在此建立都城，称会宁府。一一二五年，建造乾元殿。殿外四周栽柳，殿内砌火炕，君臣杂坐炕上议政。金朝皇帝和勃极烈在这里建立起他们的统治。会宁府成为金朝初期的政治中心。

汉官制度——金太祖侵占辽东时，废除辽法，"一切依本朝制度"。一一二二年，南侵燕云汉人地区，开始改变旧制。十一月，向燕京进兵前，下诏给燕京官民说："王师所至，降者赦其罪，官皆仍旧。"十二月，辽中书令、知枢密院事左企弓等归降。金太祖命左企弓等仍任原职。天会元年（一一二三年）正月，辽辽兴军节度使兼汉军都统时立爱降金，向金太祖献策"招抚"所部军民。金太祖再次下诏说："应在役大小官员，皆充旧职"。金兵自燕京掳掠而去后，在广宁府置中书省、枢密院，仍令左企弓统领。诏令"应此路事务，皆取决枢密院"。五月，张觉在平州起兵，杀左企弓等。金太祖改派辽降臣刘彦宗知枢密院事，兼同中书门下平章事，加封侍中。

金太宗即位后，宗望领兵攻打平州。面对着汉族人民的反抗，难于统治，宗望奏请金太宗，在攻取汉地时，由刘彦宗参与谋议。汉人州县政事，全委刘彦宗管理。天会三年（一一二五年）十二月，再度攻下燕京后，枢密院也迁移到燕京。燕京一品以下的官员，都由刘彦宗承制授官。

面对着领域的拓展和汉族人民的反抗，勃极烈完颜昊、宗干等建议金太宗，在汉地改变女真旧制，采用汉官制度。一一二六年，金太宗正式宣布官制，在汉地建尚书省及尚书省所属诸司府寺。一一二八年，刘彦宗死。金太宗任用随从宗翰侵掠山西有功的西京留守韩企先，代替刘彦宗为同中书门下平章事、知枢密院事，一一二九年，升尚书左仆射兼侍中，成为汉地的宰相。韩氏是辽朝汉人大族韩知古的后裔，在辽朝统治下的汉人中，有着强大的社会势力。燕云州县都由韩企先为首的汉官去统治。

金太宗时期，逐渐形成类似辽朝南、北面的政治制度，但采用汉官制度还只局限于燕云地区，政治权力仍集中在金朝的朝廷。这显然还只是金朝深入南侵过程中，为了维持汉地的统治而采取的暂时性的措施。它还没有，也不可能成为长期的固定的制度。

金太宗初年，急需收罗大批汉族士大夫统治新征服的汉族州县，在一一二三年十月，一一二四年二月、八月，连续三次考试进士。考试分词赋进士、经义进士两类：词赋考赋、诗、策论各一道；经义考经义、策论各一道。录取进士不定额，考试也不定期。一一二七年，占领河北、河东后，官吏多缺，根据辽、宋旧制的不同，金太宗下诏对南、北士人各以所习之业取士，称"南、北选"。金太宗用这个办法，吸收了大批汉族士大夫担任州县地方官。

立齐国——金太宗灭亡了北宋，俘掳徽、钦二帝北还。在汴京立宋朝的降臣张邦昌作皇帝，号楚国。南宋建立后，张邦昌投附宋高宗。一一三〇年三月，金军再次攻占汴京　出兵前，金太宗下诏给宗望、宗翰说："俟宋平，当援立藩辅，以镇南服，如张邦昌者。"宋济南知府刘豫在一一二八年降金。一一三〇年九月，金朝立刘豫为齐国皇帝，降金的宋太原知府张孝纯作宰相，建都大名府，仍号北京。不久，迁都东平，称东京。两年后，又迁到宋东京开封，称汴京。

金太宗立刘豫的诏书说："今立豫为子皇帝（儿皇帝），既为邻国之君，又为大朝之子。"金朝把北宋统治下的中原和陕西地区交给儿皇帝刘豫去统治。刘豫的齐国只是金朝的一个属邦。在这个属邦内，基本上仍然实行着北宋时的政治制度。

这样，金太宗时期在金朝统治下的三个区域里，实行着三种不同的政治制度，形成为女真官制和辽、宋官制同时并存的局面。

军事制度　金太宗时，在几种政治制度并存的同时，军事制度也随着战争的发展，出现了相应的变动。

金朝建国前后，从女真部落氏族的猛安、谋克制形成的军事制度，在金太祖、太宗时期，也经历了一个发展变化的过程。起初，金太祖征服女真和周邻各族的部落，即把各族军兵编入女真猛安、谋克部统领。女真兵因而从不满千人迅速发展到数万人。金太祖征服辽

黑龙江宁安出土天会八年（一一三〇年）造"京左吉阿邻谋克之印"铜印印文

东京道时，开始设立咸州军帅司和南路都统司，统领军兵。把被征服的渤海军编为八猛安部。征服奚族时，又设奚路都统司，后改名六部路（奚分六部）都统司。又把契丹遥辇九营编为九猛安部，归六部路都统司统辖。侵占辽上京道和泰州一带后，也各设都统司，每司统领五、六万人。金太祖建国后，征服辽朝时期的基本状况是，对待契丹、渤海、奚等族的大批降兵，已不再象初期那样编入女真族的猛安、谋克部，而只是依照金朝猛安、谋克制的名义，各自编组成军，由都统司的女真贵族统领。

金太祖攻掠燕云，对待辽朝投降的汉军，又采取了新的措施。《金史·百官志》说："汉官之制，自平州人不乐为猛安谋克之官，始置长吏以下。"和政治制度上采取汉官制相似，在军事上也采用了汉军的旧制，即仍然维持汉军原来的编制，由汉人降将统领。金太宗再次攻掠燕京，以刘彦宗知枢密院事兼领汉军都统。刘彦宗统领汉军随从宗望去侵掠宋朝。原属辽朝的汉军成为金朝军队中一种特殊建置的军队。

金太宗时，宗望、宗翰、宗辅等攻掠中原和陕西时，对待北宋的降将，基本上采取"仍官旧职"的政策。汉军投降，仍依汉人军官制度授官。如宗辅军至泾州，宋将张中孚投降，金朝任命他为镇洮军节度使、知渭州兼泾原路经略安抚使。刘豫的齐国建立后，中原和陕西的降军即归刘豫统领。齐国的军队基本上仍依北宋的建置。

金太宗时，随着南下灭宋，军队迅速扩大。军制的状况，大体上类似官制状况，即因不同地区而有所不同。但是，金朝奴隶主牢固地掌握着军权。各地的军队都要由金朝朝廷指挥调遣。适应着加强军事集权的需要，金朝中央对军事统帅也模仿辽、宋的制度。金太宗出兵灭辽时，以谙班勃极烈为内外诸军都统。一一二五年，金太宗侵宋，另设元帅府，由都元帅，左、右副元帅指挥军队作战，各军还设有左、右监军，左、右都监。金太宗改革勃极烈制度后，由右勃极烈宗翰兼都元帅。左、右副元帅也由勃极烈或女真奴隶主贵族的主要将领充当。各路金军设都统，在元帅府指挥下，统领本路军作战。

经济制度 金太宗时，在经济制度方面，也采取了若干新措施，在金朝内地，主要是受田、赋税、区别平民和奴隶。燕云和中原地区仍保存了原有的封建制。

受田和赋税——受田是女真奴隶制关于土地占有的基本制度。按照这个制度，奴隶主依据占有奴隶和牲畜的多少，占有不同数量的耕地。制度规定，凡占有耕牛一具(三头)，民口二十五，即受田四顷零四亩。所

263

谓民口，包括奴隶和女真部落、氏族的平民。奴隶主占有奴隶和牲畜越多，就越可合法地多占土地。对外作战中，奴隶主掳掠奴隶和牲畜，也就成为扩大土地占有的必要条件。但土地占有的扩大，也是有限度的，即占田不能超过四十具。依此限度，一个大奴隶主，有牛一百二十头，民口一千，就可占有土地一百六十多顷。

和封建地主不同，金朝女真奴隶主不是依靠占有土地的多少去剥削农民和奴隶，相反，而是依据占有奴隶和牲畜的多少来确立对土地的占有权利。随着掠夺奴隶的增加，女真原居地的土地必然要不足耕种。金太祖即陆续把女真人迁徙到新占领的地区。一一二一年，金太祖从各路猛安部中，抽取民户一万多，迁到泰州屯种，命令原来居住在按出虎水的谋克婆卢火去作都统，赐他耕牛五十头。这就是授给他牛具十六、七，即六十多顷的土地。婆卢火以下的一批女真贵族，也迁到泰州，成为大小不等的奴隶主。

金太宗时，继续实行这种受田制度，并进而确立了赋税制。一一二五年十月，金太宗下诏说："今年大丰收，没有贮蓄，怎么备饥荒？命令每牛一具，纳粟一石。每个谋克部置一仓库贮存。"一一二七年九月，又下诏规定："内地诸路，每耕牛一具，纳粟五斗。"金朝的受田制既然是依据牛具的多少，赋税的征收也不是依据田亩或人口，而是以牛具为单位，所以又叫牛头税。这种赋税制，显然主要是奴隶主的国家向奴隶主和部分平民征收的粮税。从事耕作的奴隶一无所有，他们还不是征税的对象。

民户的迁徙——随着金朝内地经济的发展，不仅需要更多的土地耕作，也更需要民户当劳力。金太祖、太宗，在把女真人迁往新占领地区的同时，也还继续地把契丹、汉人迁到金朝的内地。金朝奴隶主在灭辽的作战中，曾经掳回大批的契丹、汉人作奴隶。金太祖下诏，禁止对已经投降的百姓掳掠。对降附区的人民，采用强迫迁徙的办法迁到内地。如山西州县的居民，被大批迁到上京以至浑河路。上京地区的居民又被迁到宁江州。平州人民的反抗被镇压后，润、隰、来、迁四州的人民被迁徙到沈州。这些被迫迁去的居民，"艰苦不能自存"，被迫卖身给女真奴隶主作奴隶。金太宗曾下诏，禁止权势之家买贫民为奴，又规定卖身为奴者，可以用劳力相等的人赎身。但实际上，这种赎身的可能性是很少的。被迫迁徙的汉族居民，不能不大批地沦为奴隶。

燕云和齐国旧制的保存——金朝奴隶制的扩展，不能不遭到广大农民的坚决抵抗。被迫迁往上京的山西居民，就曾起而反抗，相继逃亡。金兵攻掠燕云的过程中，人民群众反掳掠的斗争，更是如火如荼，给女真奴隶主以沉重的打击。金太宗在燕云地区，依靠汉人地主阶级，实行封建的汉官制度的同时，一再下诏禁止在降附区俘掠奴隶。汉人地主阶级剥削农民的封建制

经济关系，实际上在广大农村仍然存在。金朝没有也不可能把内地的受田制推广到燕云州县，

原属北宋的中原和陕西地区，在刘豫的齐国统治下，更没有也不可能对封建的社会经济制度采取什么改动的措施。

金朝统治领域的社会经济制度，呈现出奴隶制和封建制同时并存的局面。在金朝内地，基本上是推行奴隶制度。燕云州县继承了辽朝的封建关系。齐国统治领域，北宋时更为发展的封建经济关系基本上延续了下来。金朝的政治、军事制度在不同地区呈现的不同状况，实际上正是不同的社会经济制度在上层建筑中的必然的反映。不同的制度当然不可能在金朝统一的国家内互相平行的发展，不能不发生剧烈的尖锐的斗争。这个斗争在金熙宗统治时期，便激烈地展开了。

(五)熙宗时期统治制度的改革和统治集团内的派别斗争

金太宗逐步改革官制和军制的时期，左勃极烈宗干、右勃极烈兼都元帅宗翰和宗辅、希尹等，都是趋向于采用汉制的改革派。汉人宰相韩企先受到宗翰、宗干的敬重。韩企先"专以培植奖励后进为己任"，在他的周围，形成了一个汉人官僚集团。宗翰信任辽云中

留守高庆裔等降臣以及一批汉人官员、文士。宋朝使臣洪皓被金朝扣留，坚持不屈。希尹要他的两个儿子向洪皓学习汉文化。掌握军政实权的宗翰成为趋向汉制的改革派的首要人物。

一一三〇年，谙班勃极烈完颜杲死后，宗翰入朝，与宗干、希尹合议，立金太祖孙、十三岁的合剌为谙班勃极烈，作为皇位的继承人。《金史·宗翰传》称："太宗以宗翰等皆大臣，义不可夺，乃从之"。金太宗时，尚无立太子的制度，皇位的承袭，仍然保留着贵族拥立的遗迹。所谓"义不可夺"，也还因为宗翰、宗干等军政大权在握，足以左右着政局。合剌自幼随从汉人文士韩昉，学习汉文化，能书写汉字，作诗赋。《大金国志》说他"尽失女真故态"，"开国旧臣"们看他是"宛然一汉户少年子"。一一三五年，金太宗死，十六岁的合剌即位作皇帝（金熙宗）。军政大权实际上都掌握在宗翰、宗干等人的手里。金熙宗即位后，在宗翰等人的支持下，对金朝的政治制度作了重大的改革。

一、改革政治制度

废勃极烈制，采用汉制　金熙宗时作出的一个重大改革，是统一金朝内地和汉地的官制。金熙宗即位后，随即废除女真勃极烈制，改用辽、宋的汉官制度。中央官制，皇帝以下设置三师（太师、太傅、太保），尚书省设尚书令，下设左、右丞相及左、右丞（副相）。原勃极烈宗磐、宗干、宗翰分别授太师、太傅、太保衔，并领三省事。宗磐为尚书令，完颜希尹为左丞相，韩企先为右丞相，高庆裔任左丞，希尹信用的辽降臣萧庆为右丞。金太宗子宗磐名义上居于最高地位，尚书令只是荣誉的职衔，宰相的实权全被宗翰、宗干一派所掌握。金朝废除女真旧制，采用汉制，这一重大改革的完成，无疑是意义重大的。

中央的军事机构，这时仍由都元帅统领，没有作制度上的变革。

地方官制，仍依辽、宋旧制设路、府、州、县四级。各路设兵马都总管统领军兵。路治所在的府称为总管府。兵马都总管兼任总管府的府尹。各州刺史、节度使统领军兵，兼管政事。路、府、州、军的军事和行政，实际上是由各路官员统一管理。这是在采用汉制的同时，又延续了女真建国初期形成的军政一体的传统。县一级官府不专设军兵，县令只管民政。

废齐国　金熙宗时作出的另一重大改革，是废除刘豫的齐国。一一三七年十一月，熙宗下诏废除齐国，降封刘豫为蜀王。在汴京设立行台尚书省，以原齐国宰相张孝纯为权行台左丞相，张通古为右丞相。行台尚书省在中央尚书省统一领导下，统治汴京地区，保存原来的建置，仍然是具有一定独立性的特殊的统治区。

天眷新制　天会十五年（一一三七年）十二月，金熙宗改明年年号为天眷。天眷元年（一一三八年）以后，金朝中央的制度，又作了进一步的改革，呈现出新的面貌。

官制的确定——一一三八年八月，金熙宗颁布新的官制和"换官"的规定。所谓"换官"，就是原来女真和辽、宋的官职，依照新制统一换授。据此规定，任命朝内外官员，并规定了所谓"勋封食邑"的制度，即按功勋等第授予不同的封爵、勋级、食邑。同年十月，又正式制定封国制。贵族大臣封授国王称号，只是一种荣誉的勋爵，并不实际统治某地。金熙宗时确立的这一整套繁琐的官制，大体上都是依照辽、宋旧制，全面地采用了汉官制度。

加强相权——尚书左、右丞相是实际掌握政权的宰相。一一三八年，又增设平章政事和参知政事官。他们的地位分别在左右丞相和左右丞之下，实际上是宰相和副相的助手。官员的增设，进一步加强了宰相的权力。

设御史台——朝廷设御史台。御史中丞掌管刑狱和重大案件。主要职责是监察官员的活动，处置官员犯法，以加强皇权的统治。

建都城，定礼仪——金朝的都城会宁府，建号上京。原来的辽上京，改称临潢府。又在上京会宁府修建宫殿。建敷德殿为朝殿，百官在此朝见皇帝。建庆元宫，安放金太祖以下遗像，为原庙。又建明德宫、明德殿，供太后居住，安放金太宗遗像。金太宗时营建的乾元殿，改名皇极殿。以后又兴建凉殿、太庙、社稷。金熙宗仿汉制兴建华丽的宫殿，使上京的面貌大为改观。

在兴建宫殿的同时，又详细制定了各种礼仪。皇帝有特制的冠、服。百官朝见皇帝，也要穿规定的朝服。一一三九年，金熙宗入居新宫，百官穿朝服朝参，与女真建国时的气象完全不同了。

造新文字——金太祖时，完颜希尹参考契丹、汉字造女真字（女真大字）。一一三八年，金熙宗又创制一种笔画简省的新字，称女真小字。九月，金熙宗下诏，任命女真、契丹和汉人官员

女真字《宴台碑》

的"诰命"，都各用本族的文字书写。契丹字、汉字与女真字同样成为官方的通用文字。

金熙宗时所进行的一系列的改革，不仅进一步显示出采纳辽、宋旧制和接受汉文化的趋向，而且清楚表明是为了加强中央集权制的皇权统治。这些改革是女真改革派和汉人官员一起议定的。女真贵族中，尚书左丞相完颜希尹是重要的决策者。希尹制定礼仪、制度，多与被金朝扣留的宋使洪皓谋议。尚书右丞相韩企先也起了重要的作用。后来，金世宗曾经高度评价韩企先说："汉人宰相惟韩企先最贤，他人不及也"。又说："本朝典章制度多出斯人之手。至于关决大政，与大臣谋议，不使外人知之，由是无人能知其功。前后汉人宰相无能及者。"韩企先显然不仅制定了若干礼仪、制度，并且参预谋议，是这次改革的关键人物。韩昉和燕京宋降臣蔡靖、被金朝扣留的宋使宇文虚中，也参与制定礼仪、制度。通过这次改革，极大地加强了中央集权制的皇权统治，也加强了女真改革派和汉人官员的地位。

二、改革派和保守派的反复搏斗

金熙宗的改革，不能不遭到女真贵族中保守势力的抵制和反抗。伴随着新制的推行，以金太宗子宗磐为首的保守派和宗翰、宗干、希尹等改革派展开了反复的激烈的搏斗。

宗磐杀高庆裔 高庆裔原是辽朝降臣，通女真语，在宗翰军中作通事（翻译）。一一二九年，任西京留守。

次年，金立齐国，高庆裔曾受命作使臣，去册封刘豫。金熙宗即位，改定官制，高庆裔升任尚书左丞，是宗翰的亲信。宗磐要打击宗翰，先从高庆裔下手。一一三七年，高庆裔被告贪赃下狱。六月，被处死刑。宗翰向金熙宗请求免官，为高庆裔赎罪，熙宗不许。据说，高庆裔临刑前，宗翰去哭别。高庆裔对宗翰说：“我公早听某言，事情那能到今天这个地步。我死后，公要善自保重。”高庆裔的话，显然是针对着宗磐的。由高庆裔案兴起大狱。山西路转运使刘思因此案被处死，肃州防御使李兴麟被免官。宗翰一派遭到沉重的打击。七月间，宗翰愤郁而死。宗磐一派的元帅左监军挞懒被升任左副元帅，封鲁国王；宗弼为右副元帅，封沈王。一一三八年七月，左丞相完颜希尹也被罢相。

河南、陕西地的争议　宗翰死后，三公中，宗磐与宗干成为两大对立势力的首领。宗磐、挞懒和新任左丞相宗隽等主张把河南、陕西地归还宋朝，要宋朝象刘豫那样向金称臣。保守派的这一主张，显然旨在发展以上京为中心的女真奴隶制。宗干、希尹一派反对。宗磐与宗干争议，宗磐甚至在金熙宗面前持刀刺向宗干，被人呵止。一一三八年八月金熙宗在颁行官制之后，下诏把河南地还给宋朝。宋向金纳币称臣。金朝原在汴京设立的行台尚书省撤销，改在燕京设立。金朝尚书省的直接统治区，又限于以上京为中心的“内地”。

宗干、希尹杀宗磐和宗隽 一一三九年初，左丞相宗隽又升任太保，领三省事。宗磐、宗隽一派权势日盛。此时，完颜希尹也复任左丞相兼侍中。宗干、希尹与汉臣韩昉等争取金熙宗的支持，策划反击。右副元帅宗弼也密奏金熙宗，说宗磐、挞懒主张割河南地给宋朝，二人必然是和宋朝有勾结。翰林学士韩昉向金熙宗讲述唐朝故事，说唐玄宗用姚崇、宋璟，以成开元之治。后来信用李林甫奸佞，招致天宝之乱。影射宗磐、挞懒。金熙宗说："后世怀疑周公杀兄弟。在我看来，如果为国家大计，也不算错。"熙宗决意夺回大权。六月，郎君吴十谋反处死。吴十案涉及宗磐一党。金熙宗召宗磐、宗隽入朝，宗干、希尹等当即把他们逮捕，处死。韩昉为金熙宗起草诏书，诛宗磐一党。诏书说：宗磐"煽为奸党，坐图问鼎"，宗隽"力摈勋旧，欲孤朝廷。"金太宗子宗伟(阿鲁补)、宗英(斛沙虎)、殿前左副点检浑睹、会宁少尹胡实剌、郎君石家奴、千户述孛离古楚等多人都因依附宗磐被处死。宗干、希尹、宗弼等一派获得大胜。宗干升任太师，宗弼升任都元帅。

挞懒兵权在握，金熙宗说他是有大功的贵族，释免不问，出为燕京行台尚书左丞相。挞懒到燕京后，更加骄肆不法，与翼王鹘懒(太宗子)谋反。金熙宗下诏杀挞懒，挞懒自燕京南逃。宗弼派兵追捕挞懒，押至祁州，杀挞懒、鹘懒及挞懒二子。宗磐一派遭到彻底的失败。宗弼进为太保兼领燕京行台尚书省，仍任都元帅。

金熙宗即位以来的五、六年间，统治集团内以宗磐、宗隽为首的保守派和以宗翰、宗干、希尹、宗弼等为首的改革派，展开了十分激烈的斗争。斗争的结果，是宗干、宗弼等全部控制了军政大权。随即，按照他们的主张，再次南侵宋朝。

一一四○年五月，金熙宗采纳宗干、宗弼等建议，下诏元帅府伐宋，以恢复让给宋朝的河南、陕西疆土。宗弼领兵趋汴京，右监军撒离喝领兵攻陕西。在此以前，即一一三九年，金熙宗将河南、陕西地归还宋朝时，曾下诏宋朝说："其官吏等，已有誓约，不许辄行废置，各守厥官。"河南、陕西各地守将都是金、齐旧官。金军攻来，纷纷迎降。一月之间，原来归还宋朝的河南、陕西地，又全被金朝所占有。宗弼军继续向淮南进军，在顺昌和郾城先后遇到宋将刘锜和岳飞军的抵抗，作战失败。

改革派互相残杀 金军南侵失利，朝廷中的改革派官员间又出现争权斗争。希尹是女真部落贵族欢都之子，自金太祖阿骨打举兵以来，常在行阵，屡立战功，曾任元帅右监军、谙班勃极烈、左丞相等职，一直是军事和政治的当权者，也是创造女真文字，倡导汉文化的代表人物。这时，仍任左丞相，掌握着金朝的政权。一一四○年九月，都元帅宗弼自军中回，见金熙宗密奏：希尹平时曾窃议皇权的继承，"奸状已萌，心在无君"。金熙宗随即杀希尹及其二子，又杀右丞萧庆。以

274

殿前都点检萧仲恭为尚书右丞。

在杀希尹前半月，金熙宗到燕京。宗弼请求继续进兵南侵。十二月，金熙宗以元帅左监军阿离补为左副元帅，右监军撒离喝为右副元帅。一一四一年二月，宗弼军攻下庐州。四月，宗弼请伐江南。金熙宗下诏伐宋。十月，宗弼军渡淮。宋朝派使臣魏良臣到金营求和。十一月，宋、金划定以淮水为界，西起大散关，东至淮水中流。宋仍向金纳币称臣。从此，金朝基本上确定了它的统治领域。一一四三年，被金朝扣留的宋朝使臣洪皓等南归。

希尹被杀后，宗弼任尚书左丞相兼侍中，仍任都元帅，领行台尚书省。一一四一年五月，宗干病死。次年，宗弼又由太保进封太傅。宗弼位列三公，并且一人独掌政治、军事大权，成为皇帝以下、权势最高的人物。此后几年内，金朝的统治权实际上全在宗弼的手里。

右丞相韩企先，金熙宗时一直在相位。一一四六年，病死。宗弼开始排斥朝中韩企先一派的汉臣。洪皓等宋使已被遣返。宇文虚中仍留金朝。宗弼借故杀宇文虚中。一一四七年，宗弼又杀田珏。田珏原是韩企先提掖的汉官，任吏部侍郎。韩企先临死前，向宗弼推荐田珏为相。宗弼信任的汉臣蔡松年（蔡靖子）、许霖、曹望之等，指责田珏等结纳朋党，竭力排田。田珏被宗弼排挤出朝，任横海军节度使。六月，又借故杀田珏，并杀左司郎中奚毅、翰林待制邢具瞻及王植、高凤廷等汉臣多人。与田珏往来的孟浩等三十四人，也被指为同党，迁徙到海上。田珏、奚毅都是韩企先擢用的汉臣。田珏等汉臣被杀、被逐，金朝尚书省"为之一空"。宗弼用汉臣蔡松年集团代替了韩企先集团，进一步巩固了他的统治。这年九月，宗弼又进为太师。

三、人民群众的反抗斗争和女真民户的南迁

金太宗以来，河北、山西地区的广大人民，一直以太行山为据点，展开英勇不屈的斗争。金熙宗时，统治集团内部纷争，金军再次南侵，人民群众的反抗斗争再次形成高潮。一一三八年以来，主要有以下几支。

张贵起义 一一三八年秋，泰安卒徒（当是俘奴）张贵，联络当地平民，依据山险起兵反金。辽末起义军的叛徒王伯龙在金太祖时降金，这时被派为燕京马军都指挥使。王伯龙军镇压了张贵领导的起义军。

梁小哥起义 一一三八年，平阳府人梁小哥率领一支起义军，在太行起兵。曾与原齐国的宋降将徐文作战。梁小哥长期在太行山一带活动。一一四二年，梁小哥率领四十人攻克平阳府神山县。总管府判官邓奭（音式shì）领兵三千镇压。金军远远见梁小哥旗帜即停下来，白天离起义军五六里才敢活动，夜间则离起义军十多里方敢扎营，戒备森严，不敢熟睡，唯恐起义军劫营。金军契丹都统马五领兵与起义军激战，马五被

276

杀，金军五千多人逃散。

张清起义 一一三九年，山东沿海人民在张清领导下，驾船从海上攻入辽东。起义军打着宋军旗号，攻下蓟州。辽东百姓和被掳的南宋人民相率起兵响应。不久，张清又率军退回山东。

邯郸人民起义 当金朝统治集团内部纷争时，太行一带起义军四起。一一四〇年，邢、洺、磁、相、庆源一带被金兵俘虏的汉人，互相约定，在二月初一日，夺取女真奴隶主的鞍马、武器和盔甲，在邯郸西村聚集，同上太行山抗金。

太行起义军 一一四〇年，太行起义军夜袭怀州万善镇，距州城只二十里，震动了怀州。

邳州人民起义 一一四一年，邳州人民聚集起义。起义军发展到近二十万人。遭到金将温迪罕蒲里特的镇压。

张横起义 一一四三年，太原张横起义军，在宪州大败金军，活捉岚、宪两州同知和岢岚军判官。

此外，宗弼南侵时，宋朝岳飞军曾与太行山抗金义军相联络，义军在河北、山西一带多次狙击金兵，攻打州城，给予金军以不小的打击。（参看本书第五册）

面对着人民群众的英勇反抗，金熙宗统治集团采取了一项重大的措施，即把内地的女真、契丹人大批地南迁到中原。

金太宗时推广授田制，曾把大批的女真、契丹民户迁到辽上京临潢府一带垦殖，以解决混同江地区田地不足的困难。人口的增加和生产力的发展，迫使金熙宗不能不进一步解决田地不足的严重问题。金熙宗面对着中原地区汉族人民群众的持久的反抗，又面临着内地垦田的不足，一一四五年决定创设"屯田军"制。把女真人和契丹人的猛安谋克户，从本部迁居到中原，计户授给官田耕种。他们和汉族人民杂处，并负有监视和镇压人民反抗的职责。南迁的女真人户，自燕京之南到淮水之北，散居于各地汉人村落之间，多达六万人。

与此同时，金熙宗还规定，建国初年编入猛安谋克部的辽东地区汉人和渤海人，今后不再承袭猛安、谋克职衔。

金熙宗时的这些改革措施，显然具有重要的意义：（一）从氏族部落制发展而来的猛安、谋克制，进一步改变着原来的意义，越来越成为以地域来划分的经济生产单位和基层的军事组织。各谋克散处各地，受当地军政官员统辖，彼此间不再有直接的联系。原来强行收编汉人、渤海人入猛安谋克的制度，也同时宣告了它的终结。（二）金朝统治集团内保守派和改革派的争论，在此以前，主要是关于如何统治辽、宋封建制的汉地。保守派主张不断地从汉地掳掠奴隶带回内地，以发展女真奴隶制度。改革派则主张依照汉地的原有封建秩序，利用汉人地主阶级，进行统治。金熙宗的改革，又前进了一步。从掳掠汉人到内地，改变为迁徙女真人到中原，这一重大变革的实行，显然是在击败保守派势力后，对保守政策的一个彻底的否定。（三）金熙宗把大批的女真人迁入中原，虽然只是出于所谓"屯田"的经济的和军事的目的，但这一措施的实行，又必然要带来统治者所预料不到的不可避免的后果。女真屯田户星罗棋布地杂在汉人封建庄田之间，不能不日益受到汉族的封建经济和封建文化的影响，不能不日益改变"女真旧俗"。如果说，以前还只是在汉族中保持和发展原来的封建秩序，那么，女真人南迁后，女真族内部的生产关系也要逐步向着封建制过渡，已是不可免了。

四、宫廷政变

金熙宗皇统年间，宗弼由太傅进封太师，领三省事、都元帅兼领行台尚书省，掌握了金朝的军政大权。一一四八年，宗弼死。此后，金朝中央又陷入内部的纷争。

金太祖、太宗时，实行勃极烈制，仍然保留着贵族推选的痕迹，还没有建立皇后和太子的制度。金熙宗加强中央集权的皇权统治，天眷元年（一一三八年）十二月，立裴满氏为皇后（悼平后）。一一四二年，裴满氏生子济安，立为皇太子。立太子，意味着皇权世袭制度的确立。但不满一年，济安病死。皇后裴满氏结合朝臣，干预朝政。

朝廷大臣中也存在着不同的派别力量。参预诛宗磐的盈歌子完颜勖（乌野。勖音xù）、宗干子完颜亮、宗翰孙秉德、宗翰弟宗宪、辽降臣萧仲恭等，受到皇后裴满氏的支持。金太祖子宗敏、太宗子宗本、辞不失孙宗贤（赛里）等与女真贵族侵宋势力保持着联系。宗弼死后的两年间，金熙宗徘徊在两派政治力量之间，朝中军政大臣出现频繁的变动。

宗贤在金太宗时曾随都统完颜杲（斜也）追袭辽天祚帝，参预破辽。金熙宗初年，任左副点检。宗干等杀宗磐、宗隽，牵涉宗贤。宗贤因而一度被夺官职。不久，又复职。一一四四年，任都点检。一一四七年，任右丞相兼中书令。次年，又升太保、左丞相。宗弼死后，金熙宗又升任宗贤为太师、领三省事兼都元帅，萧仲恭为太傅、领三省事。宗干次子亮，一一四〇年十八岁，随从宗弼在军中任行军万户。一一四四年，为中京留守。一一四七年，应召入朝，任同判大宗正事，又任尚书左丞。一一四八年，任平章政事。宗弼死后，完颜亮任左丞相兼侍中，秉德任平章政事。两派力量一时处于相持的局面。

宗贤与皇后裴满氏、完颜亮等相对立，劝金熙宗选后宫，以打击裴满后。裴满后与完颜亮等合力攻宗贤。皇统九年（一一四九年）正月，宗贤被罢免，原领行台尚书省的完颜勖擢升太师、领三省事。完颜勖是盈歌之子,在女真贵族中居于长辈,有较高的地位。金熙宗即位初,任尚书左丞,曾参预诛宗磐的斗争。完颜勖执政,右丞相完颜亮兼都元帅,掌握军权。但是仅仅几天之后,金熙宗又以完颜亮为左丞相,太宗子宗本为右丞相,都元帅改任太祖子宗敏。刚被罢职的宗贤又任左副元帅,三天后,又升任太保、领三省事。三月,金熙宗又改任完颜亮为太保、领三省事,宗本为右丞相兼中书令,宗贤为左丞相。朝廷官员的迅速而频繁的调动,反映着两派力量之间的尖锐的斗争。

金熙宗十六岁作皇帝,政权实际上都由贵族大臣所操纵。宗弼死后,熙宗亲自过问政事,但仍无法摆脱贵族官员的影响。裴满后干政,熙宗也甚为不平。朝廷上两派官员的纷争和帝、后之争溶成一片。一一四九年完颜亮生日,熙宗命亲信、寝殿小底大兴国去赐贺礼。裴满后也附赐礼物。熙宗追回裴满后的赐物,杖大兴国。五月间,熙宗命翰林学士张钧草拟赦诏,参知政事萧肄指责张钧诽谤皇帝,熙宗怒,杀张钧。左丞相宗贤乘机对熙宗说,张钧是受完颜亮的指使。熙宗贬完颜亮出朝,领行台尚书省。宗贤又受命兼都元帅,宗敏为太保、领三省事兼左副元帅。

九月间,熙宗又以左副元帅宗敏领行台尚书省事,完颜亮回朝任平章政事,原平章政事秉德为左丞相兼中书令。宗贤与秉德分掌军政。

熙宗处在贵族们的纷争之中,实际上已无力控制政局。宰相们议定，继续把辽阳渤海人迁徙到燕京以南。侍从高寿星不愿南迁，请裴满后向熙宗诉议。熙宗大怒，杀左司郎中三合，杖秉德。河南军士孙进起义，自称"皇弟按察大王"。熙宗怀疑"皇弟"可能是指弟元（常胜）。十月，杀弟元及弟查剌。十一月，杀裴满后及妃嫔多人，又杀完颜奭子阿懒和挞懒。熙宗大肆诛杀，朝中贵族大臣人人自危，陷于一片恐惧之中。

完颜亮在被贬出朝去汴京时，道过北京，曾与北京留守萧裕（奚人）密谋，在河南起兵北上，夺取政权。完颜亮不久被召回朝，未能得逞。熙宗曾因事杖左丞相秉德和左丞驸马唐括辩（娶裴满后女代国公主）。秉德、唐括辩、大理卿乌带（冶诃孙、阿鲁补子）与完颜亮相联络，策划推翻熙宗，举行政变。完颜亮联络熙宗的护卫和近侍作内应。护卫十人长徒单阿里出虎，是宗干的世代姻亲。另一护卫十人长仆散忽土，是宗干提拔的官员。他们都附和完颜亮的政变计划。寝殿小底、权近侍局直长大兴国是熙宗的亲信，执掌宫殿符钥，因无罪被杖，心怀怨恨。完颜亮对他说："主上无故杀常胜，又杀皇后，以常胜家产赐阿懒。不久，又杀阿懒，以阿懒家产赐我。我深以为忧。"又说："朝臣旦夕危惧，都不能自保。我生日时，皇后附赐礼物，你因此被杖，我也被怀疑。我和你都将不免。与其坐着等死，何如举大事。"大兴国与完颜亮密约，十二月初九日夜起事。如期，大兴国取符钥开门，假传诏旨召完颜亮入宫。完颜亮与秉德、唐括辩、乌带等闯入熙宗寝殿。熙宗急取榻上佩刀，不料已被大兴国藏起。护卫十人长忽土和阿里出虎刺杀熙宗，熙宗倒地，完颜亮又上前执刀刺杀。熙宗当即被刺死。忽土等拥立完颜亮即皇帝位（海陵王）。完颜亮随即命兵部尚书完颜雍（宗辅子）假传熙宗诏旨召宗敏、宗贤入殿议事，乘机把他们杀死。熙宗在位十五年(年三十一)，结束了他的统治。

海陵王即帝位，改年号为天德。自太师、领三省事完颜勗以下朝官二十人都加官进爵。秉德为左丞相兼侍中、左副元帅，唐括辩为右丞相兼中书令，乌带为平章政事，忽土、阿里出虎分任左、右副点检，大兴国为广宁府尹。

第二节　封建关系的发展和民族文化的交融

金朝自从征服了辽和北宋地区以来，就面临着推行奴隶制，还是适应被征服地区的状况转向封建制这样两条道路。社会经济领域中两条道路的斗争反映到统治集团的内部，形成为两个不同的政治派别和集团，展开了激烈的政治斗争。斗争发展到相互诛杀的激烈程度，并且经历了相当长的过程。斗争的过程日益表明，适应辽宋地区的社会经济状况，发展封建制的经济关系和政治制度,已是不可阻挡的历史趋势。

恩格斯曾经指出:"每一次由比较野蛮的民族所进行的征服,不言而喻地都阻碍了经济的发展,摧毁了大批的生产力。但是在长时期的征服中,比较野蛮的征服者,在绝大多数情况下,都不得不适应征服后存在的比较高的'经济情况';他们为被征服者所同化,而且大部分甚至还不得不采用被征服者的语言。"[1] 金朝的历史,也正是按照这一规律在向前发展。

海陵王极力推行封建化,镇压贵族反对派,迁都燕京,改革政治制度,并且发动了南侵南宋的战争,企图消灭南宋,建立统一南北的封建制政权。海陵王的统一事业未能实现,但他所改革了的政治制度,却为以后的统治者所继承,奠立了金朝封建制统治的基础。

金世宗继承海陵王的事业,在他统治下的近三十年间,女真族基本上完成了向封建制的过渡。奴隶制只是作为残余的制度而继续存在。随着社会经济中封建关系的发展,金朝出现了一时的经济繁荣。女真、汉族等各族人民的辛勤劳动,推动了农业、手工业的发展和商业的兴盛。

经济领域的变动,也必然要反映到文化领域。世宗和他的继承者章宗统治时期,女真族普遍学习汉文化,以至通用汉语,而不再习用女真语。女真族与汉族

---

① 《马克思恩格斯选集》第三卷第二二二页。

通过共同的经济生活和文化交融，促进着民族间的融合。

封建的经济、文化发展的另一面，是女真贵族地主逐渐丧失了奴隶制时期骑射善战的武风而日益腐化。女真猛安谋克户也在不断分化，并且日益成为不耕不战的寄生者，削弱了作战的能力。女真贵族地主无止境地扩展土地的占有，汉族地主的势力也随之不断发展，各族农民遭受着越来越深重的封建剥削。一度强盛的金朝又迅速地走上了衰落的道路。

各族农民的起义斗争，风起云涌，始终不曾断绝。在海陵王、世宗、章宗时期，各地各族人民的武装起义，不断打击着金朝女真族和汉族地主阶级的封建统治。历史在激烈的阶级斗争中向前发展。

（一）海陵王的统一事业

一一四九年，海陵王取得皇位后，把加强中央集权，统一制度，进而统一江南，作为他执政的目标。在这个目标下，海陵王在他统治的十二年间，展开了比熙宗时期更为激进的一系列的改革。

一、巩 固 皇 权

镇压女真贵族反对派　海陵王即位前，宗翰孙秉德与唐括辩首先策划政变。海陵王因仆散忽土等拥戴即皇帝位，并非秉德等人的本意。一一五○年四月，乌带奏告秉德等有谋反意。海陵王命秉德出领行台尚书省事。不久，又派使臣杀秉德，并杀秉德弟特里、纠里及宗翰子孙三十多人。萧裕等又奏告太傅宗本、唐括辩等与秉德谋反。宗本的亲信、尚书省令史萧玉告唐括辩等谋立太宗子宗本。海陵王召宗本等打球，立即处死，又杀唐括辩。海陵王即位前，唐括辩等曾谋立太宗子宗懿（阿邻），海陵王杀阿邻及太宗子孙七十余人。太宗一系遂绝。左副元帅撒离喝任行台左丞相，领兵在外。海陵王命挞不野为右副元帅去汴京，分夺军权。元帅府令史遥设诬告撒离喝父子与平章政事宗义（完颜杲子）谋反，海陵王杀撒离喝及宗义。海陵王即位后，大批镇压女真贵族，以巩固他的统治。

任用汉人和契丹、渤海人　海陵王的统治确立后，任用弟完颜衮（梧桐，熙宗时任都点检、会宁尹）领三省事，兼都元帅，进封太尉，总揽军政大权。仆散忽土为殿前都点检，统领侍卫军，温都思忠为左丞相。同时，大批任用汉人、契丹人和渤海人。渤海人大臬（挞不野）为尚书右丞相、神麓郡王。汉人张通古为尚书左丞。渤海人张浩为尚书右丞。奚人萧裕任平章政事。金朝中央从而组成了一个多民族的最高统治集团。

对非女真族人的任用，在女真贵族中历来存在两种不同的主张。熙宗时，保守派完颜宗贤甚至主张州郡地方官员，一律任用女真人。海陵王所实行的是另一种主张,即在女真贵族控制下,联合各族统治者共同维护金朝的统治。海陵王学习汉文化,读史书,能诗文,曾对蔡松年说:"我读《论语·鲁语》,读到'夷狄之有君,不如诸夏之无也。'甚为厌恶。他(指孔丘)岂不是以南北的区分贵彼贱我么!"海陵王从政治上、文化上努力消除民族间的对立,在打击女真保守派贵族的同时,争取汉人地主士大夫的支持,对金朝的政治制度作了全面的改革。

二、政治制度的改革

废行台　太宗、熙宗时,先后在燕京、汴京设立行台尚书省,沿袭辽、宋的汉官制度,与金朝内地保持着一定的差别。天德二年(一一五〇年)十二月,海陵王下令废除行台尚书省的设置,政令统一于朝廷。在金朝统治的领域中,进一步统一了政治制度,加强了中央集权的统治。

改订中央官制　海陵王在一一五六年进一步对中央官制作了重大的改革。

熙宗时,沿袭着勃极烈制,设三师,领三省事,仍然保留女真贵族议事制的痕迹。皇帝以下三师权力极大。一一五六年,海陵王废除中书、门下省,只置尚书省,直属于皇帝。

天眷官制名义上设三省制,实际上只是尚书省执政,中书、门下两省附属于尚书省,门下侍中和中书令由左、右丞相兼任。中书、门下两省形同虚设。海陵王撤销中书、门下省，只设尚书省主管朝廷政务。尚书令为最高长官，仍设左、右丞相、参知政事，废除原来的平章政事官。经此改革，尚书省成为皇帝直接控制的唯一政权机构，权力更为强化，也更为集中了。

金太宗时，对外作战，设都元帅府，是金朝最高的军事机构。都元帅和左、右副元帅统领重兵，左右政局。左副元帅宗翰领兵在燕京，右副元帅宗望领兵在云中，称为"东朝廷"和"西朝廷"。一一五〇年，海陵王即废除都元帅府，仿汉制改设枢密院，由朝廷任命枢密使、副使主管军事。改革官制后，朝廷中形成尚书省、枢密院分管政治、军事。但枢密院仍受尚书省节制。

海陵王对中央官制的全面改革，在一一五六年（正隆元年）全部完成，正式颁布，称为"正隆官制"。金朝的政治制度，经这次改革后，基本上确立了下来。海陵王以后的历朝皇帝，不再有重大的变革。

科举制度的改革 金太宗侵占辽地后，确立科举制，分词赋、经义两科，以罗致汉人文士。侵占宋朝统治下的河北、河东地区后，因辽、宋所传儒家的经说不同，设南、北两科，分别考试，称"南北选"。熙宗时，南北选各以经义、词赋两科录取文士。海陵王废除南北选制和儒学的"经义科"，各地一律只考词赋。选取汉官的科举制也统一了。

三、迁都燕京(中都)

海陵王以前,金朝统治集团对待燕京地区的争论,只是依照什么制度,如何进行统治的问题。女真贵族中的保守派和改革派都还是把完颜部最初的住地——上京会宁府作为金朝的统治中心。海陵王进行的一项重大的改革是,把金朝的都城从上京迁到燕京,女真贵族也随之离开他们的故乡而南迁到汉地。这在当时,无疑是一件影响深远的重大事件。

海陵王在镇压女真反对派,巩固了皇位后,曾颁布"求言诏",自朝内外公卿大夫,至一般平民,都可上书建策。相当多的上书人提出,上京远在一隅,多有不便,建策迁都燕京。海陵王采纳此策,在一一五一年四月,毅然下诏迁都。有人图画燕京宫室制度,依阴阳五行规划营建。海陵王驳斥说:"国家吉凶,在德不在地。如果皇帝不好,占卜善地,又有什么用?"海陵王坚决反对阴阳五行的迷信,任命右丞张浩主持修建燕京都城。三年完工。一一五三年,金朝把都城迁到燕京。海陵王下令,改燕京城为中都,原析津府改名大兴。汴京为南京,中京(原辽中京)大定府为北京,辽阳府仍为东京,大同府为西京。年号改为贞元。

主持营建中都的张浩,本是辽阳渤海人,曾祖张霸在辽作官。渤海在唐时已通用汉字,张浩熟通汉文化。金太祖时降金,为太祖办理文字事务。太宗、熙宗时,

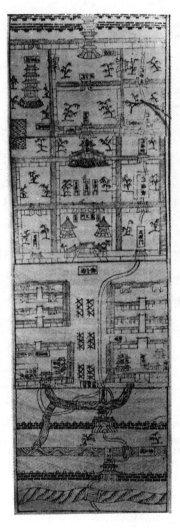

《事林广记·帝京宫阙图》
金代中都内城

前后受命修宫室、定朝仪，"管勾御前文字"。宗弼杀田珏一党的汉官，朝廷文事多交由张浩办理。海陵王即位，张浩行参知政事，进为尚书右丞。张浩营建中都城，周围九里三十步。仿汉人都城宫室制度。城正门称宣阳门。门内东西分设来宁馆、会同馆，接待宋朝和西夏等使臣。都城中的内城是皇帝的宫城，建造宫殿九重，三十六殿。皇帝宫殿居于正中。内城之南，东边建太庙，祭祀太祖、太宗等祖先。西边是尚书省。内城之西有同乐园、瑶池、蓬瀛、柳庄、杏村等，是皇室贵族游乐之所。

金初上京宫殿，极为简朴。熙宗时，修建宫室，又开始制定朝仪，设置护卫，但仍很简略。海陵王迁都中都，仿宋朝制度，设立盛大的仪卫。一一五三年三月，海陵王入中都城，仿宋制，乘玉辂(音路lù)，服衮冕。皇帝用黄麾仗(出行时的一种仪仗)一万零八百余人，骑三千九百余，共分八节，皇帝、皇太后、皇后等在第六节。海陵王以盛大的仪仗队，浩浩荡荡地进入中都，显然是为了提高皇帝的权威，以巩固他的统治。但"俨然汉家天子"，也表明他在进一步接受汉文明。

金初皇帝，承袭辽朝的"纳钵"制度，外出游猎，称"剌钵"，或建"行宫"。熙宗在混同江和临潢好水川建行宫，又在撒里乃地"避暑"驻夏。海陵王迁都中都后，在中都西南大房山建行宫，号磐宁宫，在良乡和中都近郊射猎习武。海陵王在仿汉制建宫室的同时，继承纳钵制，外出射猎，以保持女真服劳讲武的传统。

海陵王迁都后，又在大房山营建"山陵"，把太祖、太宗的棺木从上京迁到这里安葬和祭祀。一一五七年十月，海陵王又下令，拆毁上京会宁府的旧宫殿和女真各大族在上京的住宅，平作耕地。同年，又对原来封有王爵的贵族，一律削封，立限毁抹带有王爵字的一切公私文书和墓碑。这些措施，无疑是对女真旧贵族的沉重打击。海陵王还把已被镇压诛杀的女真贵族的家属妇女，纳入后宫。从政治上说，这显然也是为了防止她们的反抗活动，以巩固皇权的统治。

海陵王迁都中都和一系列措施的完成，在金朝的发展史上是一个重要的标志。它标志着，女真贵族中保守派与改革派的斗争，发展到了一个新的阶段。以海陵王为代表的革新派，取得了决定性的胜利。

四、社会经济方面的改革措施

海陵王统治时，在社会经济方面，也采取了一些改革措施，主要是继续迁徙女真人南下耕种和印造交钞。

女真人南下耕种 海陵王继续实行女真人南迁的政策。迁都中都后，大批女真贵族和平民，从上京一带南下。南迁的女真猛安、谋克户，需要大量田地安置。一一五六年二月，海陵王派刑部尚书纥石烈娄室等十一人分别在大兴府、山东路和大名府各地拘收原侵官地和荒闲的牧地，官民占据的逃户地，以及大兴府、平州路僧尼道士占据的田地，授予南迁的女真猛安、谋克户耕作。一一五八年，又把中都屯军两猛安迁到南京（汴京），分地安置。女真人散处在汉人村落之间，汉人封建经济和封建文化的影响更加扩大了。

印钞铸钱 金朝建国以来，没有铸造货币，只沿用辽、宋的旧钱。海陵王迁都后，一一五四年，命户部尚书蔡松年主持印制交钞，与铜钱并行。钞分一、二、三、五、十贯五种，叫作大钞。一、二、三、五、七百文五种，叫做小钞。交

正　隆　元　宝

钞流通使用，以七年为限，以旧换新。朝廷设交钞库，管理印造、兑换事务。库设使、副使各一员。

一一五七年，金朝又开始自铸铜钱。下令禁止铜出境。一一五八年，在中都设铸钱监二，京兆设铸钱监一。三监铸造"正隆元宝"钱行使。

朝廷制造交钞和铜钱，从而掌握货币流通，进一步从经济领域加强了中央集权的统治。

五、侵宋战争和各族人民的起义

统一江南的准备 海陵王统一制度，加强了中央集权的统治后，便又策划南侵宋朝，进而统一江南。金朝统治集团内，由此又展开了不同意见的争论。海陵王问尚书令温都思忠："何时可以灭宋？"思忠说："当以十年为期。"海陵王说："怎么能这么久？我想以月计算。"思忠说："太祖伐辽，还要数年。现在百姓愁怨，师出无名，江淮暑热不能久居，不能以岁月为期。"海陵王说："自古帝王混一天下，然后可为正统。"海陵王没有能够得到温都思忠的支持，又召汉臣、吏部尚书李通、翰林承旨翟永固、宣徽使敬嗣晖、翰林直学士韩汝嘉等议论。海陵王对李通说："朕要迁都汴京，加兵江左，使海内统一，卿意如何？"李通回答说："天时人事不可失。"翟永固说："燕都刚修成几年，岂可再营汴都！江南厚币尽礼，岂可无名出师！臣以为二事俱不可。"敬嗣晖赞同李通，韩汝嘉赞同翟永固。翰林侍讲学士施宜生随带画工使宋，回朝画临安图进献海陵王。海陵王命作画屏，题诗其上，说："万里车书一混同，江南岂有别疆封？提兵百万西湖侧，立马吴山第一峰。"（一说翰林修撰蔡珪代作）海陵王把消灭宋朝、统一江南作为他的斗争目标。为此目的，作了如下的一些准备。

营建汴京——一一五八年，海陵王命左丞相张浩和敬嗣辉修建汴京宫室，作迁都南侵的准备。张浩等将宋朝原在汴京的宫室台榭，全部拆除，据说是"片瓦不留"，然后全部重建。一一六○年，将印造钞引库迁到汴京。一一六一年四月，百官先赴汴京治事。海陵王在汝州行宫射猎。五月，到达汴京，作进兵江南的部署。

调兵、造船——一一五九年二月，为准备侵宋，下令征调各路猛安谋克军，凡年二十以上、五十以下，一律纳入军籍，听候调遣。猛安谋克军以女真兵为主，也包括了契丹和奚族，共约正军十二万，合副军（阿里喜）共二十四万。一一六○年七月，又签发诸路汉军（包括渤海），除中都、南京两路外，其余十五路，每路签汉军一万。海陵王又从猛安谋克军中挑选强健能射者五千人，亲自阅试，号为"硬军"。海陵王说："签兵数十万，只是强大声势。取江南，有这五千人足矣。"

海陵王也作了战船和武器的准备。一一五九年，命工部尚书苏保衡在通州督造战船，海陵王亲自去察看。又命各路总管府督造兵器，并将各路旧存兵器全部集中到中都。各地制造兵器所用材料，都从民间征

294

调。村落间，往往要杀牛来供应筋革，广大农民由此增加了沉重的负担。

镇压反对派——海陵王决策南侵，各族官员中都有人持不同的意见。江淮人祁宰为太医使，入宫为元妃治病，面奏海陵王说："宋人无罪，师出无名，是人事不修。舟师水涸，是地利不便。"激切反对灭宋。海陵王大怒，杀祁宰。尚书左丞、契丹人耶律安礼密谏南伐，海陵王不听。女真贵族中反对南伐的代表是皇太后徒单氏。海陵王生母大氏在海陵王即位后已病死。海陵王迎奉徒单太后入中都，居寿康宫。徒单太后认为"国家世居上京"，对迁都燕京不满，更反对进兵江南。徒单太后谏海陵王不听，又告枢密使仆散忽土（即仆散师恭）。海陵王认为，忽土领重兵，太后"或有异图"，即命护卫杀徒单太后。海陵王杀太后，朝中震动，反对南侵的意见，不敢再讲了。

各族人民的起义　金朝建立以来，各族人民不断掀起反抗斗争。海陵王征兵南侵，"征敛烦急"，官吏借此为奸，富室用贿以免，贫者困乏破产，因此各族人民的起义更加风起云涌，冲击着金朝奴隶主、封建主的统治。

山东开山赵起义——山东沂州临沂人赵开山，早在一一五八年，领导当地农民起义。为表示抗金的决心，把姓名倒置，以开为姓。起义发动后，参加者有一万多人，攻占密州、日照等县。起义军在作战中，不断壮大，发展到三十多万，在淄、齐等州向金军猛攻。

东海张旺、徐元起义——一一六○年春，海州东海县民张旺、徐元等，因不堪金朝的"苦虐"，率领数千人武装起义，杀死县令。东海县人房真等到海州向官府告密。州、府派人到县察看形势，被起义军杀死。州、府合兵围攻起义军数月，起义军英勇抗敌，金军不能得逞。海陵王派遣在通州监造战船的原中都兵马都指挥使徐文，与步军指挥使张弘信等率舟师九百浮海去镇压。海陵王对徐文说："朕意不在一个城邑，将以试一试舟师。"六月，徐文等到东海，残酷镇压起义。徐元、张旺被俘，起义军五千多人在作战中被杀牺牲。

契丹撒八、窝斡等起义——海陵王征兵侵宋，派牌印燥合等征发西北路契丹丁壮从军。契丹人因西北路邻近各游牧族，恐怕丁壮从军后，遭到邻族的侵掠，请求免征。燥合不敢回奏，继续督促起兵。契丹译史撒八与孛特补等愤起杀燥合和金朝招讨使完颜沃侧，夺取招讨司所有兵甲三千副，举行起义。推都监老和尚为招讨使。西北路各族人民纷纷起而响应。山后、山前广大牧民杀金朝群牧使。五院部牧民杀金朝节度使，响应撒八。辟沙河千户十哥等杀金朝乌古迪烈招讨使乌林答蒲卢虎，领兵趋西北路，与撒八兵合。咸平府谋克、契丹人括里与当地富室奴隶二千人起义，攻下韩州及柳河县，接着占据咸平府，打造器甲，扩大队伍。括里引兵进攻济州，途中在信州遇金军激战，战败，向西南转移,与撒八起义军会合。一时之间,西北路契丹等各族人民汇合成一股巨大的起义洪流。

一一六一年五月,海陵王在赴汴京途中,任命右卫将军萧秃剌等去镇压契丹人民的起义。六月,又派枢密使仆散忽土和西京留守萧怀忠领兵一万,会同萧秃剌部前去镇压。萧秃剌被撒八军击败,退守临潢。撒八等见金朝大军将到,率部向西北转移,沿龙驹河西行,企图投奔西辽反金。仆散忽土、萧怀忠等追到河上,不及,还军。海陵王闻讯大怒,杀死仆散忽土和萧怀忠;又命枢密副使白彦恭为北面兵马都统,开封尹纥石烈志宁为副;中都留守完颜毅英为西北面兵马都统,西北路招讨使唐括孛古的为副;联合进兵,追剿撒八。

撒八率军西撤的路上,起义军内部发生了分歧。撒八主张投奔西辽反金。原居山前的起义者不愿远行,主张回军去占领契丹人的故乡临潢。移剌窝斡和陈家等杀撒八,拘捕老和尚、孛特补等,窝斡自称都元帅,领兵东还,在临潢府东南新罗寨驻营。

单州杜奎起义——一一六一年八月,南京路单州百姓在杜奎领导下举行起义。起义军攻占了州城。海陵王派遣都点检耶律湛、右骁骑副都指挥使大磐等领兵镇压。

大名府王九郎起义——一一六一年九月,大名府百姓在王九郎(王九、王友直)领导下起义,占据州城。

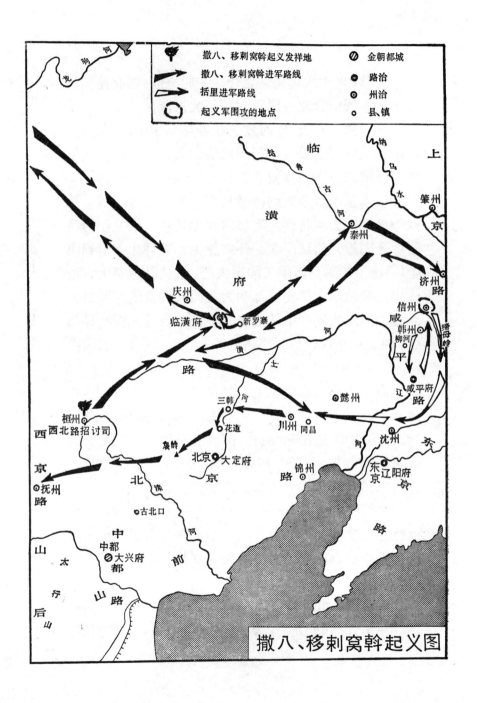

图例

撒八、移剌窝斡起义发祥地　　金朝都城

撒八、移剌窝斡进军路线　　路治

括里进军路线　　州治

起义军围攻的地点　　县镇

临潢府

潢

上

京

肇州

泰州

济州路

庆州

临潢府　新罗寨

信州　咸

韩州　柳河

平

缐母岭

府

路

河

路

懿州

咸平府

路

辽

三韩

河

花道

川州　同昌

沈州

乔

西

京

桓州

西北路招讨司

泉岭

北京　大定府

京

锦州

路

东京　辽阳府

抚州

路

北

京

路

古北口

中都　大兴府

山

太

行

山

后

山

路

中

山

都

前

京

河

撒八、移剌窝斡起义图

起义军发展到数万人，所到之处，各地人民纷起响应，大者连城邑，小者保山泽。起义军声势浩大，有时仅十多骑，打着旗帜出行，官军也不敢接近。王九郎起义震动了河北。

济南府耿京起义——一一六一年，济南府农民耿京、李铁枪等六人，因金朝赋税的繁重，"不能聊生"，率领当地农民起义，攻取莱芜县、泰安军。山东各地小股起义军贾瑞、辛弃疾等率部来附。农民军在作战中不断壮大，发展到数十万人，给予金朝统治者以很大的打击。

太行陈俊起义——太行山一带一直分布着人民抗金队伍，坚持与金朝统治者作斗争。海陵王南侵，太行人民又在陈俊等领导下大规模起义，从后方给予金军以重大的威胁。

海陵王整军南下，进入汴京。北起上京路、咸平路，南到河北、山东、河东等路，各地各族人民的起义，如火如荼。金朝后方的统治动摇了。

东京政变和海陵王的败亡　在人民起义的浪潮中，海陵王仍然按原计划南下侵宋。一一六一年九月间，金兵分四路出发。海陵王亲自率领三十二总管兵，进军寿春。枢密使完颜昂为左领军大都督，尚书右丞李通为副，尚书左丞纥石烈良弼为右领军大都督，判大宗正乌延蒲卢浑为副，随从海陵王进兵。另一路由工部尚书苏保衡为浙东道兵马都统制，率领水军，从海道进攻临安。太原府尹刘萼(刘元宗子)为汉南道行营兵马都统制,自蔡州进发,攻打荆襄。河中府尹徒单合喜为西蜀道行营兵马都统制,由凤翔攻打大散关,待命入川。海陵王出兵,太子光英在汴京留守,尚书令张浩、左丞相萧玉、参知政事敬嗣晖等在汴京处理政务。

十月初八日,海陵王率领大军渡过淮水,进兵庐州。就在这前一天,东京辽阳府发生了政变。

太祖孙曹国公完颜雍(乌禄,宗辅子)这时任东京留守,是女真贵族中有声望的人物。秉德以谋立葛王(完颜雍)罪被杀后,完颜雍自海路献珍宝以表明他的忠诚。海陵王命渤海人高存福为副留守,监视完颜雍的行动。海陵王杀徒单太后等女真贵族,完颜雍更处在惊慌之中。契丹撒八等起义,完颜雍出兵阻击括里。海陵王命婆速府路总管完颜谋衍(完颜娄室子)领兵五千助战。海陵王自辽东征调大批女真兵南下侵宋,女真兵多不愿南下。行至山东时,南征万户、曷苏馆女真猛安完颜福寿等领一万多人,中途叛变,逃回辽阳。完颜福寿与完颜谋衍等在辽阳发动政变,杀高存福,拥立完颜雍(金世宗)作皇帝。十月初八日,金世宗下诏废黜海陵王,改元大定。完颜谋衍为右副元帅,福寿为右监军。

海陵王率领的侵宋军继续进兵。汉南道刘萼部攻取宋通化军、蒋州和信阳军。别部徒单贞领兵二万人,大败宋建康都统王权于盱眙,进取扬州。前锋攻占和州。海陵王到和州指挥作战。宋兵来战，兵部尚书耶律元宜（契丹降将慎思子）击退宋兵，斩首数万。十一月，任命元宜为浙西道兵马都统制。海陵王驻军江北，指挥渡江。宋中书舍人虞允文率军驻于采石镇，出兵迎战，金军败退。海陵王还军和州，进驻扬州。

这时，金世宗在东京的政权，逐渐巩固。中都留守阿琐等起而响应。金世宗决定迁赴中都。海陵王统率下进攻四川的一路和山东自海道进军的一路，相继被宋军战败。金军士气涣散，海陵王孤军作战，日益陷于孤立了。

十一月二十六日，海陵王集中兵力，勒令将士于次日在瓜洲渡渡江。次日拂晓，耶律元宜率领将士袭击海陵王营帐，海陵王被乱箭射死。尚书右丞李通、浙西道副统制郭安国等都被杀。元宜代行左领军副大都督事，领兵北还。海陵王统一江南的事业，完全失败了。

（二）金朝封建统治的巩固
和经济的发展

金世宗即位后，面对着契丹和汉族农牧民大起义，海陵王南侵受挫，金朝内部陷于一片动乱的局面。世宗力求争取各族贵族、臣僚的支持，以稳定他的统治。

太保、枢密使完颜昂在耶律元宜杀海陵王后，派使者到南京杀太子光英，向世宗上表祝贺即位，一一六二年入朝世宗，任都元帅，仍为太保。留守南京的太傅、尚书令张浩，也在海陵王被杀后向世宗上贺表。一一六二年入朝，封太师，仍为尚书令。世宗对张浩说："你在正隆时作首相，哪能无罪？因为你在省十几年，练达政务，所以还用你作相。你当自勉，不要辜负朕意。"世宗也力争领兵在外的将领的支持。白彦敬、纥石烈志宁领兵镇压契丹农牧民起义军，行至北京，曾一起密谋起兵攻世宗，又杀世宗派来的使者。海陵王死后，白彦敬、纥石烈志宁降世宗。世宗任用白彦敬为曷苏馆节度使，又召入朝，任为御史大夫。仍以纥石烈志宁为临海节度使，领兵去镇压契丹起义。苏保衡在南侵中战败，世宗召至中都，命他到山东去镇压人民起义。海陵王时的文武官员，继续任职，逐渐被世宗所争取。

一一六二年，耶律元宜自军中到中都朝见，世宗任为御史大夫。不久，又改为平章政事，规措镇压契丹起义。世宗采取兼容并包的策略，较为顺利地稳定了他的统治。

一、农、牧民起义的失败

世宗即位后，各族人民的起义队伍，在继续进行战斗。

济南耿京领导的农民起义军在海陵王南侵时，派遣贾瑞、辛弃疾等渡过长江，与南宋联络。世宗即位后，金朝收买起义军中的叛徒张安国，在海州杀死耿

302

京。辛弃疾回海州后，杀张安国，率部投附了宋朝。

大名王友直起义军，遭到金军残酷镇压，也率部投宋抗金。山东开山赵起义军在一一六一年十一月，与宋李宝军会合，打击了海陵王南侵的金军。

华州蒲城农民在杨万、李孝章等率领下，在一一六一年冬起义，围攻蒲城，战斗四月之久。大定二年（一一六二年）正月，世宗派出重兵镇压，起义军遭到失败。

面对金世宗的残酷镇压，山东、河北等路的农民仍在各地坚持斗争。滕阳军和沂州之间来二郎领导的起义队伍遭到镇压后，转移到蒙山山中，继续战斗。河北任郎君、李川等领导的起义军，不断攻打城市，夺取官物。徐州一带，有江志领导的农民军，在附近各地活动。但是，世宗即位后，面临的最大的威胁，还是北方声势浩大的契丹族农、牧民起义。世宗集合重兵去镇压，契丹农、牧民展开了艰苦卓绝的斗争。

窝斡杀撒八后，称都元帅，率领起义军到临潢府东南新罗寨。世宗派契丹人移剌扎八去招降。扎八见窝斡兵强马壮，决定归附起义军。窝斡领兵攻打临潢府，擒金总管移室懑。起义军发展到五万人。正隆六年（一一六一年）十二月，窝斡称皇帝，建年号"天正"。世宗命元帅左都监吾扎忽等领兵救临潢。这时，窝斡军已转攻泰州。金军追上起义军。两军对阵，吾扎忽部押军猛安、契丹人忽剌叔率所部起义，响应窝斡。金军大败。窝斡军进攻泰州，金泰州节度使乌里雅顽抗，战败,仅以数骑逃走。起义军声势大振。

大定二年(一一六二年)正月,金右副元帅完颜谋衍率领各路军镇压窝斡。世宗使用镇压与招降的两面策略,下诏说:契丹起义军能自动投降者,皆不问罪。奴婢可释放作平民。能捕获窝斡者,封官授赏。

契丹起义军括里部进攻韩州,得知金大军将至,转攻懿州、宜州。完颜谋衍屯军懿州庆云县,奏请朝廷增兵护送粮饷。世宗命南征北回的士兵前往集结。窝斡自泰州攻济州,企图邀截金朝的粮运。完颜谋衍与右监军完颜福寿、左都监吾扎忽合兵,共甲士一万三千人,以曷懒路总管徒单克宁等为左翼,临潢节度使纥石烈志宁等为右翼,率领轻兵袭击起义军。起义军中纥者和弟孛迭等叛变降金。他们密告金军说:"起义军辎重离此不远,如出兵攻劫,窝斡必然还救。"四月初,完颜谋衍依计进攻,窝斡还军,在长泊遭到徒单克宁部的袭击。金左翼万户完颜襄率领的别部自起义军背后邀击。起义军败退。完颜谋衍纵军劫掠,不敢追击。

窝斡率军西走,到临潢西南霿淞河(霿音梦 mèng,淞音松 sōng)。数日后,完颜谋衍的追兵才赶到。两军展开激战。起义军射中纥石烈志宁左臂,顺风纵火,在烟雾中猛击金军。不料风止,大雨倾注,金军反击,起义军败走。渡过溪涧后,起义军返回袭击金军,金军败退到涧北。

完颜谋衍驻军桓州白泊,逗留不进。窝斡自懿州转攻川州，向山西进军。北京大定府金军不敢出战。起义军越来越接近中都了。

金世宗见金军作战不胜，下诏切责，召完颜谋衍、完颜福寿回中都，解除兵权。六月，改命尚书右丞仆散忠义为平章政事兼右副元帅，纥石烈志宁为元帅右监军，又起运中都弓一万五千张、箭一百五十万支去懿州。另任济州押军万户温迪罕阿鲁带以兵四千屯驻古北口等处防守。

窝斡率领起义军八万，西走花道，与金仆散忠义军相遇。起义军击败金军左翼，金右翼来救，窝斡率主力自花道往西转移，至袅岭西陷泉。仆散忠义、纥石烈志宁等领军赶到，起义军大败，窝斡率余部转入奚族居地。窝斡收集散兵一万余人，又补充奚兵，在速鲁古淀、古北口、兴化之间转战，击败温迪罕阿鲁带的守军。八月，世宗命西南路招讨使、都统完颜思敬领兵入奚地，与金主力军会合追讨。窝斡北走沙陀。

纥石烈志宁部曾俘获起义军将领、奚族猛安稍合住，又把他放回起义军，要他拉拢亲信，伺机擒捕窝斡，许给官赏。稍合住叛变，回起义军作内奸，隐瞒被俘投敌真相，并在起义军将领间挑拨离间，涣散军心。九月间，稍合住擒窝斡，到完颜思敬军投降。窝斡被押送到中都，牺牲。

窝斡牺牲，契丹农、牧民起义军遭到严重挫折。金军乘势进攻。起义军的枢密使逐斡、都元帅丑哥等三

305

十多人相继战败被俘。纥石烈志宁等又追击起义军到燕子城,起义军被镇压而失败。括里、扎八等率领部众南走,投附宋朝。此后,金世宗一再派出官员去"招抚"起义军余部。但起义军拒不投降,继续在北京、临潢、泰州等地战斗。直到一一六四年五月,起义军余部领袖蒲速越被俘牺牲,起义才完全被镇压下去。

在镇压契丹农牧民起义军的同时,世宗又采取种种措施,加强对契丹人民的统治。契丹族成为金朝最受压迫的民族。一一六三年,世宗下诏废除契丹族猛安谋克的编制,把曾参加起义的契丹人分别编入女真猛安谋克部,使契丹人与女真人杂处,接受女真官员的直接统治。契丹人除官员年老者可留马一、二匹外,其余马匹,一律由官府"括买",不得保存。世宗括买马匹,显然意在防止反抗,但边地的契丹牧民由此也不得不改变其生产方式,无法再从事游牧狩猎,而只能和女真人一起从事农耕。

一一七七年,四名契丹押刺(即拽刺)随从监察御史完颜觌古速(觌音敌 dí)巡察边地,乘机逃往西辽。世宗得报,说:"耶律大石(西辽)在夏国西北,窝斡作乱,契丹人响应,朕已释罪,反侧之心仍然不止。倘若大石派人来离间、引诱,必然要生边患。"于是下诏,把曾经参加过起义的契丹人全部迁到上京、济州、利州等地安置,使与女真人杂处,并与女真人通婚。世宗认为这些措施,使契丹人和女真人"男婚女聘,渐化成俗",是"长久之策"。西北路没有参加起义的契丹人和被释放的奴隶也都迁徙到乌古、石垒部地,迫令耕作。世宗企图用这些办法来消除契丹族的反抗,其结果是加速了这些地区契丹和女真族的融合。

世宗曾对大臣们说:"海陵王时,契丹人颇受信任,但后来掀起叛乱,很多功臣被杀。足见契丹人的野心。"大臣唐括安礼说:"圣主博爱,对待各族,不宜有分别。"世宗说:"我并非有所分别。如果有边患,契丹人岂肯与我们一条心啊!"海陵王时,镇压女真贵族,大批起用契丹官员参预军政。世宗镇压契丹农牧民起义后,对契丹族多方防范,契丹人民遭受着最为沉重的民族压迫和阶级压迫。

二、对宋战争和世宗统治的巩固

金、宋战争　海陵王被杀后,金南侵大军北还。河北、山东、陕西等路召募的征南步兵,都放免还家。都元帅完颜昂在山东,经略边事。一一六二年冬,金世宗镇压了契丹农、牧民起义后,又调派右丞相仆散忠义统领重兵侵宋,仆散忠义驻扎南京,指挥军事。又以纥石烈志宁为左副元帅,领兵出战,驻军睢阳。

这时南宋的状况是,孝宗即位后,任用抗战派名臣张浚出帅江淮,准备北上收复失地。一一六三年夏,契丹农、牧民起义军首领括里、扎八等战败后,投附宋朝,说夏季久雨,金军弓胶溶解,不便骑射。建策南宋出兵。五月间，张浚命李世辅、邵宏渊领兵攻占灵璧、虹县，进而占领宿州。金宿州防御使乌林答剌撒兵败，被金朝处死。纥石烈志宁领金兵一万人，自睢阳出发，反攻宿州。五月二十日，纥石烈志宁领大兵，驻州东南，另在州西满布旌旗，设为疑兵。李世辅领兵向州西进击，金军由右翼万户夹谷清臣统领的先锋军出击，李世辅军败退。次日，宋军全军出战，纥石烈志宁、夹谷清臣等大败宋军。李世辅败退到符离，宋军损失惨重。南宋派使臣求和。和议未定。一一六四年十月，仆散忠义、纥石烈志宁再次发兵侵宋，压迫南宋就范。金军渡过淮水。徒单克宁部攻占盱眙及濠、庐、和、滁等州。十二月，宋朝派使臣魏杞求和。大定五年（一一六五年）正月，议定宋朝割让海、泗、唐、邓等州及商、秦两州地给金朝。宋对金称侄皇帝，不再称臣。每年向金贡献银、绢二十万两、匹。此次和议后，金、宋约三十年间，不再有大的战事。

定都中都　世宗统治集团对内镇压了契丹、汉族人民的起义，对外迫使南宋求和，订立了和议，进一步巩固了它的统治。

海陵王自上京迁都中都，制定了以汉人居住地作为统治中心的国策，遭到女真保守贵族的反对。世宗在东京即位后，一些女真贵族又建策还都上京。世宗母舅、参知政事李石对世宗说："现在正隆（海陵王）远在江淮，寇盗（指各族起义军）蜂起。百姓引领东向，宜在此时直赴中都，据腹心以号令天下，是万世之业。愿陛下不要被众人的议论所牵扯。"利涉军节度使独吉义（曷速馆女真）自白彦敬处来投世宗，受命任参知政事，也对世宗说："现在正隆已渡淮，窝斡的势力还没有太盛，将士在南，家属都在此。还是早去中都为好。"世宗采纳去中都的建策，一一六一年十一月启程，十二月到达中都。世宗继续定都在中都，这就清楚地表明，他在推翻海陵王后，仍然继续实行海陵王直接统治汉地的国策。

修订官制　金世宗即位后，命吏部侍郎石琚（音居jū。汉人）详定制度（官制）。大定二年（一一六二年）十二月，新定制度，由尚书省颁行。新定官制基本上仍然继承海陵王时的政治制度，只是稍加增损，减并冗繁。较重要的改动，是宰相增设平章政事二人。海陵王废除三省，政权集中到尚书省，设尚书令和左右丞相，废除平章政事。金世宗新定制度，尚书令、左右丞相和平章政事为宰相官，左右丞、参知政事为执政官。宰相增员，显然是为了便于更多的官员参预政事，以巩固他的统治。

多民族的统治核心的形成　海陵王广泛任用契丹、渤海和汉人参预军政。世宗继承这个用人政策，更为广泛地吸收各族人。金朝建立的初期，皇族完颜氏掌握军政全权。海陵王镇压大批皇族反对派，多用汉人、契丹人和渤海人执政。世宗镇压契丹农、牧民起义和对宋停战后,任用非皇族的女真各部贵族,包括反对过他的贵族,来巩固金朝的统治。随从海陵王侵宋的仆散忠义镇压契丹农、牧民起义后,任右丞相,侵宋还师,又进为左丞相。纥石烈志宁曾与白彦敬等起兵反世宗,降附后,领兵镇压契丹农、牧民起义,世宗任为左副元帅,与仆散忠义侵宋,作战有功。世宗下诏给纥石烈志宁说:"卿虽年少,前征契丹,战功最多,现在又破大敌(南宋),朕甚嘉之。"金、宋和议订立后,一一六五年,纥石烈志宁进拜平章政事,位列宰相;一一六六年,又任为枢密使。徒单部人徒单合喜,海陵王时任西蜀道兵马都统,世宗即位后,仍为陕西路统军使,又改任元帅右都监,败宋吴璘军,收回陕西十六州地;一一六七年,进为枢密副使。回怕川纥石烈部纥石烈良弼,海陵王时为尚书右丞。世宗命他招抚契丹族人,进为平章政事,又进为右丞相。纥石烈良弼在相位多年,是世宗朝

黑龙江嘉荫出土"恤品河窝母艾谋克印"铜印及印背字款

310

重要的文臣。世宗母舅李石拥立世宗即位，由参知政事进为尚书令，是朝中渤海人的代表。汉人石琚（定州人）在熙宗时中进士第一（状元），世宗起用石琚修订制度、礼仪，一一六二年任参知政事。世宗对石琚说："女真人往往直接作大官，不知民间疾苦。你曾作县官，民间何事不知，凡利害事都应陈奏。"石琚执政十多年，一一七七年进为平章政事，一一七八年又任右丞相，是世宗时汉人宰相的重要代表人物。契丹农、牧民起义被镇压后，贵族执政者不多，但如移剌道（乙室部人），海陵王时为都督府长史，世宗起用为户部尚书，进至平章政事，位列宰相。世宗统治的三十年间，自参知政事以上的宰相、执政官中，宗室完颜部贵族前后共七人，非完颜部的女真贵族十五人，汉人十四人，契丹、渤海人各二人。金世宗任用非皇族的女真官员，又大批任用汉人、契丹人和渤海人，形成了一个多民族的统治核心，从而巩固了金朝的统治。史称金世宗为"小尧舜"，就是反映了这一时期的金朝统治集团，保持了相对的稳定。

全真教的建立 金朝的统治稳定后，一些汉族地主文人，被吸收到统治集团的行列，也有一些人不愿在金朝作官，又不去进行反抗，而走向了消极隐遁的道路。山东、河北一带出现的全真教，就是这样一个披着宗教外衣的汉族地主文人的在野的集团。咸阳人王喆（音哲zhé），是当地的大地主，研习儒经，又隶名武选，后在终南山弃家立教。一一六七年，去山东宁海，与当地儒者马钰（丹阳）结识，与谭处端（长真）、刘处玄（长生）、邱处机（长春）、王处一（玉阳）、郝璘（广宁）和马钰的家人孙氏（号清静散人）等，合称七真人，王喆自称重阳真人。创立全真教，在山东传播。入教者，讲儒经和道德经，只是节制饮食色欲，淡泊自适，不参预政事，并没有什么完整的教义或教规可言。名曰宗教，实际上只是地主文人相互联络的集团。他们不在政治上与金朝统治者合作，但屈服在金朝的统治之下，用全真教作掩护，过着清闲的地主生活，作诗文唱和。一一六九年，王喆自山东回陕西，在汴京病死。邱处机（登州栖霞人）自东莱西入潼关，先后住在磻溪和龙门山十余年。一一八八年二月，世宗自终南山召邱处机到中都传教。这年秋天，邱处机得世宗准许，再去关中。全真教的领袖邱处机遵奉金世宗的征召，在中都半年，表明了他们对金朝统治的拥戴。金世宗承认全真教的合法地位，也表明他已争取到全真教汉人地主文人在野集团对他的统治的支持。

沧州人刘德仁又创大道教，信教者"散于郡县，皆能力耕作，治庐舍，联络表树，以相保守。"实际上也是和全真教同样性质的地主阶级的社会集团。一一六七年，世宗召刘德仁入居京城天宝宫传教，并赐予东岳真人称号。

312

三、女真族封建关系的发展

自海陵王到世宗时，金朝逐渐消除着女真奴隶制的政治制度，全面地采用了汉人封建制的政治制度，并逐步确立了以女真贵族为主，结合汉人、契丹和渤海等统治阶级的多民族的统治核心，从而稳定了金朝的统治。金朝政治上的这个变化，反映了社会经济关系的变化。在此期间，女真奴隶制的经济关系，正在逐渐向着封建制的关系过渡。虽然女真族内部依然保持着严重的奴隶制的残余，但封建制的经济关系日益成为主要的剥削形态。

封建制租佃关系的发展　　自金熙宗时起，女真猛安、谋克户即陆续大批地南迁到燕山以南、淮河以北。海陵王时，又陆续把上京完颜部宗室迁到中都、山东及河东等地。世宗继续实行这一政策，女真猛安、谋克户分布在各地，与汉人杂处。据一一八三年八月的统计，共有猛安二百零二，谋克一千八百七十八，领户六十一万五千六百二十四，人口六百十五万八千六百三十六。其中正口四百八十一万二千六百六十九，奴婢口一百三十四万五千九百六十七。据一一八七年的统计，金朝统治下的女真人、汉人、契丹人等各族人户的总数为六百七十八万九千四百四十九，人口四千四百七十万五千八十六。女真猛安谋克人户，约占金朝全国总户数的百分之十一。

金朝初年，女真猛安谋克户，计口授田耕作，有战事则出兵作战。大小奴隶主役使奴隶生产。女真猛安谋克户大批南迁到汉人住地，与汉人杂居，猛安谋克领授的耕地，成为汉族地主庄田所环绕着的若干小点，散落在封建租佃制的汪洋大海中。居住在金朝内地的猛安谋克户，也由于汉族和契丹人户大批北迁，而陷于封建庄田的包围之中。封建的租佃制关系从多方面对女真族的奴隶制和授田制发生深刻的影响。海陵王和世宗时代，金朝发动的战争，不再大规模地掳掠奴隶。一一六五年金、宋和议订立后，基本上停止了对外作战，断绝了从俘虏中补充奴隶的途径。封建租佃制的生产方式在女真族中从两个方面发展起来：（一）一些占有奴隶的女真猛安、谋克，出卖奴隶，而把占有的田地租给汉人农民耕作，收取地租。（二）一些女真猛安、谋克民户，在战争停止后，不再回到自己领受的田地里去耕作，也把田地租给汉人农民耕作，收取地租。女真民户不断发生地主与农民的阶级分化。

出卖奴婢——一一八〇年，上京路女真人户出卖自己的奴婢，致使耕田者减少。世宗曾下诏禁止。一一八一年，又禁止山东、大名等路猛安、谋克户，出卖奴婢，将田地租佃。这些记载说明，无论在金朝内地还是汉人居地，女真猛安、谋克户出卖奴隶，采用租佃制剥削农民的现象都在发展。前引一一八三年的统计数字也表明，各地猛安谋克户，每户平均占有奴婢不过二点

314

一口，每人占有奴婢不到零点三口。虽然奴隶只集中在少数猛安、谋克等首领手中，但总数的减少，也说明奴隶在生产中已经不再占有重要的地位。

金世宗时，皇室贵族仍然占有大批奴隶。《金史·食货志》记载，一一八三年的统计，在京都的宗室将军司，有户一百七十，正口九百八十二，占有奴婢口三万七千八百八，垦田三千六百八十三顷七十五亩。平均每户占有奴隶一百六十三人，占有田地约两千一百六十七亩。谋克部内的贵族，一户也可占有奴婢二、三口。这些情况表明，在少数女真贵族大奴隶主中，仍然役使大批奴隶耕作，保留着奴隶制的严重的残余。

官田租佃——金朝初期，内地的土地全由统治集团支配，授给民户耕作。南下侵占广大汉人居地后，在保存汉人地主经济的同时，也又把大量土地拘为官有，作为官田。一一五六年，海陵王曾拘括大兴府、山东、真定府等处的官地、荒地、逃绝户地、戍兵占佃地以及大兴府、平州路僧尼道士女冠的土地，都作为官田。官田除授给猛安谋克户外，又令民户租佃，由官府收租。世宗继续拘括各地官田，由官府出租给民户。朝廷成为收取大量地租的最大的地主。

但是，大批官田，特别是上等的良田，都被"官豪"、"豪民"即官僚地主们从官府租去。他们再把这些官田转租给佃农，从中取得大利。年久之后，这些"官豪"就把租佃的官田"冒为己业"，据为己有。他们从而拥有

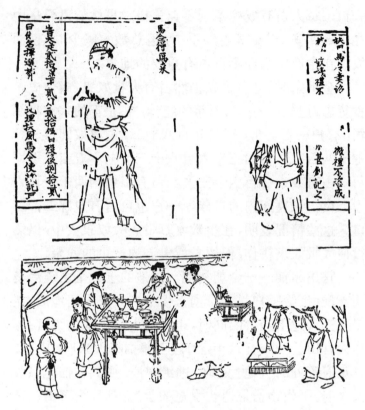

辽宁朝阳金墓壁画（摹本）

越来越多的土地。随着租佃制的发展，金朝官府和女真贵族大地主占据了大批的土地，残酷地剥削广大农民。

民户租佃——各地女真猛安、谋克民户，不耕不战，把领受的田地出租给汉族农民的现象，也在普遍发展。一一七六年间，世宗在一个诏书中说："南路女真户颇有贫者。汉户租佃他们的田土，他们所得无几，费用不足。又不习骑射，不任军旅。"世宗诏令女真户中"凡成丁者签入军籍，月给钱米，在山东路沿边安置。"女真民户占有的田地有限，自己不生产，单靠地租过活，不足以维持生计。世宗采用签入军籍，每月发给钱米的办法来优遇女真民户，但出租田地的状况仍在继续发展。大定二十一年（一一八一年）正月，世宗对大臣们说："山东、大名等路猛安、谋克民户，往往骄纵，不亲稼穑，不令家人耕作，全都租佃给汉人，只是收取地租。富家穿着纨绮，酒食游宴，贫者也争着效仿，要想家给人足，真是困难呵！"世宗又说："要多派官员查实户数，计口授地，必令自耕。地有余而力不足者才许租佃给别人。"世宗重申了计口授地，但又允许力不足者出租，实际上是承认了租佃领地的合法，也反映出租佃制的发展不可抑止。这年六月，世宗又下令查阅各户人力，可耕顷亩，必使自耕，力果不足者，才许出租。一一八二年，世宗又发现猛安人户不自耕种，把田地全部出租，甚至有一家百口，不耕一垅，随即下令劝农官去查办。规定不耕种者杖六十，谋克四十，受租百姓无罪。这些情况说明，女真猛安、谋克屯田户，不自耕种，出租田地，剥削汉族农民的现象，已经不可阻挡地发展起来了。

放免"二税户"与奴婢 辽代贵族头下军州中的投下户和寺院的二税户，在辽朝西迁后，沦为金朝的奴隶，他们纷纷向官府陈告，要求放免。一一六二年，世宗诏令将确有凭证的二税户，放免为平民。金朝官奴婢中，原为平民籍没入官的，隶属宫籍，称监户。原为奴婢入官府的，隶太府监，称官户。一一六二年，世宗又诏令将海陵王时被杀官员家属入宫籍监为监户者，放免。汉人官员刘玑任同知北京留守事，当地原被俘掳来的奴隶陈诉原为良民，刘玑一律将他们放免做平民。世宗认为，刘玑不查契券真伪，竟将刘玑贬官。这些事实表明，来源不同的各类奴隶，在逐渐摆脱奴隶的身分，恢复平民的地位。他们中间，无地可耕的人们，也只有去租种贵族地主的土地，成为佃客。

四、社会生产力的发展

马克思和恩格斯在论述古代世界向封建社会过渡时，指出："定居下来的征服者所采纳的社会制度形式，应当适应于他们面临的生产力发展水平，如果起初没有这种适应，那末社会制度形式就应当按照生产力而发生变化。"① 自从金朝统治者进入辽、宋统治下的汉人地区以来，是保存女真原有的奴隶制的社会、政治制度，还是适应汉人地区的状况，采纳封建制的社会、政治制度，一直在统治集团内部，存在着两种主张、两个派别的斗争。自海陵王到世宗统治时期，金朝基本上

———————

① 《马克思恩格斯选集》第一卷第八十一页。

完成了向封建制的过渡。随着这种过渡的实现，社会生产力继续向前发展了。

在金朝统治下的辽、宋旧境的四千四百多万人口中，汉族人民仍然是绝大多数。广大汉族人民与契丹、女真等各族人民的辛勤劳动，推动了社会生产力的发展，有些部门甚至超过了辽、宋时期的水平。

畜牧业 海陵王末年发动侵宋战争，曾征调战马达五十六万多匹。在战争中，牲畜大批散失。正隆时原有九个群牧所，世宗初年仅剩下四个，有马一千多匹、牛二百八十多头、羊八百六十只、骆驼九十头。世宗在抚州、临潢府、泰州等地设立七个群牧所。自一一

黑龙江绥滨出土玉马

黑龙江肇东出土铁马镫

六八年起，下令保护马、牛，禁止宰杀，禁止商贾和舟车使用马匹。又规定对群牧官、群牧人等，按牲畜滋息损耗给予赏罚。经常派出官员核实牲畜数字，发现短缺就处分官吏，由放牧人赔偿。对一般民户饲养的牲畜，登记数额，按贫富造簿籍，有战事，就按籍征调，避免征调时出现贫富不均的现象。对各部族的羊和马，规定制度，禁止官府随意强取。由于这些措施的实行，畜牧业逐渐恢复。一一八八年，马增加到四十七万匹、牛十三万头、羊八十七万只、骆驼四千头。一一九二年，南京路有牧地六万三千多顷，陕西路三万五千多顷。

农业 世宗时，金朝的统治相对稳定，注意恢复农业生产。一一九四年，章宗定制：能劝农田者，谋克每年赏银、绢十两、匹，猛安加一倍，县官升级；三年不息惰者，猛安、谋克迁一官，县官升一等。如果农田荒芜十分之一，猛安、谋克都要受罚，笞三十；农田荒芜严重者，判徒刑一年；连续三年都荒芜者，猛安、谋克降一官，县官降级。

户口和垦田——世宗初年，金朝仅有三百多万户。二十年后，一一八七年，迅速增加到六百七十八万九千户，四千四百七十万口。一二〇七年，又增加到七百六十八万多户，四千五百八十一万口，为金朝户口"极盛"的一年。

由于广大汉族和女真、契丹等族劳动人民的努力开发，金朝猛安、谋克部等拥有的垦田，据一一八三年

320

统计,共一百七十一万顷。其中属于猛安、谋克部占有的垦田一百六十九万零三百多顷。在京都的宗室将军司的垦田为三千六百多顷。迭剌、唐古二部五纠的垦田为一万六千多顷。这些数字还不包括一般汉族、契丹民户所占有的垦田。

从金朝初年起,女真族从内地大批南迁,不少从前荒芜的地区得到开垦,因而扩大了农田的面积。近年东北各地出土大批金朝铁农具,说明松花江、嫩江流域的大部分土地,已由各族农民垦为耕地。

各族劳动人民不断开发山区、开拓山田。张槚《婆速道中书事》诗:"泉源疏地脉,田垅上山腰。"边元鼎《新居》诗:"远斸山田多种黍。"(元好问:《中州集》)东京路的婆速府路、西京路的丰州、北京路的兴州等地农民都开垦了大量的山田,为发展农业生产作出了贡献。

农具——近年出土金朝的农业生产工具,相当齐全。北京路宗州一带有类似北宋洛阳铧的铁犁铧,分大、小两种。犁上附有分土器即铁"镗头"(镗音汤tāng),能疏松两侧的土壤,清除两侧的杂草,同时能向苗根培土。这种镗头也分大、小两种。犁镜较河南禹县白沙镇出土北宋犁镜为落后,但犁牵引转动灵便,与元初王祯《农书》所绘形制相似。从犁的这些重要部件看,金朝的犁已经比辽朝有所进步。铁镰有直刃细柄、曲刃裤柄和曲刃拔镰式等三种。此外,还有锄、镢、锹、鱼形

黑龙江伊春出土的铁农具：铁镬、铁镰

铡草刀、双股垛叉等铁制农具。这些完备的农具的出现，表明当地农业生产水平的提高。肇州、上京一带，铁制农具的形制大体与宗州相似，种类却更繁多。出土遗物，有犁铧、犁碗子（铧上的翻土器）、镗头、锄、镬、镰、手镰、锹、铡草刀、垛叉、渔叉等。这些农具的使用，可以适应不同作业的需要，表明这些地区的农民已经加强田间的管理，农业生产由粗放式的经营转变为精耕细作。

农业生产情况——金朝占领的辽、宋地区，农业生产原来就比较发达。中都、河北、辽东、南京等路的农业居各路之先。宋人许亢宗记载，中都路大兴府在金初就已是"果实稻粱之类靡不毕出，而桑柘麻麦、羊豕

黑龙江肇东
出土的铁铧

雉兔不问可知"（引自《三朝北盟会编》卷二十），农业已经相当发展。蓟州、河东南路、辽东路许多州也盛产水稻。南京路的土壤最适宜于种麦，产量较高。咸平、临潢、泰州等府、州的土地肥沃，奚族六个猛安部徙居到这里后，"精勤农务，各安其居。"（《金史·食货

志》)

由于各族农民的辛勤耕作，生产出大批的粮食。全国常平仓每年约积粟一千二百多万石、米二百多万石。能够积存这样多的粮食，说明各族劳动人民每年生产的粟米的总额要相当这个数额的许多倍。

手工业　世宗时，由于大批奴婢获得解放，手工业得到较快的发展。

纺织——官府在真定、平阳、太原、河间、怀州等五处设置绫锦院，派官员"掌织造常课匹段之事"。这是五处规模较大的官营手工业作坊。《金史·地理志》记载有"上贡"或盛产某种纺织品的地区，分布着许多私营的纺织业作坊。河北东、西两路，北宋时号称"衣被天下"，到金朝时相州产"相缬"，河间府产"无缝锦"，大名府产皱縠（音胡hú）和绢。河东南路平阳府产卷子布，山东西路东平府产丝绵、绫锦、绢，东京路辽阳府产"师姑布"，中都路平州产绫，

黑龙江绥滨出土双鹿玉雕牌饰

涿州产罗。中都大兴府在金朝初年就已是"锦绣组绮，精绝天下"，丝织业居全国之冠，此后更加发展。

矿冶——世宗主张"金银山泽之利，当以与民。"一一六三年，金朝规定，金银坑冶准许民间开采，官府征收产品的二十分之一。官府派出"抽分"（抽税）官，对各地坑冶实行监督。一一六五年，官府准许百姓"射买"（租）银冶。一一七二年，取消坑税，允许百姓随意开采。因此，金银坑冶得到发展，仅坟山西银山的银坑，就多达一百三十处。

由于各方面对铜的需要，金朝几次派出使者到各路"规措铜货"，访察铜矿苗脉，对能指引矿藏得实者给予奖励。世宗曾与大臣商议鼓铸之术。工匠不仅在中原地区，而且越过天山，往"北界"采铜。

金朝禁止民间铸造铜器，并把民间铜器拘括入官。旧有铜器除腰束带、鱼袋、神佛像等以外，必须全部卖给官府、官营作坊铸造大批铜器。如黑龙江省阿城出土的"童子攀枝镜"，边款刻铸"上京巡警院"五字；在另一枚"牡丹花纹镜"上，边款刻铸"上京宜春县"五字。这些器物都是由官府控制的铸铜作坊生产并经过官府"检校"的。尽管官府铜禁甚严，民间仍私铸出许多铜器，尤其是腰带和镜子。

煤的开采和使用这一时期更加普遍。元好问《续夷坚志》说，河南府渑池县产石炭，炭穴显露，兵士和百

黑龙江阿城出土
双鱼铜镜

黑龙江阿城出土
童子攀枝镜

姓"随取而足用"。取出的石炭积累成堆，下面用柴火烧着，随即产生烈焰，冬天用来烤火取暖。河北磁州邯郸县路旁的酒铺，也以石炭"备暖盗"。南京城里许多"小民"家里都藏有石炭，用作燃料。当时烧瓷、炼铁等手工业也大量使用石炭作燃料。

女真族在建国前已经炼铁。金朝建立后，著名的产铁地区有云内州、真定府、汝州鲁山、宝丰、邓州南阳等。云内州盛产一种叫做青镔铁的铁器。近年，黑龙江省肇东县八里城曾出土金朝的七百多件铁器。辽宁省绥中县城后村金朝农村遗址也曾出土大批铁制农具。黑龙江省五道岭地区曾发现一处规模较大的金朝的铁矿和冶铁遗址。这些矿坑有十多个，最深达四十米，分采矿和选矿两个作业区。在铁矿东、南、西三面的山坡上散布着五十多处冶铁遗址，遗留下很多炼铁炉、炼渣、铁块和铁矿石。这些实物证明，这里是一处以五道岭为中心的从开采、选矿到冶炼的一连串生产过程完整的冶铁基地。在上京故城也曾发现过炼铁炉的遗址。

制瓷——制瓷业是金朝比较发展的手工行业之一。女真族在建国前，生活用具"惟以木刻为盂，楪髤以漆（髤音休 xiū)，以贮食物"。金朝建立后，辽、宋旧境内的瓷窑陆续恢复生产，女真族内地也开始建窑烧瓷。徐州萧县白土镇，北宋时邹姓窑户曾担任"白器窑户总首"，拥有三十多窑，工匠数百人。金熙宗时，这里的瓷

326

赤峰出土金刻花白瓷罐

邢台出土金白釉瓷枕

窑继续生产。近年在白土镇发现一件瓷瓶，瓶上刻划着"白土镇窑户赵顺谨施到花瓶一对，供养本镇南寺慈氏菩萨"，"时皇统元年三月二十二日造"等铭记，表明在一一四一年前后，这里的民间制瓷业已相当发展。世宗以来，各地原有的瓷窑得到逐步恢复。著名的瓷器产地有钧州、耀州、真定府等。钧州的瓷窑烧造一种叫做"钧红"的器皿，象玫瑰一样娇艳，间以紫红和青蓝，色彩复杂。钧瓷一般为民间所用，至今传世较多。耀州瓷窑以生产青釉器为主，纹饰大多印制。定窑的所在地真定府，是《金史·地理志》唯一载明生产瓷器的地点。这里所产瓷器可能主要供宫廷和贵族享用。抚顺大官屯窑烧制黑釉器，产量很大，其产品在东北各地遗址中都有发现。瓷窑的规模也很大，奉圣州永兴县西南的磨石窑，窑内可以容纳五百人。烧瓷的技术也不比宋朝落后。耀州窑的一处遗址，面积达五百平方米；分为工作间、晾坯场、窑炉。窑炉作马蹄形，用耐火砖砌成，并在表面涂有耐火泥。烧窑的燃料已经广泛使用煤。金朝准许民间经营瓷窑，官府在各瓷窑所在地委派"抽分官"抽税。

造纸和印刷——河东南路所受战争创伤较轻，造纸、印刷业较为发达。稷山竹纸、平阳白麻纸曾经闻名一时。中都、南京、平阳、宁晋是金朝的刻书中心。《金史·地理志》记载，平阳府物产有书籍。官府在这里设置专门的出版机关，管理民营书坊和书铺。平阳一带

重修證類本草序

自古人俞穴鍼石之法不大傳而後世亦鮮有傳其妙者亦

專用湯液丸粒理疾至於剸劌肌膚刳骨續筋以為

別術所得終非神農家事維童……以制……而兆藥……

故方家言盛行而神農之經不可一朝而合也其書大抵源

於神農氏自神農氏而下名本草者固非一家又有所謂唐

本草者迄於有宋政和天子留意生人乃命宏儒名醫

詮定諸家之說為之圖繪使人驗其草木根莖花實之微與

夫玉石金土蟲魚飛走之狀以辯其藥之真贗而易知為之

類例使人別其物生風氣之殊宜君臣佐使之異用甘辛鹹

苦酸之異味溫凉寒熱緩急有毒無毒之不同而易見其書

始大備而加察焉行於中州者舊有解人龐氏本兵烟蕩析

金刻《重修政和证类本草》书影

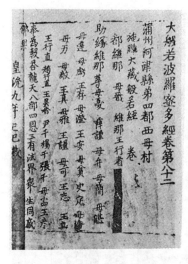

金刻佛经：赵城藏

的官僚、地主"家置书楼，人蓄文库"。绛州平水县著名书坊称"晦明轩"，曾刻宋人文同《丹渊集》四十卷及《通鉴节要》等书。中都的国子监刻印经史等大量书籍，发给各地学校，称为"监本"。官营或民营的刻书作坊也都刻印大批书籍。著名的赵城《大藏经》，共七千一百多卷，由民间集资雕造，前后花了二十多年时间才印成。

金朝刻印的书籍，很少流传到宋朝。宋朝人称金朝的书籍为"北方板本"，有时按木板的材料称呼，叫做"北地枣本"。

火器制造——金朝火药的应用和火器的生产技术，可以说与南宋并驾齐驱，在北宋的基础上又向前发展了。世宗大定末年，太原府阳曲县郑村中社的李姓猎户，将火药装入陶罐，挂在腰间备用，遇见狐群，将药线点燃，"药火发，猛作大声"，因而捕杀了狐群（元好问：《续夷坚志》）。这种火罐不仅具有燃烧的性能，而且带有爆炸性。以后，在对宋、蒙的战争中，金朝的工匠自己生产出大批铁火炮。这些炮外形象匏（音袍

páo）口小，用生铁铸成，厚二寸，作战时发射后，声如霹雳，震动城壁，威力很大（宋赵与褎：《辛巳泣蕲录》）。铁火炮后来又改进为"震天雷"，用铁罐装上火药，用火点着，据说，"炮起火发，其声如雷，闻百里外，所爇（音弱 ruò）围半亩之上，火点着甲铁皆透"，具有很大的杀伤力。还有"飞火枪"，用纸十六层做筒，筒中装上柳炭、铁屑、磁末、硫磺、砒硝，用绳缚在枪头上，临阵时点着，火焰喷出枪前十多步。蒙古军在与金军作战时，最惧怕这两种火器（《金史·赤盏合喜传》）。金朝工匠在火药应用和火器制造方面的努力，为促进我国科学技术的发展作出了贡献。

造船——金朝船舶制造，比南宋较为落后。但由于内河航运、海上交通和战争的需要，造船技术仍然在北宋的基础上有所发展和提高。海陵王时，官吏张中彦奉命建造巨舰。张中彦设计的"小样"（模型），不过几寸长，不用胶漆，而头尾用"鼓子卯"自相钩带。按照这件"小样"造出巨舰以后，本来要调发附近州县的百姓来拖曳入水。张中彦召集了几十名役夫，把巨舰附近的地势修治倾斜，然后取新的秫秸，密布于地，再以大木限其两旁，于凌晨霜降地滑，率领役夫将巨舰滑曳到河中（《金史·张中彦传》）。金朝的工匠还设计了一种适宜于北方严寒季节在河道中行驶的船只。蔡珪《撞冰行》诗："舡头傅铁横长锥，十十五五张黄旗，百夫袖手略无用，舟过理棹徐徐归。"（《中州集》）这种专用撞冰的船舶，是近代破冰船的雏形。由于造出了这种撞冰船，过去船夫在寒冬"扬锤启路夜撞冰，手皮半逐冰皮裂"的艰苦工作条件得到了改善。都水监吏人著有《河防通议》一书，书中"造船物料"节，详细记载当时造船以每一百料为基本计算单位，对打造一百料船所需材料都一一规定了件数，每件的尺寸和重量。在"装船斤重"节，还详细地记载了不同料船舶一定的上、下水装载量。这些都说明这一时期的造船技术较前有所提高。

商业 畜牧业、农业和手工业的恢复和发展，促使金朝商业日益繁盛。金朝建国初年，各地的商业发展处于极不平衡的状态。当女真族原住地涞流河流域还是"无市井，买卖不用钱，惟以物相贸易"的时候，燕京三市已经"陆海百货，萃于其中"，贸易相当发达。以后，由于畜牧业、农业、手工业逐步发展，促使各地商品交换也相应地发展起来。

城市和行、市——中都大兴府在海陵王正隆间成为国都后，水陆交通发达，人口猛增。中都皇城方圆九里三十步，外城三十多里。《金史·地理志》记载，大兴府共有二十二万九千多户。以每户五口计算，约有一百万口。中都在金初商业就已较为发展，城北三市是商业的中心。城内"僧居佛寺，冠于北方。锦绣组绮，精绝天下"。世宗时，商业更为发展。

南京开封府本是北宋都城，海陵王曾在南京营建

陕西临潼出土刻有
"行人"等錾文的金代银铤

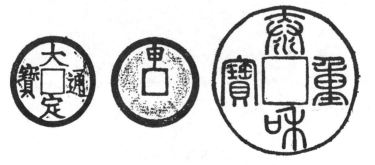

大定通宝和泰和重宝

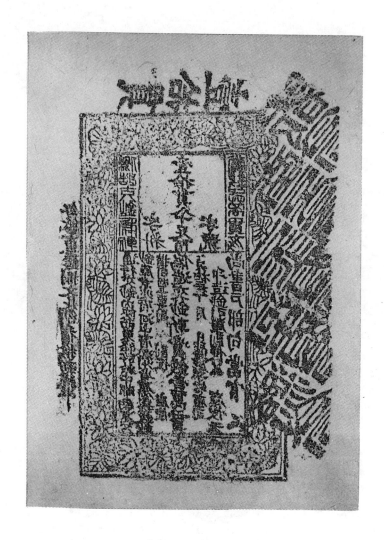

金代交钞铜版

宫室。世宗时，相国寺仍旧每月逢三、八日开寺，商贩集中在此贸易，宣德楼门下"浮屋"中买卖者甚众。一一五二年，共有二十三万五千多户。以后到章宗泰和时，又增加到七十四万多户。

其他城市，如咸平府、东京辽阳府是"商旅所集"之处。河北相州"人烟尤盛"，城内秦楼街十分繁华，食店、酒楼甚多。河东上党是进入山西的交通要道，这里"桑麻数百里，烟火几万家，长桥龙偃蹇，飞阁凤腾翥（音柱 zhù）"。"源源百货积，井井三壤赋。"成为商品集散地之一。据世宗时出使金朝的宋人记载，从黄河汤阴县以北，州县开始有城壁，市井繁盛，胜过河南。

金朝在商业繁盛的城市设置市令司，委任市令一员，正八品，市丞一员，正九品，职责是调整市场物价，监督商人使用的度量权衡和百货的估价。除中都设市令司以外，东京、南京、太原等地也设此官职。金朝城镇商业中的行，见于记载的有油面行、布行、银行等。参加同业商行的商人称为"行人"，同业商行的首领称为行头和引领，往往由大商人兼任，垄断本行的商业和控制小商人。

一般行人除受行老和引领的压榨外，还要受皇室、贵族和官僚的盘剥。金朝宫廷所需货物，往往在商行中"强市"。金朝接待宋朝使臣的接伴使副，都把宋朝私赠的礼品在南京出卖，"物有定价，责付行人，尽取见钱"。各地权贵也经常纵使家奴侵渔商铺，"名为和市，其实胁取"。

院务和商税——金朝在中都设都商税务司，正、副使和都监各一人，负责征收商税、巡察逃税等。大定初年，各地商税院务经常苛留商人和行旅，"披剔行旅，甚于剽掠"。因此，在一一六二年，世宗下令罢诸关征税。一一八〇年，规定商税法，凡金银百分征一，其他货物百分取三。此后，商税率逐步提高。一二〇七年规定，小商贩贸易的货物征钱百分之四，金银征百分之三。中都的商税额，世宗时为十六万四千多贯，章宗承安初增加到二十一万四千多贯。

货币——世宗时，商品交换的逐步发展，促使铜钱、交钞逐步增加发行量，同时，银铤的使用也日趋加多。

一一七八年，金朝在代州设监(后名"阜通监")，铸"大定通宝"铜钱，年产一万六千多贯。一一八七年，又在中山府曲阳县设利通监。以上两监，每年共铸钱十四万多贯。

因为官府掌握的和流通领域中的铜钱较多，世宗时交钞的发行量不大。一一八九年，有的官吏认为，交钞的使用有利于商旅远行，但每期交钞只能行使七年，不利于周转，因此建议朝廷废除"七年厘革之法"，使民间能够长期使用，如果交钞上的文字磨灭，允许到各地官库纳旧换新。

世宗时，国库积存大批金银，约可折钱一亿贯。这时，白银作为货币来使用还并不很多。但官府已经将白银铸成银铤，每铤重五十两，值铜钱一百贯。民间往往将银铤截凿成小块，流通支付。

榷场——金朝和宋朝、西夏以及北方少数族的经济联系，主要依靠榷场这一渠道。设置在宋、金分界线上的榷场，有泗、寿、颍、蔡、唐、邓、凤翔、秦、巩、洮、息等州府，还有专为宋人海上贸易准备的密州胶西县。设置在北边的榷场，最初有燕子城、北羊城，后来有庆州朔平、净州天山、丰州、东胜州、辖里尼要等。设置在金、夏边界的，有绥德州、保安州、兰州三处。各处榷场，根据军事和经济的需要，废置不常。金朝在各处榷场派出场官，"严厉禁，广屋宇，以通二国之货"，每年所收税息，是国家财政中的一项重要的收入。金朝从宋朝购买的货物，仅茶叶一项，每年就要费银三十多万两。金朝官府从西夏、北方少数族输入的货品主要是马匹。大定时，金朝泗州场，每年收税五万多贯；一一九六年，增加到十万多贯。秦州西子城场，大定时每年收税三万多贯，一一九六年增加到十二万多贯。

(三)封建剥削的加强与农民起义

当金朝处在奴隶制度统治下，奴隶主要扩大财富的占有，就必然要发动战争去掳掠奴隶，不断扩大奴隶的来源。而在封建的租佃制发展后，扩大土地占有，以剥削农民，便成为女真贵族主要的剥削手段。随着封建经济的发展，金朝封建主不断地展开了土地的掠夺，并且不断地加强了对各族人民的赋税和徭役的剥削。

一、土 地 掠 夺

占夺民田 转化为封建主的女真贵族，通过多种途径，大规模地掠夺土地。常见的现象，是所谓"豪夺民田"，即依仗权势，非法强占女真和汉族人民的田地，据为己有。租佃制的发展，女真猛安、谋克民户中，出现了"富强丁多者"和"贫难者"的分化。女真贫困户不能自存，便只有出卖田地给"豪民"。女真贵族地主通过买田，不断地兼并了大量的土地。贵族地主也还依仗权势，在官府授田时，占据上等的良田、腴田（肥田），而把贫瘠的田地拨给女真的贫民。

多占官田 女真贵族地主还使用各种手段，多占官田。女真旧制，牛一具、民口二十五，授田四顷四亩，但官员贵族却可恃势多占。世宗对左丞完颜襄说："卿家原来只七具，现在定为四十具，你们还不愿意。"可见完颜襄占田早已超过四十具，即一百六十多顷。定制以外，朝廷还有对贵族的"赐田"。如太保阿里原曾被赐给山东地一百四十顷，又赐中都路田一百顷。贵族官僚住地迁移时，继续占有原住地的田地，又在新住地占田。如上京路宗室贵族迁徙到河间，由官府拨地

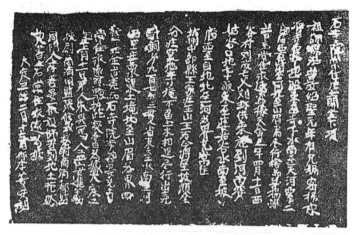

陕西黄陵万佛洞佛坛内北壁大定三年
（一一六三年）石刻地契

后，仍不交还旧地，"两地皆占"。

冒占官田　金朝占据的大批官田，被"官豪"们租去，再出租给农民。年月既久，这些官僚地主们便把原来的官田，冒为己有，或者凭借权势，冒占强取。海陵王时，参知政事纳合椿年广置产业，留给子孙。世宗时，纳合椿年占地八百顷。椿年子猛安参谋合、故太师耨碗温敦思忠孙长寿等三十余家，共占田三千余顷。山西的田地，也多被"权要"们占去，占田多的人家平均每口有田地三十多顷，以致平民无田可耕。中都和涿州各县大批官田，也被赵王完颜永中等四个王府冒占。世宗时，女真贵族、官豪冒占官田，已成为一个严重的问题。

括田（刷田） 贵族地主冒占官田，反映了他们和金朝官府之间的土地争夺。一一七九年（大定十九年）十二月，世宗派遣括地官张九思到各地拘括被民间占去的官田。张九思根据地名皇后庄、太子务等的田地，不论百姓有无凭据，一律指为官田拘刷。甚至秦汉以来的名称，如长城、燕子城之类，也都拘括为官田，结果是一般地主甚至农民的田地被官府强行拘占。而那些权势之家冒占的官地反而得免。一一八一年，世宗又令拘括豪家所占夺的官田。如对参谋合、温敦长寿等所占官地，除牛头地外，限给十顷，其余皆拘入官。山后招讨司括地也照此办理。同年，又在山东大规模地拘刷民田入官。世宗对官员们说：虽称民地，然无凭据，"括为官地，有何不可？"又说："虽曾经通检纳税，而无明验者，复当刷问"。经过这样的拘刷，山东路拘括入官的田地即达二万余顷。梁山泊被拘为官地，附近民地也都被拘刷。农民被迫流亡。懿州一带，没入官府的田地有六万多顷。世宗的拘田，反映了朝廷与官豪之间的土地争夺，一些小地主和农民的田地都因而被强占。广大田地更加集中到官府和女真贵族地主的手里。

二、苛重的赋税和徭役

苛重的赋税 金朝的赋税基本上沿袭辽、宋旧制，分正税和杂税两种。对猛安、谋克部则只征牛头税。

340

正税，即夏、秋二税。夏税规定每亩农田征粮三合，秋税每亩征粮五升、秸一束（每束重十五斤）。交税的期限，夏税为六月到八月，秋税为十月到十二月。

杂税，主要是物力钱、铺马钱、军需钱、免役钱及黄河夫钱等。

物力钱——依据民间私有的田园、邸舍、车辆、牲畜、树木的价值和收藏金银的多少，征取税钱，叫做物力钱。民间自己居住的宅院不征。猛安、谋克户和监户、官户在住所外，自置田宅，也征物力钱。遇有临时的差役，即按物力钱的多少摊派。

铺马钱——金朝设递铺，筑小坞，四角插黑旗作标志。凡朝廷有事，颁发金牌、银牌或木牌，调发递铺兵骑马传达。递铺所养马匹的费用要向民间征收，称"铺马钱"。

军需钱——一一六三年，世宗因"南征"军士每年所需军费一千万贯，官府只备二百万贯，不足的八百万贯向官户和民户征收。这是军需钱的开始。各地元帅府的开支本来就毫无节制，军需钱出现后，都以此名义向百姓勒索。

免役钱——山东、河南、陕西等路沿袭北宋旧制，州县按民间物力多寡征收税钱雇募司吏和弓手，称为"免役钱"。一一六三年，世宗下令罢征弓手钱，司吏钱依旧不变。

黄河夫钱——金朝黄河数次泛滥，河道迁徙不定。

筑堤等工程所需民夫,大部分征发附近农民,此外又以治河名义征钱,称"黄河夫钱",又称"河夫钱"。

预借——世宗初年,因朝廷经费不足,有的官吏建议预借河北东、西路和中都路的租税。《金史·食货志》记载,世宗认为"国用虽乏,民力尤艰",没有同意。但实际上还是实行了,不仅上述三路,连河东南、北两路也实行预借。据《龙岩寺记》说:一一六二年,转运司预借泽州陵川县民间三年租税,并强迫百姓运往陕西,以作为军粮,来回路程三千多里。(见《山右石刻丛编》)此后,由于社会经济的恢复和发展,官府经费足用,渐少预借民间租税,但到金朝后期仍屡见不鲜。

通检推排 金朝制定了繁重的赋税剥削制度。广大的各族农民交纳正税和多种杂税时,还要承受官吏们的中间盘剥和勒索,而且,官员、地主占据良田,只交轻税,农民只有贫瘠的劣等田,却要交重税。特别是物力钱,贵族、官员、地主们用各种办法隐瞒财产,逃避赋税。贫苦农民仅有很少的财物,却要负担很重的税钱。结果是:繁重的赋税都被转嫁到各族人民身上,贵族、官僚、地主们大量隐漏赋税,使金朝的收入受到严重的影响。

金世宗多次派出官员去清查土地、核实财产,称作"通检"或"推排"。实行的结果,却又给广大人民带来了灾祸。

一一六四年,金世宗派遣泰宁军节度使张弘信等十三人到各路通检物力钱。诸使在各路以苛酷多得物力为功。张弘信通检山东州县尤为酷暴，妄加百姓产业几倍，百姓来申诉，立即严刑拷打，甚至被打死。一一六五年，有关官吏向世宗报告各路通检不均的情况，世宗下令以户口多寡、贫富轻重为标准"适中定之"。之后，又订出各路"通检地土等第税法"，统一各路的通检标准。

一一七五年，离第一次通检已经十年，赋役仍然轻重不均，世宗第二次又派济南尹梁肃等二十六人到各路通检物力钱。

随着封建租佃关系迅速增长，女真族急剧分化后，猛安谋克户的地主和农、牧民的赋役负担也出现了严重不均的现象。一一八〇年四月，世宗召集百官商议如何推排猛安谋克户的家产，以便遇有兵役时可以"均平"负担。右丞相徒单克宁、平章政事唐括安礼、枢密副使完颜宗尹认为："女真人除猛安谋克仆从有差使外，其他人都没有差役。现在不需要推排奴婢、牲畜和土地的数目，只验现有的产业定科差就行了。"左丞相完颜守道等说："只验财产的多寡，分成四等，依旧置簿籍科差，就能均平。"左丞蒲察通、右丞移剌道、都点检完颜襄反驳说："必须通括各谋克人户物力的多寡，贫富之间的差别才判然分明。贫富分别清楚了，版籍就能确定。一旦官府有缓急，即可检验簿籍来科差，富者不能逃避，贫者不致增加负担。这与不管贫富一律科差的办法迥不相同。"又建议到农闲时，拘括土地和牛具等数额推排。世宗采纳蒲察通等人的主张，说："每一谋克部人户的贫富，谋克怎么不知道？一猛安领八个谋克，各谋克奴婢人数多寡不等，一律科差，怎能均平？""海陵王正隆时兴兵，朕的奴婢上万口，牲畜几千头，但不科差一人一马，这怎么能说平均！"十二月，世宗下令从中都路开始推排。据《金史·食货志·通检推排》记载，一一八二年八月，又"诏令集耆老，推贫富，验土地、牛具、奴婢之数，分为上、中、下三等。"派同知大兴府事完颜乌里也先推排中都路，接着又派户部主事按带等十四人，与各路官员一起推排。九月，又因为猛安谋克旧有的簿籍不清楚，遇到签军、差役、赈济、户口增减，不以实报，下令在推排的同时，兼括户口。

一一八六年，世宗再次派吏部侍郎李晏等二十六人到各路推排物力。次年，李晏上奏所定全国物力钱数，共三百万多贯。

兵役和夫役 金朝封建制确立后，徭役大致可分为兵役、夫役两种。担任官职的品官全家免除杂役，只按物力所应交纳的部分出雇钱。纳粟补官而官阶还不够荫子孙的进纳官，各司吏人、译人、系籍学生，医学生等，都享有免除一身之役的特权。广大农民、牧民、手工业者和小商贩等则必须负担繁重的徭役。

兵役——北宋实行雇募制度，农民不必服兵役，比较能安定地从事生产。金初，在奴隶制统治时期，女真人当兵参战，"进行掠夺在他们看来是比进行创造的劳动更容易甚至更荣誉的事情"。① 海陵王时，不仅女真族平民，连汉族、契丹族百姓也经常被签发当兵。撒八、移剌窝斡等人领导的契丹农、牧民起义，就是以金朝签发契丹人当兵作为导火线的。宋人楼钥一一六九年到一一七〇年间出使金朝，在滑州胙城县遇到汉族人对他说："我的女婿戍边，已十年不归，苦于久役。今又送衣装与之。"金朝"天使"往山东签兵，"人不肯从，执天使杀之"（《北行日录》）。这个故事反映了金朝强迫汉族农民服兵役的情况，也反映了汉族农民的反抗斗争。女真族向封建制过渡后，由于激烈的阶级分化，女真人民生活日益贫苦，要求安于田里，从事生产。一般富户也因为生活优裕，坐享田租，不愿当兵，或者用奴婢来代替自己服兵役。一一七〇年，世宗说："北边轮番戍守之人，每年冒着寒暑，往来千里，甚为劳苦。即使有一二匹牛马，一去即无还，而且夺其农事，不得耕种。"一一八〇年，金朝规定戍边的军士，年龄到五十五岁以上，允许由其子或同居弟侄承替；以奴婢代戍者，治罪。世宗不断实行通检推排的目的之一，就是为了核实各户物力，按籍征兵。

夫役——世宗时修治黄河，营建宫室，修筑城墙，运输官物，围场打猎等，无不征调民夫服役。世宗初

① 《马克思恩格斯选集》第四卷第一六〇页。

年，就开始扩建宫殿，之后又不断兴工。他晚年承认：
"省朕之过，颇喜兴土木之工"。世宗回上京大会亲旧，
所过州县大发民夫，治桥梁，修驰道，沿途农民深受其
害。仅蔚州一地专为世宗采集地蕈（音训xùn）的役夫就
达数百千人。由于官府役使频繁，农民不堪其苦，经常
全家外逃，或者出家为僧道，以逃避服役。

三、农民起义

世宗初年，金朝统治者交替使用血腥屠杀和"招
抚"的两手政策，把汉族、契丹族等农牧民起义镇压了
下去。此后，女真贵族的封建统治相对稳定，农、牧民
的阶级斗争也趋于低潮。但哪里有压迫和剥削，哪里
就会有斗争。被压迫民族和被压迫阶级从来没有停止
过各种形式的反抗。《金史·石琚传》记载，一一七一
年前后，民间"往往造作妖言，相为党与谋不轨"。表明
广大人民不断制造革命舆论，互相联络，采取一定的组
织形式，准备推翻女真贵族的统治。但往往因为事机
不密，被金朝所镇压。

大名府李智究起义——李智究是大名府僧人，决
心反抗金朝的统治，领导群众举行起义。他假托化缘，
跑遍大名、东平等路，鼓动信徒，组织骨干，计划在大定
十一年（一一七一年）十二月十七日攻下兖州，然后在
峄山集合起义军，以"应天时"三字为号，分别攻取东平
各州府。到约定的时间，李智究派胡爱智等人攻打附

近的女真猛安谋克军寨，夺取武器，被女真军士打败。与此同时，阳谷、东平等地起义军中出现了叛徒。起义军来不及集中。金军在各地捕捉起义军。起义军骨干四十多人被杀。一一七三年九月，李智究英勇就义。

冀、同、鄜、潞、绛、解等州农民起义——一一七二年，河东、河北等路出现了大饥荒，金朝统治者仅仅颁发了"所在开仓赈恤"的一纸诏书，却没有半点救济的实际措施，因此广大农民挣扎在死亡线上。北京曹贵、西北路纳合七斤、鄜州李方、同州屈立、冀州王琼以及洛阳县民，纷纷率领当地农民揭竿而起。世宗诏令元帅仆散忠义等人率军前往镇压。起义军利用当地的有利地形，与金军展开英勇的搏斗。当强大的金军到达时，起义军就分散转移到各个山谷；当金军撤走时，起义军又聚集起来。金军找不到起义军的踪迹，就对各地村庄实行报复，进行大规模的屠杀，有时"连十数村屠之，戮及无辜"。各地起义军终于先后失败，领袖们英勇牺牲。

恩州、献州、密州等地农民起义——一一七二年后，金朝统治者进一步加紧对人民的控制。各地农民刚刚点燃起义的烈火，就被金军扑灭下去。一一七六年恩州邹四，一一七八年献州殷小二，一一七九年密州许通和济南刘溪忠，都曾发动当地农民举行起义，但都被迅速镇压下去，首领被杀。金朝统治者还极力箝制人民的言论，只要人民稍有不满的言论，即加以"乱言"

的罪名，予以处死，借此对反抗者实行威吓。一一八一年辽州人朱忠等、恩州人邹明等，一一八三年潞州涉县陈圆，就是这样惨死在金朝统治者的屠刀下的。

除上述规模较大的起义外，各地还有不少小股的起义队伍，前仆后继地反抗金朝的统治。滕阳军和沂州之间，有来二郎领导的起义队伍，长期在蒙山中坚持战斗。河北有任郎君、李川领导的起义军，入城夺取官物，发给缺用的贫民。徐州有江志领导的起义。东京还有僧法通组织的起义。

（四）民族间的融合与斗争

大定二十九年（一一八九年）正月，世宗病死，皇孙完颜璟即位作皇帝（章宗）。在世宗、章宗统治时期，随着封建经济的发展，女真族和汉族之间进一步加强了文化交流，推动着民族间的融合。

一、民族文化的交融

金朝初期，占领辽、宋地区后，推行女真文化。汉族居民逐渐学习女真风俗，男子都改穿女真服装。一一七〇年，南宋使臣范成大出使金朝，回去后记述淮河以北的情况说："居民久习女真风俗，态度、嗜好都变得一样。衣装服制也是女真的式样。只有妇女的服装还没有改变"。女真族人民在和汉族人民长期相处中，也越来越多地受到汉文化的广泛影响，习用汉族的语言。海陵王依辽、宋旧制确立政治制度，又倡导汉文化，学作诗文。女真贵族中，汉文化更为发展。世宗时，从女真官员到各地与汉族杂居的猛安谋克民户，普遍地学习汉族的文化、风习。世宗一面继续倡导学习汉族的经史，一面又力求保持女真旧俗。他曾对契丹族大臣移刺子敬说："亡辽不忘旧俗，朕以为是。海陵习学汉人风俗，是忘本也。若依国家旧风，四境可以无虞，此长久之计也。"女真贵族、尚书右丞唐括安礼对世宗说："猛安人与汉人，今皆一家，皆是国人也。"唐括安礼上朝，依汉人礼仪朝拜，不遵女真风俗。世宗斥责他："每事专效汉人"，要他"讲本朝之法"。一一八四年五月端午节，世宗亲自到上京，说是为了让子孙们看看旧俗。世宗率领女真贵族在郊外射猎，又在宫中与亲王、公主、文武从官欢宴。宗室妇女和女真长老依女真旧俗起舞、进酒。世宗说："我来了数月，没有一个人唱女真本族曲，我来为你们歌唱。"世宗歌唱祖宗创业的艰辛。女真族老人也随唱女真曲。世宗在上京居住一年后回中都，临行又告诫上京贵族，"勿忘祖先艰难"。世宗一再倡导保存女真风习，也说明汉文化在女真族中的发展，不可遏止。章宗在即位前，即学习汉字经书，喜好词章。章宗统治时期，汉文化在女真族中更加广泛地传播。

汉语的通用　语言是由于人们交往的需要而产生

的。在历史上常有这样的现象：一个作为征服者的民族，在和生产力发展水平较高的被征服民族的交往中，如同他们必须采纳被征服者的社会关系形式一样，也必然要采用被征服民族的语言。"征服者很快就学会了被征服民族的语言，接受了他们的教育和风俗。"① 与汉人杂居的女真猛安谋克民户很快学会了汉语，女真贵族也学会了汉语，甚至不再会说女真语。世宗曾对太子和诸王说："你们自幼习惯汉人的风俗，不知道女真纯实之风。至于文字、语言，也有不通晓的。这是忘本。"世宗规定：皇宫卫士不通女真语的，必须勒令学习，不准讲汉语。一一七八年，章宗十一岁时进封金源郡王，世宗命女真进士完颜匡和司经徐孝美等教他学汉字经书，又学习女真语和女真小字。一一八五年，章宗封原王，用女真语谢封。世宗大为感动，说："朕曾命诸王学习本朝语，只有原王说得好，朕很赞赏。"这件事说明，虽然有世宗的命令，女真诸王贵族能说女真语的人仍然很少。汉族语言日益成为女真族通用的语言。

尊孔读经 金初进军曲阜，金兵对着孔丘像骂道："'夷狄之有君，不如诸夏（汉族）之无。'是你说的吗？"放火把孔庙烧毁。金兵又要掘孔丘墓，被宗翰制止。金熙宗开始尊孔，在上京立孔庙，亲自去拜祭，又封孔丘的后裔孔璠为衍圣公。海陵王志在灭宋，轻视儒学。

---

① 《马克思恩格斯选集》第一卷第八十一页。

世宗又大力尊孔崇儒,修孔丘墓,立"宣圣庙碑"。章宗即位前,熟读《尚书》、《孟子》,认为是"圣贤纯全之道";即位后,下特旨修孔庙,廊庑用碧瓦,石柱雕龙纹,修建厅堂、庙学等四百多间。袭封衍圣公的孔元措描写道:"方之前古,于此为备。"章宗又下诏各州县建孔庙,避孔丘名讳。孔丘在金朝,被抬高到和宋朝相同的地位。

世宗时,朝廷设立译经所,用女真字翻译汉文经史。一一六五年,翰林侍读学士徒单子温译成《贞观政要》、《白氏策林》等书进献。这些书籍最先译成,显然是由于辽时已有契丹字译本。金世宗时,女真字与汉字对译,都要先译成契丹字,然后再转译。女真文本是从契丹字译来。次年,又译《史记》、《汉书》。一一七五年,世宗再次下诏翻译经史。一一八三年,译经所进呈《易经》、《尚书》、《论语》、《孟子》、《老子》、《扬子》、《文中子》、《刘子》及《新唐书》的女真字译本。世宗对宰相们说:"朕之所以命令翻译五经,是要女真人知道仁义道德所在"。章宗时,专设弘文院译写儒学经书,命学官讲解。一一九一年,规定今后女真字直译为汉字,罢废契丹字。翻译汉文经史,是在提倡汉文化的同时,推广女真字的应用。但随着汉语的通用,女真贵族多已识读汉字。汉字书籍仍然在女真族中广泛流行。

《金史·文艺传》说:"世宗、章宗之世,儒风大变,学校日盛。士人由科举而位列宰相者甚多。"金朝以科举取士,汉人进士有词赋、经义等科,着重于词赋。女真进士，考试策论，用女真字答卷。一一六四年，设女真学，由诸路猛安谋克部子弟中，选三千人学习女真字经书。一一七三年，在京师设女真国子学，诸路设女真府学。女真贵族或"有物力家"即地主、官员的子弟，选充国子学生或府学生。学校教授经书，科举以经书为标准，更加促成了儒学传播。一一八六年，世宗还规定，女真贵族如不能读女真字经书，即不准承袭猛安、谋克。章宗诏令三十五岁以下的女真亲军，必须学读《孝经》和《论语》。

随着封建经济的发展，世宗及章宗在定居汉地后，倡导女真族学习汉文化，乃是社会生活的需要，也是进步的措施。但金朝的统治也随之日益衰弱了。

文艺的交流　金朝初年，女真族的乐器只有鼓、笛两种，歌咏只有"鹧鸪"一曲，"高下长短，鹧鸪二声而已"。进入宋境后，金军掠取宋朝教坊的乐工、乐器、乐书，汉族的音乐在女真族中迅速传播。世宗时，据出使金朝的宋朝使臣记载，金世宗设宴招待宋、夏使者，乐人学宋朝，但服装不同。近年，在黑龙江省伊春市出土一件舞乐浮雕石幢，上刻一群高歌狂舞的人物，其中乐工使用的乐器，有箫、琵琶、笙等，都是汉族常用的乐器。

海陵王在即位前，即学作汉诗，曾为人题扇："大柄若在手，清风满天下。"南下侵宋时，在扬州赋诗，有句云："提兵百万西湖侧，立马吴山第一峰。"海陵王立志灭宋统一，作诗言志，笔力雄健，气象恢宏。章宗酷爱诗词，制作甚多，但意境只在宫中生活，近似宫体诗。如："五云金碧拱朝霞，楼阁峥嵘帝子家。三十六宫帘尽卷，东风无处不扬花。"章宗也有以扇为题的词："几股湘江龙骨瘦，巧样翻腾，叠作湘波皱，金缕小钿花草斗，翠绦更结同心扣。金殿日长承宴久，招来暂喜清风透。忽听传宣须急奏，轻轻褪入香罗袖。"把龙骨扇和宫女联系一起，诗风纤巧绮丽，与海陵王的意境大不相同了。在章宗的倡导下，女真贵族官员也多学作汉诗。豫王允成（世宗幼子）的诗歌，编为《乐善老人集》行世。下至猛安、谋克，也努力学诗。如猛安尤虎玹（音悬xuán）、谋克乌林答爽都和汉人士大夫交游，刻意学诗。

章宗在金朝皇帝中，是汉文化最高的一人。一一九四年，章宗依据宋朝《崇文总目》，下诏购求缺少的书籍。一二○一年，又令官员购求遗书。藏书家不愿卖给官府者，可以誊写后交还，给价一半。章宗又是汉族书

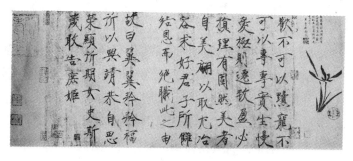

金章宗书迹：晋顾恺之《女史箴图卷》跋

法和绘画的爱好者。宋朝南迁时，金兵入开封，宋朝皇室收藏的古代书画，多被金朝运走。章宗又通过各种途径，收集散落在民间和南宋收藏的书画名品。朝廷设立书画院，应奉翰林文字王庭筠（汉人）任都监。王庭筠书法学米芾，又善画山水墨竹，与秘书郎张汝方等鉴定金朝收藏的书画，分别定出品第，共达五百五十卷。传世的名作，如王羲之《快雪时晴帖》，怀素《自叙帖》，顾恺之《女史箴图》、《洛神赋图》，尉迟乙僧《天王像》，李思训、张萱、王维、董源的画卷，以至宋人苏轼、黄庭坚的诗文墨迹，都归章宗所有。章宗力学宋徽宗瘦金体书，为收藏的书画题签或题词。收藏书画在贵族中一时成为风气。

礼乐衣装 金朝初期，依女真风俗制度。进入汉地后，逐渐采用辽、宋旧制，但仍无规定的礼制。世宗时，开设"详定所"，命官员参校唐、宋典制沿革，议定礼制。又设"详校所"，审议乐制。议定礼乐，汇集编次。章宗时，编成《金纂修杂录》四百多卷。一一九五年，礼部尚书张晵等又编《大金仪礼》，进呈章宗。章宗时，郊祀（祭天地）、宗庙祭祀、朝参、常朝（日常朝见皇帝）、为皇帝祝寿等都依仿唐、宋时汉族的旧制，规定了一整套的礼仪制度。只有重五（五月初五）、中元（七月十五日）、重九（九月初九）"拜天"等仍保存女真的旧俗。在确立礼仪的同时，又依唐、宋制度，采用汉乐（雅乐），命在开封的乐工制作辰钟等乐器。皇帝寿庆和宴请使臣，以渤海人、汉人教坊演奏散乐。

章宗时，又规定各地对伏羲、神农、轩辕、少昊、颛顼、高辛、尧、舜、夏禹、商汤、周文王、武王等"前代帝王"，三年一祭，借以表明继承汉族的传统统治。又建造武成王庙，以金朝创业功臣宗雄、宗望、宗弼等配祀。孔丘庙称宣圣庙，祭祀也有定制。

金熙宗入燕京，开始仿汉制，服冠冕，设法驾仪仗。世宗时，规定百官公服（朝服）制度，按照不同的品级，穿着不同颜色和花纹的官服。朝参时，百官穿汉制的官服，都按汉人礼仪朝拜。穿便服（常服）时，则用女真礼朝拜。世宗、章宗时，仍保存女真捺钵制，率领百官去春水、秋山射猎。官员仍着女真骑射的服装。

女真人民长期与汉人共居，女真妇女多改穿汉人服装。一二〇七年，章宗下令禁止"学南人装束"，说明女真人日常的装束也多在学汉人。

金朝女真贵族占领了汉族人民居住的地区后，女真族在与汉族人民长期相处中，逐步地接受了汉族的语言、文化。世宗、章宗时期，随着封建经济的发展和女真猛安谋克民户的大批南迁，汉文化在女真族中更为普遍地传播和发展。女真、汉族人民，居住在共同的地域，过着共同的经济生活，并且逐渐有了共同的语言和文化。特别是和汉族人民生活在一起的女真猛安、谋克屯田户，越来越多的人和汉族通婚。章宗即位后，即承认这种通婚的合法。一二〇六年，又正式下诏，准许女真屯田军户与当地居民互通婚姻。女真、汉族通婚，民族间的融合更加快了。

二、对北方鞑靼等族的战争与对宋战争

　　章宗统治时期，女真、契丹和汉族人民在经济、文化上日益呈现出融合的趋向，但北方的一些游牧族的发展，却日益构成了对金朝的威胁。南方的宋朝也发动了对金朝的北伐。

　　对北方鞑靼等族的战争　　辽道宗统治时期，游牧于北方的鞑靼（塔塔儿）遭到辽朝的攻击，部落联盟长磨古斯被杀，联盟解体。鞑靼各部落在呼伦湖与贝尔湖之间的乌尔逊河一带活动，仍是一个强大的游牧族。原住在这一地区的蒙古族，遭到鞑靼的压迫，孛儿只斤等部落被迫向西迁徙到三河源头。广吉剌（宏吉剌）和合底斤（哈答斤）、山只昆（散只兀）等部南移到贝尔湖一带。他们都处在金朝的统治之下。

　　早在金太宗时，辽降将耶律余睹叛金，逃入鞑靼。鞑靼射杀余睹。熙宗时，鞑靼诱捕蒙古部落长俺巴该，把他献给金朝处死。蒙古部落在呼伦贝尔一带出击复仇。金朝先后派出完颜希尹、宗磐和宗弼等大将领重兵"北征"。世宗时，鞑靼仍向金朝贡，拥戴金朝的统治，是北边最为强大的一族。

　　一一九四年，蒙古合底斤、山只昆等部落在边地侵扰。章宗派夹谷清臣在临潢府行尚书省事，出师征

讨，选调上京等九路纠军（各民族军）三万人，并命令鞑靼出兵助战。次年，夹谷清臣命移剌敏、完颜安国出兵呼伦湖攻下敌营十四。鞑靼部长斜出出兵，配合作战，掳获大批羊马、物资。夹谷清臣谴责斜出掳掠，鞑靼因而起兵抗金。

金章宗派右丞相完颜襄自临潢出兵，进攻鞑靼。一一九六年，完颜襄与完颜安国等分两路进兵，至龙驹河被鞑靼包围，三日不得出。完颜襄乘鞑靼不备，夜间突围，掳获鞑靼车帐牛羊。鞑靼退走。完颜安国追击鞑靼至斡里扎河。蒙古孛儿只斤·乞颜部长帖木真（成吉思汗）与克烈部脱斡邻等出兵，追至斡里扎河夹攻，杀鞑靼某部落长蔑古真。金朝加给帖木真以扎兀惕忽里（纠军统帅）的名号，脱斡邻以王罕（汗）的名号。

一一九七年，鞑靼再次起兵抗金。完颜襄屯兵北京，向临潢府进发。次年二月，鞑靼部长斜出至抚州投降。

广吉剌等部也在边地骚扰。驻军秦州的完颜宗浩请求出兵攻广吉剌。一一九八年，宗浩派遣主簿完颜撒领军二百为先锋。金兵至，广吉剌部不战而降。宗浩北上，进攻合底斤、山只昆等部，至呼歇水。合底斤部长白古带、山只昆部长胡必剌降金。宗浩又进击山只昆的属部迪列土，斩首三百，掳获牛羊一万二千。合底斤部渡移米河西逃。完颜撒与广吉剌部长追击，获胜，又击败移米河的婆速火部。

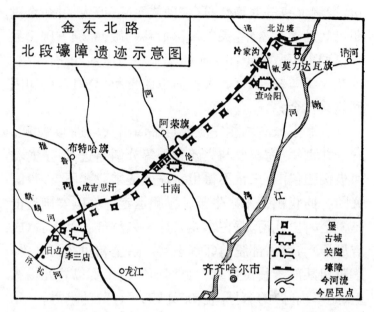

金东北路
北段壕障遗迹示意图

诺 北边壕
冷家沟
嫩 莫力达瓦旗
查哈阳
阿荣旗
布特哈旗
伦
雅鲁河
成吉思汗
麒麟河
甘南
嫩江
诺河
嫩
阿伦河
嫩江
嫩江河

旧边
李三店
齐齐哈尔市
龙江

堡
古城
关隘
壕障
今河流
今居民点

　　金朝连年出兵，征服了北方的各族。随即采取了两项重大的措施，来巩固北方。一是采纳宗浩的建策，把原来设在泰州的东北路招讨司，迁移到金山，并增设副招讨二员，来加强边防。一是修筑壕障，以防御游牧族骑兵的骚扰。世宗时曾在临潢府路修壕，但开掘后即被流沙堵塞。完颜襄击退鞑靼后，亲自督率军夫、民夫，从临潢府路左界到北京路开掘大壕，五十天完工。西京路的西南路也按此办法筑垒开堑，连绵九百里。西北路对世宗时修筑的壕堑，加筑了女墙。据近年考古调查，金临潢府路至北京路的壕沟还存有遗迹：壕深三至四米，宽达十几米，壕内侧筑有墙、堡，是一项巨大

358

的工程。

镇压各族人民的起义 当金兵北上，与鞑靼等族作战时，边地的契丹等族发动了反抗金朝统治的起义。一一九六年十一月，特满群牧契丹人德寿、陁锁等占据信州反金，建立年号"身圣"，远近震动。陁锁等进攻韩州、懿州。金懿州宁昌军都统孛迭领骑兵万余镇压，起义军数万迎战，败走。完颜襄北上进兵时，发上京兵六千驻守北京。完颜襄派临潢府总管乌古论道远、咸平府总管蒲察守纯等分道进兵镇压起义，德寿战败，被捕送京师，起义失败。

在德寿等起义时，由北方各少数民族组成的糺军起而响应，转战锦州、懿州等地，被孛迭军击败。起义被镇压后，完颜襄认为"糺虽杂类，亦

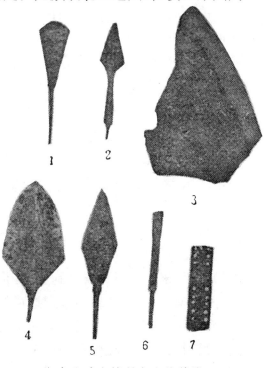

金东北路古城堡出土的铁器：
1.2.4.5.6.铁镞 3.铁铧 7.铁甲片

359

我之边民"，把边地散居的诸族（诸纠）迁居到京师附近，以防止他们与契丹人联合反抗。一一八九年，参知政事移剌履（契丹人）曾建策，契丹奴婢所生子女，一律放免作良民。章宗不予采纳，而只对契丹二税户拘括放免。一一九〇年，北京等路共放免二税户一千七百余户、一万三千九百余口。被统治的契丹户中仍有大量驱奴。德寿等起义后，完颜襄奏请量存一定口数，其余由官府赎免作良民。契丹族驱奴经过起义斗争，获得了良民的地位。

在契丹、纠军起义的同时，山东一带的汉族农民也发动了武装起义。一一九七年，山东大旱。山东及河北泽州、潞州的农民举行起义，发展到一万多人。金章宗派张天翼等领兵去镇压。金军到潞州，被起义军打得大败，张天翼被起义军杀死，金军残部逃往天井关。山东、泽、潞的农民起义，给予金朝的统治以沉重的打击。

对宋战争 金朝征服北方鞑靼等族和镇压各族人民的起义后不久，南方的宋朝发动了对金的战争。一二〇三年，宋朝使臣邓友龙到金朝，得知北方诸族的战事，回报宋宁宗、韩侂胄。金、宋边境的汉人也不断有人"跳河子"，越境投宋，报告金朝困于北方的战事和人民的饥困情况。韩侂胄得到抗金将领辛弃疾等人的赞助，决策对金开战。一二〇五年，宋朝在边境作行军的部署。宋、金不断在边境发生冲突。五月，金章宗命平章政事仆散揆为河南宣抚使防备宋朝。这时的金朝无意也无力与宋朝作战。八月，又罢宣抚司。一二〇六年初，章宗告诉宋使陈克俊，金朝已罢宣抚，意在息战。

一二〇六年四月，宋军集合重兵出战。章宗以仆散揆领行省于南京（开封），便宜从事。以纥石烈执中为都统，完颜撒剌为副，征集各路兵迎战。宋军先后攻下泗州、虹县、新息、褒信、内乡、颍上；五月上旬，宋宁宗正式下诏北伐。金章宗也祭告天地、太庙，下诏南征。以平章政事仆散揆兼左副元帅，陕西兵马都统使完颜充为元帅右监军，又以枢密副使完颜匡为右副元帅。金、宋战争展开了。

五月中旬，宋军攻宿州，金安国军节度副使纳兰邦烈中流矢，负伤。宋郭倬、李汝翼率军继至，遂围宿州。纳兰邦烈再战，得胜，宋军退守蕲州，宋将田俊迈被擒。六月初，宋李爽部围攻寿州，与金军激战，李爽军大败。金军也损失惨重，同知军州事蒲烈古战死。两军相峙。章宗下诏彰德府保护韩侂胄曾祖韩琦坟墓，不得破坏，禁止樵采。金朝仍意在谈和。

宋军作战无功，韩侂胄罢免指挥军事的苏师旦，改用丘崈为两淮宣抚使。丘崈退军不战。宋四川宣抚副使吴曦密通金朝。金军向西线进攻。八月，宋四川宣抚使程松攻方山原，被蒲察贞击败。九月，蒲察贞进兵攻夺和尚原。宋将冯兴、杨雄、李珪等入秦州，金陕西都统副使完颜承裕等败宋兵，斩杨、李。

形势迅速变化。十月间，平章政事仆散揆统率诸道金军，分路南下，展开反击。仆散揆以行省兵三万出颍、寿，河南路统军使纥石烈子仁以兵三万出涡口，元帅完颜匡以兵二万五千出唐、邓，左监军纥石烈执中以山东兵二万出清河口，右监军完颜充以关中兵一万出陈仓，右都监蒲察贞以岐、陇兵一万出成纪，蜀汉路安抚使完颜纲以汉、蕃步骑一万出临潭。十月底，纥石烈执中自清河口渡淮，围攻楚州。十一月，完颜匡攻下枣阳军、光化军、随州，进围德安府，别部攻下安陆、应城、云梦、孝感、汉川、荆山等县。仆散揆攻下安丰军，围庐州。纥石烈子仁攻下滁州、真州。完颜纲攻下祐州、岷州荔川等城。蒲察贞攻下西和州。金南侵军全线获胜。十二月，吴曦向完颜匡投降，金朝封他为“蜀王”。完颜匡进攻襄阳，完颜充攻下大散关。丘崇遣使求和。金军虽然节节取胜，但士兵战死、冻死、饿死者极多，损失颇重，决定自淮南退军北回，留数千人在濠州待和。

　　一二○七年初，仆散揆还军下蔡，不久死在军中。左丞相完颜宗浩兼都元帅。宋使方信孺来谈和。二月间，四川宋军杀吴曦，反攻金军。三月，宋军收复阶州、西和州。四月，又攻下大散关。宋李好义部围攻秦州，同知府事尤虎高琪领兵解围。九月，宗浩死于军中。尚书左丞仆散端为平章政事兼右副元帅，完颜匡为平章政事兼左副元帅。当金军在川陕失利的形势下，十一月间，宋朝史弥远等发动政变，谋杀了韩侂胄、苏师旦，向金朝求降。宋向金增岁币三十万两、匹。金宋之战，以宋朝的投降而结束。

（五）社会经济的衰落

章宗时，官僚政治的腐败，酿成了黄河三次大决堤，大批耕地被淹，沿河农村受到严重破坏。对外战争频仍，军费日增，使金王朝出现了财政危机，于是滥发交钞和银币，清查隐田漏税，括田等等，就成了扩大财源、增加收入的"千金良方"。随着租佃制的发展，女真猛安谋克上层分子竞相出租土地，收取地租，变成披甲的封建地主，猛安谋克部的战斗力大为减弱。这时期，汉族大地主的势力也有所发展。女真地主和汉族地主勾结一起，肆无忌惮地压迫和剥削广大农牧民，在世宗时一度获得发展的社会经济日益衰落了。

黄河泛滥 章宗时，黄河三次大决堤，造成了严重的灾害，黄河河道的南移也更成为定局。

大定二十九年（一一八九年）正月，黄河在曹州小堤之北决溢。

一一九三年六月，黄河又在卫州决堤，大名、清州、沧州都遭水淹。洪水北流，冲垮长堤十多处，河水平地漫灌，泛滥成灾。十一月，章宗采纳河平军节度使王汝嘉的建议，派官员调查黄河南、北两岸有无排水和贮水之处，并在济北埽以北建筑月堤。明昌五年（一一九四年)正月,都水监丞田栎（音粒lì）不同意王汝嘉的方案,向章宗献策:在黄河北岸墙村开一口子,使河水流入梁山泊故道,仍旧使南、北两条清河分流。但北清河旧堤久修未完,应当规定年限加固大堤;在梁山泊故道居住的屯田军户,应当迁走。先在黄河南岸王村、宜村两处决堤导水,使黄河长堤得到固护。田栎的治河方案事后证明是切实可行的。但在当时,却遭到尚书省的非议,大臣们也提出反对,说:"黄河水势不同寻常,变化不定,不是人力可以斟酌、可以指使的。而且梁山泊淤填已高,北清河窄狭不能容纳,如果使大河北入清河,山东必受其害。"章宗因而否定了田栎的方案。

一一九四年八月,黄河在南京阳武故堤决口,滔滔的洪水吞没了封丘县城,向东南奔泻,到寿张冲入梁山泊,又分为两派,北派由北清河入海,南派由泗水入淮,侵夺了淮阳以下淮河的河道。这时,由今天津附近入海的黄河北流完全断绝。这次历史上少见的大水灾,是由于金朝统治阶级的腐朽无能而造成的。在这次水灾前,如果章宗采纳田栎的治河方案,付诸实行,就可能避免发生这场大灾难,减少损失。在这次水灾前,专管治河的都水外监官员冗多,遇事互相推托,否则就是争功邀赏,议论纷纭,不切实际。巡河的官员大多是由监官推荐的各司吏人,或因老病,或逃避别的繁重工作,行贿请托而充任的,所以都不称职。尤其是都水监官王汝嘉,对自己的职责"殊不加意",眼看水势趋南,不预先经画,留守司屡次报告河水险情,他仍一再拖延,终于酿成了这次纵黄夺淮的大水灾。决堤后,王汝嘉等人被降官罢职。对奔腾咆哮的洪水,金朝统治者束手无策,仅仅调集民夫在孟阳河堤和汴河堤岸作些填筑修补的工作,使洪水不至于浸没南京而已。这场大水灾,使山东、河北、河南等路黄河两岸的大批农民丧失生命,幸存者流离失所,农村经济受到严重破坏。

财政的困难和纸币、银币的滥发 水灾频仍,生产停滞以及官僚、贵族的大肆搜括,使官府收入日趋减少;对外战争连年不断,使官府军费与日俱增,金王朝财政出现了"所入不充所出"的窘境。

为了弥补财政上的亏空,章宗逐渐改变世宗时的做法,开始大量发行交钞。正如《金史·食货志》所说:"自是而后,国虚民贫,经用不足,专以交钞愚百姓,而法又不常,世宗之业衰焉。"一一九七年,因为交钞发行过多,民间常常拒绝使用票额在一贯以上的"大钞",官府不得不以票额在七百文以下的"小钞"来回收部分"大钞"。承安三年(一一九八年)正月,金朝命令西京、北京、临潢、辽东等路,凡是一贯以上的交易,必须使用交钞和宝货(银币),不准用铜钱。九月,因为百姓都把"小钞"换成铜钱,交钞无人愿意接受,规定亲王、公主、品官存留现有铜钱的三分之一,民户存留一半,其余限期十天换成实物。这时,还发行"三合同交钞",强迫民间使用，官府只管发行，不管回收。直到一二〇二年，金朝才允许百姓在交税时使用这种交钞，但以税额的十分之一为限。交纳铺马钱时，才允许税额的半数可以交纳这种交钞。由于统治者不断在钞法上玩弄花样，愚弄和剥削百姓，因此百姓"往往怨嗟，聚语于市"。泰和七年（一二〇七年）正月，章宗面告御史台："自今都市敢有相聚论钞法难行者，许人捕告，赏钱三百贯。"同时，规定官府以后不得支出"大钞"，民间现有的"大钞"可向官府换取"小钞"及铜钱。七月，又规定民间交易、典质额在一贯以上的，全用交钞，不得用钱。尽管金朝统治者对交钞作了种种规定，但民间仍然不愿使用，甚至连河北按察使斜不出外出巡按，也认为大钞"难以支用"而让人换取现钱。对于这种胆敢不愿使用交钞的官员，御史以其"沮坏钞法"而加以弹劾，章宗更认为是"情不可恕"，给予严惩。

章宗时，交钞的发行总额和贬值情况，记载缺略。但从一二一〇年金朝用八十四车交钞作为军赏，可知交钞所值无几。《金史》的编者慨叹说："兵衄（音nǜ）国残，不遑救弊，交钞之轻，几于不能市易矣。"

由于流通领域中铜钱不够使用和交钞发行过多，而官库中贮藏着价值一亿贯铜钱的金、银，所以从一一九七年起官府正式发行银币，称"承安宝货"，自一两到十两共五种，每两折铜钱二贯。这是汉武帝以来第一次正式发行银币。官府规定银币和交钞相兼使用。但发行不久，发现民间大批私铸的"承安宝货"，杂以铜锡，中都为之"闭肆"。于是又不得不在承安五年（一二〇〇年）十二月下令停止铸造和使用。

通检推排　章宗即位后，有十多年没有进行通检推排，女真地主和汉族地主乘机加紧掠夺土地。平章政事完颜匡除拥有由朝廷"拨赐"的"家口地土"外，还在济南、真定、代州等地攫取"上腴田"，百姓的"旧业"多被夺走。章宗宠妃元氏之兄仗势霸占大批水田。分散在各地的屯田女真贵族和猛安谋克上层分子也大多"包取民田"。他们凭借权势，逃避赋税。贫苦农民虽然仅有少量土地，却要负担繁重的赋税。加上西北边境少数族不断侵扰，金朝对女真猛安谋克户和其他民族的百姓调发频繁，"贫户"日益增加，纷纷逃亡。一一九七年十月，章宗不得不下令通检全国物力，规定：凡已经典卖物业者，只随物业"推收"（把原有物力钱数推割给典买者）；分家异居者，允许另立户籍；困弱者可以减免，新富强者适当增添。又规定：应一切从实，不必凑足原额；边境被侵扰的地区，暂时不实行推排。各路推排时，由朝廷差官一员，与各路提刑司所派官员一起进行。一一九八年九月，尚书省奏报十三路籍定推排物力钱，共计二百五十八万六千多贯。原额为三百零二万二千多贯，这次对贫乏者减免了六十三万八千多贯，又对新富强者增加了二十万二千多贯。

一二〇一年八月，章宗下诏推排西京、北京、辽东三路人户的物力。泰和二年（一二〇二年）闰十二月，章宗认为，推排物力时，官府既要询问人民的浮财物力，又要核实分等，事繁期迫，难以得实，命令尚书省拟订"人户物力随时推收法"，让民间典卖产业时，随时"推收"物力钱。一二〇六年十一月，下诏制定各州府"物力差役式"。一二〇八年九月，再次派吏部尚书贾守谦等十三人，分别与各路按察司官员一起推排民户物力。章宗召见十三名使臣，指示他们在推排时，对"新强户"增加的物力不要添足，要"量存气力"，对"销乏户"也不要销而不尽，否则留下一些物力，仍旧负担不起。

括田 由于对北方鞑靼等族战争的屡次惨败，金朝大臣们把失败的原因归之于女真屯田户土地太少，无以养赡，不免饥寒，因而缺乏斗志。他们主张再次括刷民间逃税的土地，分授屯田户，以鼓舞士气。一一九一年，章宗下令各地属于官府的闲地，百姓已租佃者仍旧，未佃者即交给屯田猛安谋克户。一二〇〇年，又命枢密使宗浩、礼部尚书贾铉佩带金符，行省山东、河北、陕西等路括籍被百姓"冒占"的官田，共得地三十多万顷。女真屯田户在领取官田时，多冒名增口，或者"包取民田"，使百姓"空输税赋，虚抱物力"。莒州刺史某人在括田时，指使其奴婢控告临沂百姓冒占官地，前后发出赏钱三百万，先付给官钱，然后向百姓征取，百姓苦不堪言，纷纷逃亡他乡。括田的过程中弊端百出，所括之田不仅包括百姓冒占的官田，还有大批百姓的私田。参知政事张万公曾向章宗上书极谏，反对括田，指出："夺民（田）而给与军，得军心而失天下心，其祸有不可胜言。"又说：实在不得已，就把括到的田地，招募百姓种莳，以所入田租供养军队，则军队有坐获之利，而百姓无被夺之怨。章宗不予采纳。由于北方战争的失败，女真族猛安谋克屯田军陆续南迁，官府经费枯竭，就把括田当作封建国家维持猛安谋克屯田军生活和筹措军费的主要手段。

猛安谋克的衰落　章宗统治的二十年间，女真族基本完成了封建化。在此期间，猛安谋克军事组织的名称虽然依旧保留，但由于其内部生产关系的变化，猛安谋克部实际上变成了封建国家的职业军队，猛安谋克变成了披甲的封建地主。

女真贵族、官僚和猛安谋克上层分子竞相兼并土地，招募农民佃种，掠取地租。但长期不劳而获，生活腐朽糜烂，既不会生产，又不会打仗，完全变成一批"不耕不战"的寄生虫。这是不利于金朝统治阶级"长久之计"的。因此，金王朝多方限制女真屯田户出租土地。章宗在一一九〇年三月规定：女真屯田军户所受的田地，只许自家耕种，实在劳力不足的，才允许出租，只随地所产交租。如佃户愿意折钱交租，要根据佃户自愿。如果人户不愿承佃纳租，也不准强迫。但是，在女真族内部，租佃关系的发展已成为不可阻挡的潮流。一二〇四年九月，章宗不得不放宽对女真屯田户出租土地的限制，制订"屯田户自种及租佃法"。它规定，女真屯田户在所拨授土地十里以内，每丁必须自种四十亩，多余的土地方许"便宜租赁及两和分种，违者钱业还主"。准许女真屯田户出租定额以外的土地，租佃方式由出租者决定，或者采取主、佃分种即分成租制的办法。这就等于是宣布了女真猛安谋克户出租土地的合法性。

从很少的有关史料中，已经反映出这一时期女真猛安谋克户在转变为地主后，穷凶极恶地掠取地租。元好问撰赵雄飞墓碑记载，长垣县百姓租种女真"镇防军"的土地，即使遇到水灾，土地被淹淤积，不曾耕种，镇防军依然"恃势征租，不少贷"。佃农无处控诉，听任其欺压，有的甚至被抢走了耕牛。

女真上层分子转化为地主后，逐渐失去原来慓悍善战的习性，普遍变得游手好闲起来。有些人则崇尚汉族文化，吟风弄月，舞文弄墨，以考取"进士"为最大荣誉，把世袭猛安谋克这一军官职务看成是有失自己高贵身分而去充当纠纠武夫的一种莫大耻辱。上京人赤盏尉忻本应世袭父谋克职，但他不愿做谋克，却一心去投考"策论进士"。象赤盏尉忻这样的女真族上层分子并不是个别的。章宗在明昌初年首次允许猛安谋克参加进士考试，考试的科目有策论和射击，以此来决定科甲的高下。但章宗对猛安谋克投考进士并不十分鼓励。太傅徒单克宁曾经对章宗说："承平日久，今之猛安谋克其材武已不及前辈，万一有警，使谁御之？习辞艺，忘武备，于国弗便。"章宗以为至当不移。

　　章宗时，猛安谋克普遍骄横不法，军纪松弛，士气低落，在抵抗北方少数族奴隶主侵扰的多次战争中，显示出猛安谋克部的战斗力极弱。为了消除这些弊病，恢复猛安谋克户从前的"材武"，改变"专务游惰"、漫无纪律的现状，章宗颁布了一些法令。一一九五年五月，命令各路猛安谋克在农闲时讲习武艺，由本路提刑司监督，对惰怠者予以惩罚。承安五年（一二〇〇年）正月，规定猛安谋克"军前怠慢罢世袭制"，惩治遇敌作战不力的世袭猛安谋克。五月，规定猛安谋克"斗殴杀人，遇赦免死，罢世袭制"，严办在各地残杀百姓的猛安谋克。八月，改定镇防军"犯徒配役法"，对犯法判处徒刑的猛安谋克镇防军重新规定了服苦役的办法。十二月，规定"管军官受所部财物，辄放离役及令人代役法"，限制军事长官受贿不法的行为。一二〇一年三月，又改定镇防军猛安谋克"放老入除格"。八月，规定猛安谋克改隶按察司，由按察司的长官专管"教习武艺"。一二〇八年四月，下诏改定猛安谋克"承袭程试格"。对镇防军猛安谋克退伍后授官、猛安谋克的统属以及一般猛安谋克承袭考试的办法作了一些改订。

　　章宗以前，金王朝为了保持女真上层分子在政治上的优越地位，禁止女真人和其他民族通婚。这是一项孤立自己的落后政策。加上女真猛安谋克在各地屯田时，往往为非作歹，欺压其他民族主要是汉族的农、牧民，促使民族矛盾和阶级矛盾逐步激化。一一九一年四月，尚书省改变金朝的传统做法，向章宗提出："齐民与屯田户往往不睦，若令递相婚姻，实国家长久安宁之计。"一二○六年十一月，章宗下诏："屯田军户与所居民为婚姻者，听。"章宗的诏令使女真族和汉族通婚合法化，从而加速了女真族"为被征服者所同化"①的过程，也加速了女真猛安谋克制崩溃的过程。

汉族大地主势力的发展　在女真族基本完成封建化变革的同时，汉族大地主势力也乘机发展起来。山东济州任城县地主成进，在金朝初年率领同族几十户，占据山险，建筑堡寨。成进自为"寨长"，组织地主武装，专与"群盗"（指农民抗金队伍）为敌，被裹胁到寨中的农民达一万多人。金朝济州官吏勾结成进等人，替成进向朝廷报功，被授予进义校尉官衔。成进等人的子孙到章宗时，靠着对当地农民的剥削，"积年殷富"，成为济州的"豪士"。任城县还有"巨族"李氏，在世宗时曾有五人以"特恩"被封为进义校尉。到章宗明昌时，李氏散居各村，"例为甲、乙户"，所占良田"阡陌连接，鸡犬相闻"，平时"生产温厚，衣食充羡"。恩州地

---

① 《马克思恩格斯选集》第三卷第二二二页。

1. 墓主人雕像　　　　　　　　2. 侍女雕像

山西侯马金代董氏兄弟墓

山西侯马第 29 号金墓墓主人雕像

主刘马三以经商致富，千方百计兼并民田。根据近年的考古发掘，山西孝义、侯马等地的大地主，生前肆意压榨农民，过着骄奢淫佚的生活，死后大办丧事，建造地下小宫殿，尽情地挥霍。一一九八年，汾州砖匠史贵为一家地主建造的砖墓，在四壁上塑造了墓主人和婢仆的生活情景。这种砖墓由砖匠设计、雕造，烧制而成，再用榫卯嵌装。一二一〇年，侯马董氏兄弟建造的砖墓，装饰最为华丽。墓中四壁砌满雕砖。北壁雕堂屋三间，明间设曲足花桌，上置牡丹盆花，桌两旁坐墓主人夫妇，两侧立侍童、侍女。北壁正中还砌有小戏台一座，戏台上有五名涂彩杂剧砖俑，排成一列，正在作场。这些富丽的地下建筑，正是这一时期汉族大地主加紧兼并土地，肆意追求财富，过着穷奢极侈生活的直接证据。

第三节　蒙古南侵和金朝的衰亡

　　女真贵族建立的金朝，在统治了封建制的辽和北宋地区后，由奴隶制较快地转向封建制，因而在广大的领域里出现了短暂的经济繁荣，但随着女真贵族地主的腐朽，金朝的统治迅速地走向衰落。从金朝灭辽和灭北宋之日起，契丹族和汉族人民即不断地展开英勇的斗争，打击着金朝贵族的统治。金朝统治集团中无休止地相互倾轧，极大地削弱着他们自己。最后终于被蒙古贵族所灭亡。

　　蒙古成吉思汗在一二〇六年建国后，一二一一年即开始发动了南侵金朝的战争。正如当年腐朽的北宋在新兴的金朝面前不堪一击那样，现在，腐朽了的金朝对蒙古奴隶主的进攻，也难以阻挡了。在此后的二十几年间，广大汉族、契丹族人民纷纷起来，反抗金朝的统治，抗御蒙古的南侵。契丹、汉族地主在金朝节节败逃中，纷纷组织武装，结寨自保。金朝统治者无力抗拒蒙古的南侵，曾企图南下侵宋，扩地立国，遭到了南宋人民的坚决抵抗。西北的西夏这时也发动了对金朝的进攻。金朝的投降派叛金降蒙。腐朽的金朝在内外交困、走投无路的处境中，逐步地走向灭亡，在一二三四年最后结束了它的统治。

在蒙古灭金的过程中，金朝女真族中涌现了不少英勇抵抗、至死不屈的英雄人物的动人史事，表现了中华民族的各族人民反抗民族压迫的光荣传统。

（一）蒙古南侵与金朝政变

一、蒙古南侵

蒙古乞颜部长帖木真，在一一九六年助金击败鞑靼，接受金朝"扎兀惕忽里"的封号，也象金朝统治下的北方其他民族一样，向金朝进贡。此后十年间，帖木真先后征服了蔑儿乞、鞑靼、克烈和乃蛮等部。一二〇六年帖木真建号成吉思汗，在斡难河之源建立蒙古汗国，成为北方草原上的一支新兴的强大力量。

一二〇八年十一月，金章宗病死。世宗子卫王允济即皇帝位。一二一〇年，金朝传诏蒙古，成吉思汗拒不奉诏。这年，成吉思汗进兵攻打西夏中兴府，掳掠而回。一二一一年二月，成吉思汗聚众誓师，自克鲁伦河南下，发动了大规模的南侵金朝的战争。

成吉思汗的第一次侵金战争 一二一一年二月，成吉思汗自克鲁伦河发兵南侵金朝。四月，卫王允济听说蒙古兵来，一面派西北路招讨使粘合合打求和，一面派平章政事独吉思忠（一名千家奴）、参知政事完颜承裕（一名胡沙）行省事于边地，指挥抵御。

独吉思忠等领兵到达边地，就大力加固边墙和堡垒。七月，金人刚修缮好乌沙堡，思忠等以为可高枕无事了。蒙古军以者别为前锋，领兵突然攻入乌沙堡，又占领乌月营。思忠等失去险隘，仓皇退兵。成吉思汗的大军通过达里泊，进兵昌、桓、抚等州，占领了抚州的大水泺和丰利县。

八月，卫王允济听说乌沙堡之役失利，下诏撤除独吉思忠行省的职务，任命完颜承裕主持兵事，并遣使奖谕行省官，慰劳军士。金兵号称四十万，据有野狐岭天险，但毫无主动出击的勇气。有人向承裕等献计说："听说蒙军新破抚州，正忙着分配战利品，战马散放在草原中，我们可以乘他们疏忽的机会，赶快派骑兵突袭。"承裕等坚持马、步大军一起前进，才能保证"万全"。成吉思汗听到金军行动的消息，从容迎战。把蒙军分为两翼，开向野狐岭的通道獾八觜。承裕等见蒙军将到野狐岭，不敢拒战。蒙军虽然比金军少，但很快就大败金兵。拉施德《集史》形容说："金兵被杀戮之多，致使尸体到后来还使草原散发出很大的臭气。"

完颜承裕从抚州一直败逃到宣德州宣平县。宣平是金北边用兵重地，有险可守。当地土豪表示愿领士兵作前锋，只要行省兵声援，就可抗击蒙古。承裕畏怯不准，只打听哪里有小路可以南逃。人们嘲笑他说："溪涧中曲折的小路，我们都知道，只是你不知因地利力战，而光想逃跑，失败不可免了。"果然，当夜承裕领兵南走，蒙古军跟踵而来。第二天，金兵退到浍河堡，蒙军突然赶到，两军展开决定性的大战，一连鏖战了三天。最后，成吉思汗选精骑三千突入金军阵内，乘乱亲自率大军发起全面进攻，金军主力全部被消灭。承裕狼狈逃往宣德。

九月，蒙军攻陷德兴府。十月，至缙山县，离中都只有一百八十里。居庸关守将闻风而逃，蒙古者别军跟着入关，前锋直达中都。

蒙古军另一路由成吉思汗三个儿子术赤、察合台、窝阔台率领，由西路经汪古部领地进攻金朝。汪古部世代居于黑水（艾不改河）一带。金修边堡防备蒙古，汪古部正好处于净州界外，汪古首领阿剌兀思剔吉忽里领本部为金守边。蒙军南下，阿剌兀思归附蒙古，自愿当向导，使蒙军顺利地越过界垣，占领净州，过阴山，下丰州。十月，西路攻陷云内、东胜、武、朔等州，从西和西南威胁金朝的西京。西京留守纥石烈执中（胡沙虎）在强敌压境的关头，放弃西京城，领劲兵七千东走。纥石烈执中率军东逃途中与蒙军遭遇，战于安定县之北。傍晚，执中带着亲随人弃军先逃，金军溃败。他沿途勒索骚扰，路过蔚州，擅取官库银五千两及衣币诸物，又掠夺官民马匹。入紫荆关，打死涞水县令，一路为非作歹，逃归中都。

中都之战——居庸关失陷后，震动了中都。城内外居民慌乱奔走。金帝允济下令戒严，不准男子出城。朝廷上议论着对策。谏议俞世昌等主张弃城逃跑。高霱年等反驳说："事已如此，惟有死守。万一逃离京城，敌人随后赶到，岂容我们有驻足之地。"金朝的中都，修建四座各有三里的外城。各城都建有楼橹城堑，如同边城。各外城有复道与内城相通。中都驻有重兵，又有坚固的城垒，是有死守的条件的。金帝允济采纳主战死守的建策。蒙古游骑先到城下，守将完颜天骥派兵突袭，杀蒙古兵三千人。大兴尹乌陵用章命诸将拆毁城外桥梁，往来用舟渡。储备的物资，全部搬入城内，作死守的准备。

十二月间，蒙古军攻打南顺门，完颜天骥设计巷战，引诱蒙古骑兵入城，街上满布拴马桩。蒙古骑兵入城，难以驰骋。金兵埋伏两侧。天黑时纵火烧街旁民屋，街狭屋倒，蒙古军死伤甚众，被迫退军。完颜天骥战死。完颜律明领兵守卫。蒙古兵攻内城，四城金军自城上射击，蒙古军败退。完颜律明又命金兵自城上发礌木攻打来犯的蒙军，夜间遣轻兵劫蒙古军寨。蒙古军屡攻中都，不能下。十二月，被迫自中都撤兵。崇庆元年（一二一二年）正月，蒙古解围，中都暂时保全了。

中都被围时，各地金兵分道入援。上京留守徒单镒选兵二万，遣同知乌古孙兀屯统领，入卫中都。允济任徒单镒为尚书右丞相。徒单镒入都，向朝廷献策：辽东是国家根本，距中都数千里，可遣大臣行省事镇抚，防御蒙古。允济认为，无故置行省，是动摇人心，不予采纳。

辽东之战——果如徒单镒所预料，成吉思汗的蒙古大军北退后，统领先锋军的者别又去攻打金朝的辽东。

者别率领的蒙古大军直捣金东京。金军民坚守，不能攻下。者别退兵五百里。金朝以为蒙古军退，疏于戒备。者别返军猛攻，东京失守。蒙古军掳掠大批财物而去。

辽东地区，散居各地的契丹人，一直在不断和金朝的统治作斗争。这时，以千户耶律留哥为首的契丹人民，正在发动起义，转战隆安、韩州等地。以契丹人为主的各族起义军，发展到十余万人。蒙古军由按陈率领的一支在向辽东进军途中，与耶律留哥相遇。耶律留哥投附蒙古。耶律留哥在辽东自立为王，建国号辽，年号元统。

成吉思汗再次侵金 一二一二年秋天，成吉思汗整顿军马，再次大举南侵，成吉思汗亲自领兵攻掠昌、桓、抚等州。这三州"素称富贵"，蒙古军掳掠了大批财物人畜。随后，又乘胜去攻打西京府城。

一二一一年，纥石烈执中弃西京后，蒙古兵并没有在城中驻守。金帝允济命西京按察使抹撚尽忠为左副元帅兼西京留守，进驻西京。成吉思汗的大军再次来攻，元帅左都监奥屯襄领兵救援，与蒙古军遇于墨谷口。金军全军覆没，奥屯襄仅以身免。允济罢免奥屯襄。抹撚尽忠在西京坚守，成吉思汗在作战中，身中流矢。蒙古军攻城不下，撤回阴山。金帝允济以抹撚尽忠保卫西京有功，进官三阶，赐金百两、银千两，进拜尚书右丞，行省西京。

一二一三年五月，允济任命浍河堡的败将完颜承裕为元帅右监军、咸平路兵马都总管，领兵去辽东攻打耶律留哥。耶律留哥向蒙古告急。成吉思汗命按陈领骑兵千骑来援，完颜承裕败走。

一二一三年秋，成吉思汗在阴山脚下驻营，会合东西两路兵马，在秋高马壮时，再次出兵侵掠。

成吉思汗为首的蒙古奴隶主，在几年来的对金作战中，一直以掳掠奴隶、财物和牲畜，作为他们的战争目标。攻下城邑后，便大肆屠杀掳掠而去，并不派兵占领。因此，蒙古兵去后，这些城邑就又为金朝所收复。西京是如此，中都以北的宣德州、德兴府等重城也都如此。这次，成吉思汗仍循旧路进军，先后攻下宣德州、德兴府，进到怀来。

金朝在这里有重兵防守，统兵的将领是曾经在陕西对宋作战的术虎高琪。一二一一年，蒙古兵围攻中都时，术虎高琪自泰州领乣军三千入援。蒙古兵退后，允济升德兴府缙山县为镇州，以高琪为防御使、权元帅右都监。高琪在山东、河北等处招募人马三十万据守。尚书左丞完颜纲领兵十万行省事于缙山。徒单镒派人对完颜纲说：“高琪驻兵于缙山，甚得人心，与其行省亲往，不如增兵为好。”完颜纲不听。完颜纲到缙山，领兵至怀来，与成吉思汗军展开激战。金兵大败。蒙古军进到镇州，术虎高琪败逃。经此一战，金军的精锐，几乎全部溃散，遭到极沉重的损失。

蒙古军乘胜追至北口，进攻居庸关。金兵在关设险坚守。成吉思汗留者别等在居庸，亲率大军向中都以南地区掳掠。成吉思汗军南出紫荆关，金军大败。蒙古军乘胜攻下了涿州和易州。蒙古军随后分为三路。右路军由术赤、察合台、窝阔台等统领，循太行山东麓南下，破保、遂、安、安肃、定、邢、洺、磁、相、卫、辉、怀、孟等州，抵黄河北岸，又绕太行山西麓北行，掠泽、潞、沁、平阳、太原、吉、隰，拔汾、石、岚、忻、武、代而还。左路军由成吉思汗弟哈撒儿等统领，经海而东，攻掠蓟州，破平、滦、辽西诸郡后返回。中路军由成吉思汗和拖雷统领，连破雄、霸、莫、安、河间、沧、景、献、深、祁、蠡、冀、恩等州，进而掳掠濮、开、滑、博、济、泰安、济南、滨、棣、益都、淄、潍、登、莱、沂等州，直抵海滨。木华黎统领另一支军攻下密州，屠城后北返。

一二一三年秋到一二一四年春，蒙古三军几乎踏遍了金朝黄河以北华北平原的领土，只有中都、通、顺、真定、清、沃、大名、东平、德、邳、海州等十一城未下。蒙古军在这样广大的地区，仍不驻兵占领，也不从南方去包围中都，而只是把各州城的金帛、子女、牛羊马畜席卷而去。蒙古兵掳掠了大批民众和财货后，便又集中到中都城北。金朝驻守居庸北口的契丹人讹鲁不儿降蒙古。蒙古军入居庸关，进围中都。

二、朝廷政变，宣宗求和

当成吉思汗的蒙古军在中都周围大肆掳掠时，金朝的中都城中，发生了争夺皇权的政变。

一二〇九年放弃西京逃跑的纥石烈执中（胡沙虎），逃回中都后，允济不予问罪。一二一二年，罢归田里。一二一三年，允济又要起用胡沙虎抗蒙。丞相徒单镒、参知政事梁珫、左谏议大夫张行信等纷纷反对。允济不听，命胡沙虎权右副元帅，领武卫军五千人驻中都城北。蒙古军逼近，胡沙虎仍只务游猎，不部署军事。允济派使臣到军中切责，胡沙虎乃决计谋反。八月间，胡沙虎与文绣局直长完颜丑奴、提控宿直将军蒲察六斤、武卫军钤辖乌古论孛剌等，诡称知大兴府徒单南平及其子没烈谋反，奉诏诛谋反者。屯兵在中都城北的福海是南平的姻家，胡沙虎杀福海，夺取了福海统率的军兵。胡沙虎等在八月二十五日黎明前，领兵入中都城，大呼蒙古军已到北关，诱杀知大兴府徒单南平父子。符宝祗候鄮阳、护卫十人长完颜石古乃闻乱，召汉军五百人起而抵抗，鄮阳、石古乃败死。胡沙虎入宫，劫持允济出宫后，使宦者杀允济。又诱杀左丞完颜纲。胡沙虎自称监国都元帅，自彰德迎立世宗孙（显宗长子）完颜珣（吾睹补、宣宗）入中都，即皇帝位。

九月，宣宗即位，拜胡沙虎为太师、尚书令、都元帅。提点近侍局庆山奴、副使惟弼等请宣宗除胡沙虎。宣宗不许。胡沙虎杀完颜纲后，又从镇州调回朮虎高琪守中都以南。十月，朮虎高琪与蒙古军交战，败回中都。胡沙虎说："今日出兵，如再不胜，当以军法从事。"朮虎高琪出战，又败，乃率领部下乣军围攻胡沙虎宅第，杀胡沙虎。宣宗赦高琪，任为左副元帅，又进为平章政事。横海军节度使完颜承晖（福兴）为尚书右丞，进为都元帅兼平章政事。

宣宗即位后，即遣使向蒙古军求和。一二一四年三月，成吉思汗各军会集于中都城北。宣宗命完颜承晖去蒙军议和。成吉思汗这时还并不想立即消灭金朝，在中原建立统治，而只在掳掠奴隶和财物。他拒绝了蒙古将领关于进攻中都的建策，而向金朝提出了许和的条件。金宣宗完全接受蒙古的要求：献纳童男女各五百，绣衣三千件，御马三千匹和大批金银珠玉，并把允济女岐国公主献给成吉思汗，以表示对蒙古的屈服。和议告成。完颜承晖伴送成吉思汗退出居庸关。蒙古大军带着在各地掳掠来的大批奴隶、财物，得胜回军。成吉思汗径直北上，到鱼儿泊金朝皇帝的夏纳钵去驻夏。垂危的金朝又渡过了它的一次危机。

(二)金都南迁与红袄军起义

金宣宗屈辱求和，成吉思汗暂且自中都退军。中都以北处在蒙古军的占领下，金朝仍然随时都有被消灭的危险。以金宣宗为首的投降派在蒙古退军后，便匆忙地南逃，从中都迁都到汴京。金朝南迁后，中都和辽东地区相继沦于蒙古统治。山东、河北一带，以红袄军为主的广大农民纷纷起来反抗腐朽的金朝。金朝灭亡的日子越来越临近了。

一、金宣宗南逃，迁都汴京

面对着蒙古的侵掠，金朝内部一直存在着抵抗与投降、逃跑两派的争论。蒙古军围困中都时，元帅府经历官李英给尤虎高琪上书说："中都之有居庸关，犹如秦之崤、函，蜀之剑门。近者居庸撤兵，形势遂变。现在当地土豪在守关，朝廷应当派官去管领，否则，忠义之士也会转变。"他还建议收编宣德、德兴的民众，武装起来抗敌，说："各地自有库藏，足够自给。国家不费斗粮尺帛，就可以收复关隘。"宣宗任命李英为宣差都提控，派他去居庸组织抗敌。贞祐二年（一二一四年）正月，李英乘夜色与壮士李雄、郭仲元、郭兴祖等四百九十人出城，沿西山进至佛岩寺。李雄下山招募抗蒙的军民，旬日之间，便得到万余人，不时出战，给蒙古军以打击。李英被召还朝，李雄等领导的人民武装仍在四处活动。四月间，成吉思汗退出居庸北还时，李雄等聚兵数万人，准备中途邀击。宣宗命完颜承晖传达他的诏令："南北讲和，不许擅出兵。"抗敌民兵只好眼看着蒙古兵掳获大批财物、奴隶，扬长而去。

蒙古兵去后，金朝廷上在抵抗还是逃走又展开争论。元帅左都监完颜弼说："今虽议和，万一蒙古轻骑再来，我们就要被困，应速讲防御之策。"他的防御之策，就是放弃中都逃跑、迁都南京（汴京），说那里南有淮水，北有黄河阻隔，西面可以依靠潼关防守。参知政事耿端义，也请迁都南京。左丞相徒单镒说："车驾一动，北路就都要失守。现在既已讲和，聚兵积粟，固守京师，乃是上策。"宗室霍王从彝说："祖宗山陵、宗庙、社稷、百司、庶府都在燕京，岂能放弃逃跑？"宣宗说："燕京缺粮，不能供应，朝廷百官诸军暂住南京。等一二年后，粮储丰足，再回来也不晚。"宣宗意在南迁。

元帅府经历官纳坦谋嘉说："河南地狭土薄。有一天宋、夏交侵，河北之地就都要失去。应当选诸王分镇辽东、河南。中都不能离开。"太学生赵昉等四百人上书极论利害。宣宗一概不听。

五月初，判南京留守事仆散端，与河南统军使长寿，按察转运使王质等连上三表，请南迁汴京。五月十一日，宣宗下诏南迁。任完颜承晖为尚书右丞相兼都元帅，抹捻尽忠为左副元帅，与太子守忠留守中都。五月十七日，以骆驼三千匹满载宫室的珠宝，车三万辆载运文书先行。十八日，宣宗离开中都南逃。宣宗弃中都，标志着腐朽的金朝走上了灭亡的道路。

二、纠军降蒙，中都失陷

宣宗南逃的怯懦行动，极大地动摇了人心。当蒙古军再次到来时，各地女真将领中的投降派和契丹、纠、汉军吏、地主纷纷降蒙。金朝的统治越来越陷于土崩瓦解的境地。

宣宗自中都启程后，首先起兵的，是驻在中都以南涿州、良乡一带以契丹军为主的纠军。契丹军和纠军在金朝遭受最为沉重的压迫。宣宗南逃，契丹军杀金朝的主帅完昆，推契丹人斫答、比涉儿、札剌儿等为首，起兵反金，策划北攻中都。驻守中都的完颜承晖派兵到芦沟抵御。金章宗时，曾在芦沟修建壮丽的芦沟石桥。金兵据石桥拦截纠军。纠军千人潜游渡水，自背后袭击守桥的金兵。金兵大败。纥军缴获大批衣甲、武器、马匹，声势大振。纥军起兵后，一面派使者去辽东与耶律留哥相联络，一面派使者到蒙古军营投降求援。

成吉思汗在桓州得知宣宗南迁，纥军来降，随即派蒙古将领三木合拔都与金朝抚州的降将石抹明安（契丹人）和涿州的降将王楫（汉人）率领蒙古军南下会合。石抹明安、王楫等军进攻古北口，连续攻下景、蓟、檀、顺等州。

蒙古军几年来的对金作战，主要还是蒙古奴隶主在各地掳掠奴隶和财富的掳掠战争。成吉思汗任命石抹明安、王楫等与契丹纥军会合作战。石抹明安向成吉思汗奏报说："这些人本来都应当杀死，如果让他们继续活下去，那些还没有投降的人们，就会望风来降"。成吉思汗采纳了石抹明安的建策。石抹明安、王楫军变屠掠为招降，所到之处，金军望风迎降，陆续收降了数万人。

这时金朝内部仍然存在着投降与抵抗两派的斗争。九月间，蒙古军围攻顺州，金守将王晦领兵坚守，派人突围去沧州、景州召集别部军兵来援。王晦旧部王臻向王晦劝降，说："事急矣。何必自苦？如能跟我投降，可以不失富贵。"王晦大骂说："我年六十，致位三品，死是我的本分，怎么能跟你走！"王臻投蒙。王晦部下缒城出降。十月，顺州失陷。王晦被掳，坚持不屈，英勇就义。

迁往汴京的金朝廷，还在展开争论。七月间，宣宗、尤虎高琪见蒙古军南下，又要把驻守中都的太子守忠召到汴京，监察御史完颜素兰反对。尤虎高琪说："主上住在这里。太子应当随从。况且你能担保中都守得住么"？完颜素兰说："中都不敢说一定保住，但太子在那里，声势俱重，如果守住关隘，都城可保。昔日唐明皇幸蜀，太子留在灵武，就是为了维系天下人心。"宣宗、尤虎高琪不听，召太子去汴京。太子离中都，表示金朝无意在中都坚守，更加失人心了。

贞祐三年（一二一五年）正月，金右副元帅蒲察七斤以通州投降。石抹明安命他仍官原职，归蒙古军指挥。蒙古军逼近中都。驻守中都的完颜承晖派人以白矾写的奏书告急说："七斤投降，中都城中没有固守的意志。臣虽以死守，岂能持久？如果中都一失，辽东、河北都非我有。倘若诸军赶快来援，或许还可有救。"宣宗派元帅左监军永锡，率领中山、真定、保、涿等州兵，元帅左都监乌古论庆寿率领大名军一万八千人，西南路步骑一万一千人，河北兵一万人，御史中丞李英护运粮草救援中都。永锡军至涿州旋风寨，遇蒙古兵，大败。李英收编河间、清、沧等处地方"义军"武装，得兵数万人，每人带粮三斗。李英自己也背负粮草，以鼓励士气。三月，李英在霸州与蒙军相遇。金军大败，李英战死。粮草都为蒙古军夺去。乌古论庆寿军也溃败散去。

在汴京总揽军政大权的尤虎高琪忌恨承晖，不再派兵救中都。中都危在旦夕。

驻守中都的右丞相兼都元帅完颜承晖原来把中都的军事都委付给左副元帅平章政事抹撚尽忠。五月初，完颜承晖见蒙古兵临城下，与抹撚尽忠商议，以期死守。抹撚尽忠却与他的心腹、元帅府经历官完颜师姑密谋南逃。承晖召见师姑，说："原来我以为平章（指抹撚尽忠）知兵，所以才推心信任、委付兵权。平章曾许我俱死。现在忽然又有异议。行期在何日，你必定知道。"师姑说："今天傍晚就走。"承晖问："你办好了行李么？"师姑答："都已办好。"承晖大怒说："国家社稷怎么办？"立即把师姑推出斩首。承晖作遗表交付尚书省令史师安石，表中论国家大计，并说："平章政事高琪，赋性阴险，报复私憾，窃弄威柄，包藏祸心，终害国家。"承晖与师安石诀别，要他持遗表去奏报朝廷，随即服毒药自杀殉国。

这天傍晚，抹撚尽忠放弃中都逃跑。尽忠逃到汴京，宣宗释其罪不问，仍任为平章政事。

抹撚尽忠逃走的当天，石抹明安率领蒙古军进入中都城。中都从此陷于蒙古统治之下。自海陵王迁都以来的六十几年间，中都一直是金朝的都城，中都失陷，昭示着金朝灭亡的日子，更加近了。

三、辽东将领的叛变与辽东、辽西的失陷

一二一四年四月，成吉思汗统率蒙古军自中都北撤后，又派木华黎和石抹也先（降蒙的契丹人）等去辽东攻下了金东京掳掠去大批粮食、武器。宣宗南迁，成吉思汗在派遣三木合、石抹明安等攻取中都的同时，再派木华黎等去攻掠辽西和辽东。金朝在辽西、辽东的将领和各地地主武装，纷纷投降蒙古，或叛金自立。辽水东西地区陷入一片纷乱之中。

北京的失陷 蒙古军兵分两路，向辽东、辽西地区进攻。木华黎率西路军侵金北京大定府，孛秃率东路军攻懿州等地。十月间，木华黎军过临潢，至高州，金守将卢琮、金朴等投降。十二月，孛秃军攻掠懿州，金节度使高闾仙战死。一二一五年，木华黎军继续攻掠惠和、金源、和众、龙山、利、建、富庶等十五城，进而攻打金北京。北京宣抚使兼留守奥屯襄领兵二十万拒战，与蒙古军战于花道。金兵战败，死八万余人。奥屯襄据城坚守。城中食尽，部下契丹军出降，金兵大乱。北京宣差提控完颜习烈杀奥屯襄，部下又杀习烈，推乌古论寅答虎为帅。二月间，寅答虎率部投降蒙古。木华黎命寅答虎权（代）北京留守。北京是辽西的重镇，金朝聚集精兵驻守，金朝失掉北京，又丧失重兵，北方更加危急了。

官员、地主的叛降 蒙古南侵，金朝节节败退，河

北各地地主武装结社自保，号清乐社。清乐社领袖永清土豪史秉直，在一二一三年，木华黎南侵时率清乐军（又称黑军），投降蒙古。木华黎封史秉直子史天倪为万户。一二一四年，史天倪和叔父史怀德等统领黑军随蒙古军进攻北京。北京陷后，史天倪族弟天祥又奉蒙古命去攻打北京以南各地的寨堡。

北京以南地区的土豪和河北一带一样，在蒙古南侵，金军败乱的过程中，纷纷组织武装，结寨自保。北京土豪田雄，曾接受金朝军都统的官称。木华黎军至北京，田雄即率众出降，隶木华黎麾下，随从征掠。史天祥分兵进攻北京附近诸山寨。磨云山王都统至史天祥军投降，又受命入列崖，擒都统不刺降蒙。城子崖、楼子崖等二十多寨相继投降。

西乾河的答鲁、五指山的杨赵奴等固守抵抗。史天祥军来攻，杨赵奴战死。答鲁有众数万，战败后，又聚众攻龙山，枪刺蒙古北京路都元帅吾也而堕马。史天祥军来救，答鲁战死。

木华黎进军兴中府，遣刘蒲速窝儿、高德玉（金降臣）向兴中府同知兀里卜劝降。兀里卜严正拒绝，斩刘蒲速窝儿，高德玉逃跑。兴中府投降派官员地主杀兀里卜，推当地土豪石天应为帅。石天应举城投降。

川州地主刘世英，义州地主李守贤先后率众投降蒙古。义州开义县土豪王珣，聚众十余万，结寨自保。蒙古军到来，也率众投降。各地投降的官吏、地主武装，陆续加入蒙古军，助蒙侵金，对金朝在各地的统治形成极大的威胁。

锦州张氏独立　一二一四年，锦州张鲸聚众十余万，杀金节度使，自立为临海郡王，叛金降蒙古。一二一五年，张鲸自号辽西王，建年号大汉。四月，成吉思汗下诏给木华黎，命张鲸总领北京十提控兵，随从蒙古将领脱忽阑彻里必南下，侵掠燕京以南州郡。木华黎命石抹也先同行，监视张鲸。军行至平州，张鲸图谋叛蒙，被石抹也先杀死。

张鲸弟张致在锦州，听说张鲸被杀，割据锦州叛蒙自立，称汉兴皇帝，建年号兴龙。张致联络义州开义县杨伯杰地主武装，进攻义州。王珣战败逃走。张致军进而攻下平、滦、瑞、利、懿等州和广宁府。张致自称瀛王。一二一六年六月，遣部下完颜南合、张顽僧向金宣宗上表归金。宣宗诏命张致行北京路元帅府事兼本路宣抚使，南合同知北京兵马总管府事，顽僧同知广宁府事。木华黎率数万人讨之，进逼红罗山，张致部下主将杜秀投降。张致军攻下兴中府。七月，木华黎进兵兴中。遣吾也而等围攻溜石山堡。张致遣张鲸子东平救援。木华黎率军会合夹攻，东平败死。张致退守锦州。木华黎军围攻月余，张致闭门坚守。部下高益叛变，缚张致投降蒙古。张致被杀。

辽东契丹军的动乱　一二一三年，耶律留哥率辽东契丹乣军叛金，自号辽王。一二一四年，宣宗派青狗去辽东劝诱耶律留哥降金。耶律留哥不从，青狗叛金投附留哥。宣宗命辽东宣抚使蒲鲜万奴领兵四十万讨伐。留哥迎战于归仁县北河上。蒲鲜万奴兵败，逃往东京。耶律留哥以咸平为都城，号为中京。金宣宗再派左副元帅移剌都领兵十万攻留哥，又败。一二一五年，留哥攻破东京，部下耶厮不等劝留哥建国称帝。留哥不听，带领儿子薛阇和随从人等去桓州投成吉思汗。成吉思汗遣使者三百人去辽东。耶厮不等杀蒙古使者，在澄州起义自立为帝，建国号辽，年号天威。以乞奴为丞相，青狗为元帅，鸦儿为行元帅。青狗逃归金朝。耶厮不为部下所杀，起义军众推丞相乞奴监国，与行元帅鸦儿分兵民为左右两翼，屯开、保州。金盖州守将众家奴来攻。乞奴、鸦儿（《高丽史》作鹅儿）等战败。耶律留哥与蒙古军数千，也赶来作战，乞奴、鸦儿等，渡鸭绿江逃往高丽。金山杀乞奴，自称国王，改元天成（《高丽史》作天成，《元史》作天德）。金来远军致书高丽守德城，约夹攻契丹逃军。两年后，金山被部下统古与所杀，喊舍（撼舍）又杀统古与自立。一二一八年，耶律留哥领蒙古、契丹兵入高丽，高丽助兵四十万攻喊舍，喊舍在高丽江东城兵败，自缢死。

蒲鲜万奴的叛乱　辽东宣抚使蒲鲜万奴领重兵攻打耶律留哥，战败逃往东京。一二一四年春季，蒲鲜万奴发动叛乱反金，占领咸平、东京、沈、澄等州。女真猛安谋克户也跟从叛乱。三月，蒲鲜万奴指挥步骑九千进攻婆速府路，金朝同知婆速府路兵马都总管纥石烈桓端派都统温迪罕怕哥辇击之，退去。四月，蒲鲜万奴攻掠上京城等地，捕杀金同知上京留守事温迪罕老儿。五月，金都统温迪罕福寿率部攻蒲鲜万奴军，攻下大宁镇。九月，蒲鲜万奴部九千人进攻宜风、汤池，被纥石烈桓端击溃。十月，蒲鲜万奴在辽东自立为天王，国号大真，建年号天泰。

一二一六年十月，蒙古木华黎军攻陷锦州后，蒲鲜万奴投降蒙古。蒙古军退后，万奴又叛蒙自立，称"东夏国王"。一二一八年，蒙古、高丽派军镇压契丹农、牧民起义军，蒲鲜万奴也派元帅胡土带兵前去加入"围剿"，将起义军扑灭。

四、蒙古军在河北、山东的掳掠

一二一五年，成吉思汗派遣脱忽阑彻里必率领的南侵军，在捕杀张鲸后，继续南下，侵掠河北、山东地带。四月间，到达平州城下。金平州守将合达拒战失败，率金军投降。八月，史天倪军与攻占中都的蒙古军队会合，南下攻掠河间、沧、深、献、观、景、恩等州。十一月，蒙古军攻彰德府，知府陀满斜烈战死。十二月，史天倪军攻克大名。贞祐四年（一二一六年）正月，又攻下曹州，大肆掳掠而去。蒙古军掳掠去后，一些州城又为金朝所收复。

一二一六年二月，蒙古的另一支军兵，又自河东围攻太原、平阳。金知平阳府事兼河东南路兵马都总管胥鼎领兵抗战，多次击败蒙古军，守住了平阳。八月，蒙古军攻代州，经略使奥屯丑和尚作战失败，身中数创，被俘后坚贞不屈，被杀害。

五、山东、河北地区的人民起义

在蒙古侵金的同时，山东、河北地区的人民，纷纷举行了反抗金朝黑暗统治的武装起义，少者数万人，多者至数十万。起义者穿红袄作标志，因此又被称为"红袄军"。

益都杨安儿等起义 章宗泰和时，金、宋开战，山东各地群众相继起义抗金。益都县人杨安儿（原名杨安国，以卖鞍材为业，人称杨鞍儿），聚众起义。以后投降金朝，金朝加给刺史、防御使的官职。一二一二年，蒙古军围中都，金朝诏令杨安儿领兵戍边。杨安儿行至鸡鸣山，中途逃回山东，再次起兵抗金。以母舅刘全为元帅，攻打莒州、密州等地。一二一四年，金宣宗向蒙古屈膝求和。蒙古军退后，宣宗即集中兵力镇压山东各地的起义军。金宣招使仆散安贞败安儿军于益都城东。起义军转攻莱阳，金莱阳守将徐汝贤以城降杨安儿。登州刺史耿格开城郊迎红袄军。杨安儿遂称王号，置官属，立年号天顺。进而攻下宁海，进兵潍州。一些女真贵族的家奴也参加了杨安儿军。

七月间，仆散安贞与沂州防御使仆散留家，安化军节度使完颜讹论等合兵攻杨安儿军。徐汝贤等率三州之兵十万拒战,转战三十里,数万人战死。起义军棘七等率兵四万列阵于辛河。仆散留家由上流胶西进兵,起义军损失甚重。仆散安贞军至莱州,起义军史泼立部二十万人在城东列阵迎战。仆散留家以轻兵攻城诱战。起义军损失近半数。仆散安贞以重赏招降,遭到拒绝,又派莱州黥卒曹全等诈降于徐汝贤以为内应。九月,金兵攻下莱州,徐汝贤被杀。耿格、史泼立降金。杨安儿与部下汲政等乘舟入海,被舟人陷害,堕水而死。安儿妹杨妙真号四娘子,勇悍善骑射,与刘福等收集残部,得数万人,与李全军合。

潍州李全等起义　潍州农民李全,人称李铁枪,与兄李福等起义,响应杨安儿,攻打临朐,进取益都。刘庆福、国安用、郑衍德、田四、于洋、于潭等农民军,都归李全指挥。杨安儿败死后,刘全、杨妙真等率余部万余人与李全军合。李全与杨妙真结为夫妇,合兵攻打完颜霆军。李全战败,率部众保东海,刘全分军驻堌上。一二一七年,杨安儿部下季先率领李全部下五千人投附宋朝。李全分兵攻破莒州,擒金守将蒲察李家。于洋攻下密州。李福攻下青州。宋朝授给李全京东路总管的称号。一二一八年四月,金招抚副使黄掴阿鲁答又夺回密州,李全军战败。阿鲁答又败李全军于莒州。九月,李全反攻密州,破密州城,获得大胜,擒黄掴阿鲁答、夹谷寺家奴,进而攻破寿光、邹平、临朐等县。**红袄**

军继续壮大。

密州方郭三等起义　一二一四年，密州红袄军领袖方郭三称元帅，据密州，进而转战沂州、海州。七月间，金仆散安贞军在莱州镇压了杨安儿红袄军后，派仆散留家率军攻打胶西诸县起义军。完颜伯德玩袭击密州，方郭三被杀牺牲。密州又被金朝占去。

泰安刘二祖、霍仪等起义　泰安人刘二祖领导当地农民起义，转战淄州、沂州。一二一四年，仆散安贞军在莱州镇压杨安儿后，宣宗下诏，向刘二祖等招降。刘二祖红袄军拒不投降，继续战斗。一二一五年二月，仆散安贞派提控纥石烈牙吾塔等攻破巨蒙等四堌及马耳山。刘二祖军四千余人战败牺牲，八千余人被俘。红袄军宣差程宽、招军大使程福被擒。仆散安贞又派兵与宿州提控夹谷石里哥同攻刘二祖军的据点大沫堌。红袄军千余人迎战。金提控没烈自北门闯入，另一军攻红袄军水寨。红袄军五千余人战死。刘二祖在作战中负伤，与参谋官崔天祐及杨安儿部太师李思温等一起被擒。红袄军余众退保大小峻角子山。金军追击，红袄军万余人牺牲。刘二祖被杀就义。十月，仆散安贞因镇压红袄军有功，升为枢密副使，在徐州行院事。

刘二祖牺牲后，余部在霍仪领导下继续抗金，并在斗争中不断壮大。彭义斌、石珪、夏全、时青、裴渊、葛平、杨德广、王显忠等统领的起义军，都聚集在霍仪的麾下。一二一六年春，霍仪率红袄军数万人攻邳州，与金邳州刺史、徐州界都提控纥石烈桓端作战失败，退保北山。霍仪部转战沂州，围攻州城。金同知防御事仆散撒合向纥石烈桓端求援。桓端出兵，内外夹击。红袄军战败，万余人牺牲，霍仪战死。石硅、夏全等降金。彭义斌等率余部投归李全。

兖州郝定等起义 杨安儿、刘二祖领导的红袄军相继失败后，另一部分余众，在兖州泗水人郝定领导下，逐渐结集发展到六万人。一二一五年冬，连续攻下兖州、滕州、单州及莱芜、新泰等十余县。郝定称大汉皇帝，设置百官。一二一六年春，派大汉宣徽使李寿甫等攻打临沂、费县境，被金军击败，李寿甫被擒。金宣宗命尚书右丞侯挚在东平行省、权本路兵马都总管，镇压郝定军。五月，仆散安贞在镇压刘二祖红袄军后，又受命镇压郝定军。郝定战败，损失数万人。郝定退回兖州泗水。山东西路宣抚使完颜阿邻（汉人。本姓郭氏，蒙古围中都时，应李雄招募，有军功改姓完颜。）攻入泗水柘沟村。郝定被擒，在汴京英勇牺牲。

真定周元儿等起义 一二一五年九月，周元儿领导的红袄军攻克深州、祁州、束鹿、安平、无极等县，遭到真定府金兵的镇压。周元儿及红袄军五百余人被杀牺牲。

南阳等地起义 在山东、河北一带红袄军起义的同时，南阳五朵山农民千余人起义。金节度副使移剌羊哥领兵镇压，与起义军相遇于方城。起义军拒绝金军的招降，作战失败，大部牺牲。金宣宗采纳移剌买奴的建策，因南阳地区靠近钧州，强迫起义余众迁徙到归德、睢、陈、钧、许诸州之间，以防止起义者与宋人联合反金。

胶西李旺等起义 一二一八年，李旺等起义军占据胶西，称黑旗军。金权知益都府田琢派张林等领兵镇压。李旺被擒。起义群众在各地继续作战。起义军邹元帅在小堌坚守，被金莱州经略使尤虎山寿军战败。起义军前锋于水等三十人被擒。起义军陈万户与金军激战，八百人牺牲。起义军又在朱寒寨与金军作战，失败。余众仍分布在胶西、高密的农村与海岛之间，坚持战斗。

石州冯天羽等起义 一二一八年，石州冯天羽等数千人据临泉县起义。金帅府派兵镇压，被起义军击败。州刺史纥石烈公顺领大兵来招降。冯天羽等数十人迎降，公顺杀冯天羽。起义群众走保积翠山，继续战斗。金将王九思攻破寨栅，起义群众二千人牺牲。余众仍继续坚持战斗。起义军中的国安用等投降，起义被出卖而失败。起义群众被分置于绛州、霍州之间。

济南夏全等起义 刘二祖、霍仪失败后，各地起义群众继续在夏全、石花五等领导下，坚持斗争。一二一七年，分布在济南、泰安、兖、滕等州的起义者两万余人同时举兵。金山东行省侯挚派完颜霆等领兵镇压。起义者千余人牺牲，夏全、石花五被招降。

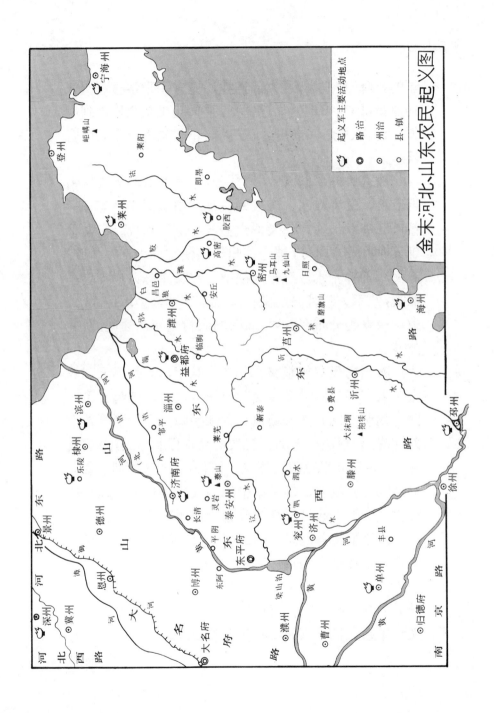

金末河北山东农民起义图

上述这些地区的起义外，山东、河北各地遍布着大小不等的起义队伍，不断给金朝以打击。一二一六年，郭伟、祝春等领导的一支千余人的红袄军曾攻占涟水县。赵福攻占恩州。他们都由于遭到金军的镇压而失败。和刘二祖同时起义的济南张汝楫和邢州的程邦杰等，在一二一五年相继被金朝招降，起义遭到叛徒的出卖而失败。但是金朝的镇压与招降都无法扑灭人民群众的起义烈火。《金史·仆散安贞传》说："自杨安儿、刘二祖失败后，河北残破，各地起义军往往又相团结，都穿红袄，以相识别。官军虽然去镇压，但不能除灭。"河北、山东直到南阳，各地起义群众前仆后继，此伏彼起，连绵不断地打击着金朝的黑暗统治，金朝内外交困，灭亡不可免了。

（三）蒙古侵金和金朝侵宋的战争

蒙古军在一二一五年攻下金中都后，成吉思汗即在一二一六年从桓州返回克鲁伦河畔的蒙古营帐，集中蒙古兵的主力去进击西方的蔑儿乞和乃蛮等部的残敌，随后又去攻打西辽和西夏。对于金朝，则委付给木华黎去侵掠。

从此以后，木华黎主要依靠金朝的降将，统领女真和乣、汉诸军去攻掠金朝。金宣宗也大批任用各地结集自保的汉人地主武装去抵抗降蒙古的叛军。战争形势逐渐发生着变化。在广阔的北方战场上，蒙古和金展开了激烈的争夺战。

面对着蒙古的威胁，金宣宗又发动了南侵宋朝的战争，企图在抗蒙失败后，逃往南方，扩地立国。宋朝军民展开了英勇的反击战。山东、河北地区抗金的起义军纷纷投附宋朝，与宋军联合反金。金朝陷入了背腹受敌的境地，不得不在北方和南方两线同时作战。

阶级斗争和民族斗争结合在一起，形成为错综复杂的战争过程。

一、蒙古南侵与太原失陷

关、陕之战　蒙古军攻下中都后，一二一六年又派三木合拔都率领一军经西夏进兵关、陕，企图向金朝的新都汴京作试探性的进攻。

八月间，蒙古军与西夏兵合攻延安。金元帅右监军兼陕西统军使乌古论庆寿驻守延安，击败西夏兵。蒙古军进入鄜、延，攻坊州。宣宗诏令签枢密院事永锡领兵去陕西，对永锡说："如果敌兵强大，就谨守潼关，不要让他们东进。"并把同州、华州旧屯陕西军及河南步骑九千余人划归永锡指挥。尚书左丞相兼都元帅、行省陕西仆散端上奏说："潼关以西都是陕西地，请把这些军队都归行省指挥"。宣宗听从仆散端，便又把这九千余军队不再划给永锡。永锡在渑池数日，不得进兵。十月，蒙古兵到潼关。陕州宣抚副使兼西安军节度使泥庞古蒲鲁虎领兵抵御，兵败战死。金守关兵卒溃散。潼关失守。金宣宗罢永锡，下狱。

蒙古军攻破潼关，向东进军（至阌乡）。右司谏兼侍御史许古请选精锐，中途邀击。朮虎高琪不准。平阳行省尚书右丞胥鼎听说蒙兵已越关，急上奏章，说："臣已奉诏，先遣潞州元帅左监军必兰阿鲁带领军一万，孟州经略使徒单百家领兵五千由便道济河以趋关陕。臣将亲率平阳精兵直抵京师，与王师相合。"蒙古兵过陕州。胥鼎以河东南路、怀、孟各处军兵一万五千由河中入援，又遣遥授河中府判官仆散扫吾出领军趋陕西，并力抵御，并檄告绛、解、吉、隰、孟州经略司合兵夹攻。宣宗诏令汴京准备防城器械，凿坎穴，筑垣墙，作防守的准备。

蒙古军由嵩山小路至汝州掳掠。奉诏从山东调驻卢氏县的完颜仲元花帽军（地主武装）赶到商、虢，又赶到嵩、汝，已落在蒙古军的后面。十一月，蒙古军直趋汴京，至杏花营，距汴京只有二十里。胥鼎率领大兵赶到汴京。蒙古三木合拔都兵少，见金军有备，领兵退去。十二月，蒙古军退至平阳攻掠。胥鼎派兵拒战。蒙古军作战不利，只好退军。

谋复中都　一二一五年蒙古军在河北、山东等地掳掠去后，各地州城又多为当地的地主武装所收复。河北义军队长苗道润，奋勇作战，前后收复五十余城。一二一七年，金宣宗加给苗道润中都留守兼经略使的职衔，命令他去收复中都。四月间，又任安化军节度使完颜㝢行元帅府事，督苗道润进军。顺天军节度使李琛与苗道润不和，相互攻战。苗道润奏李琛谋叛，李琛也奏苗道润谋叛。宣宗以为两人失和，令山东行省枢密院安抚。苗道润与中都经略副使贾瑀、贾全（永定军节度使）等不和，宣宗诏令分别划归各路元帅府控制。一二一八年，贾瑀诈与苗道润约和，暗中伏兵刺杀苗道润。苗道润被杀，朝廷不敢过问。道润军归提控靖安民节制。恢复中都的计划破灭了。

木华黎南侵，太原、平阳失陷　一二一七年八月，成吉思汗采用汉人的官号，封木华黎为太师、国王，命木华黎率领弘吉剌等部兵和契丹、糺、汉等降军，攻掠金地。成吉思汗对木华黎说："太行以北，我自己去经略，太行以南，由你去尽力吧！"成吉思汗把作为汗的象征的九斿大旗赐给木华黎，授以发布号令的全权。从此，成吉思汗即把蒙古兵主力转向西方，侵掠金朝的战争完全由木华黎指挥。

木华黎采纳金朝的制度，在云、燕建行省，发兵攻掠燕京以南的汉人地区。木华黎军经遂城至蠡州。金守将移剌铁哥闭城坚守。木华黎派石抹也先率领原属张致的黑军一万二千人攻破蠡州北城，大肆屠掠。十月，木华黎军进攻中山府、新乐县、赵州、威州、邢州、磁州、洺州，金各地官员相继投降。木华黎部下攸兴哥率领先锋军攻下大名府。十一月，木华黎军进入山东，连续攻破滨、棣、博、淄、沂等州。十二月，攻下益都。又攻下密州，金节度使完颜寓战死。

木华黎统率的另一军同时向河东进军。十一月，曾到太原城下。知太原府事、权元帅左监军乌古论德升出兵拒战。蒙古军退走。

一二一八年夏，蒙古兵在应州结集。枢密院奏报，蒙古将分道南下，其意不在河北，而在陕西、河东，各路蕃汉兵应教阅备战。金宣宗调平阳胥鼎移镇陕西。绛阳军节度使李革知平阳府事，代胥鼎为河东行省。八月间，木华黎率步兵骑兵数万人，由太和岭入河东，攻掠代、隰、吉、石、岢岚等州。九月，围攻太原。

蒙古兵重重包围太原府城，并攻破了濠垣。元帅左监军乌古论德升据城坚守，植栅拒敌，将家中银币及马匹分赏给战士，并力死战。蒙古军攻破城西北角入城，乌古论德升又联车塞路拒战，三次打退蒙军。蒙军矢石如雨，金守陴兵不能立。城破，德升回府署，对姑母及妻子说："我守此数年，不幸力穷"。自缢而死。姑母及妻也都自杀。

木华黎留攸兴哥镇守太原。蒙古军继续攻掠汾州。汾阳军节度使兼经略使兀颜讹出虎战死。十月，蒙古军攻掠绛、潞等州，向平阳进军。李革与权元帅左监军完颜从坦守平阳。太原失陷，从坦上奏说："太原已破，就要危及平阳。河东郡县失守，都是由于驻屯兵少，援兵又不到的缘故。平阳是河东之根本，河南之藩篱。请并怀、孟、卫州之兵以实潞州,调泽州、沁水等地兵并山为营,以为声援。"蒙古兵迅速到达平阳城下,平阳被围,城中驻兵不满六千。金兵屡次出战拒敌,旬日之间,损伤过半。援兵不到。蒙古兵逼近城北濠垣,提控郭用力战被擒,坚持不屈,被害牺牲。副将李怀德缒城出降。平阳城被蒙古军攻破。官员们请李革上马突围,李革说:"我不能保此城,何面目见皇帝,你们走吧!"李革和完颜从坦都自杀殉国。

太原、平阳相继失守,河南的藩篱丢失了。

二、南侵宋朝和人民义军的抗金斗争

南侵的失败 蒙古不断南侵,金朝遭受严重的威胁,统治地区日益缩减。山西、河东被侵掠,老幼流亡人户,都迁移到河南。处在重重危机中的金朝,如何对待南方的敌国宋朝,在统治集团中出现了两种不同的主张。以尤虎高琪为代表的一派,主张南侵软弱的宋朝,以扩大金朝的疆土;以胥鼎为代表的朝臣,则主张联宋抗蒙。

尤虎高琪在宣宗朝操纵朝政。一二一六年,由平章政事进为尚书右丞相。尤虎高琪总揽政务。尚书左丞高汝砺掌管财利。尤虎高琪与高汝砺相唱和,排斥异己,擅作威福,把精兵聚集在河南,力劝宣宗伐宋,置河北于不顾。一二一六年冬,王世安献策,侵宋盱眙、楚州。尤虎高琪想夺取兵权,力劝宣宗南侵宋朝,以扩大疆土。一二一七年四月，宣宗派元帅左都监乌古论庆寿、签枢密院事完颜赛不领兵侵宋。十月，右司谏许古上疏劝宣宗与宋议和，说："以为专用威武，就可使宋人屈服，这是空话，不切实用。如宋人坚守不出，我军无所得，还要回来就粮。彼乘机袭击，我军欲战不得，欲退不能，永无休兵之期。况且宋有江南的积蓄，我只有河南一路征敛的祸害，也使人寒心。应该赶快与宋议和，蒙古知道也会收敛。"高汝砺反驳说："议和不当先发于我而示弱"。参知政事张行信说："遣使议和没有什么失体。国家多难，戍兵渐久，不考虑休战，人民怎么能负担！"宣宗命许古起草议和的牒书。宰臣以书中有"哀祈之意"，是"自示微弱"，因而搁置。集贤院谘议官吕鉴上书请在境上屯重兵议和。高琪说他"狂妄无稽"。平章政事胥鼎反对出兵，上书提出"六不可"。奏书说，"往年泰和时曾经南伐，那时太平日久，百姓富庶，军强马壮，所谓万全之举，然而，还是讲和休兵。大安之后，北兵（蒙古兵）大举，多年来天下骚然，军马气势仅及过去十分之一，器械也多损弊，民间差役繁重，疲惫不堪，而要兴兵，必然远近动摇。其结果将未伤敌而自己先受害。这是一不可。现在西夏、蒙古之所以没有入境，是去年北还后在息养。或者因别部相攻，未暇及我。如果听说王师南征，乘机并至，就要三面受敌，首尾莫救。这是二不可。宋朝十年来练兵修垒。车驾迁汴后，他们必定更加防备。如果所在清野，我军无所得，毫无益处，这是三不可。现在我军都是山西、河北破产之人，或者是招还的逃军，大抵都是乌合之众，没有训练。骤然出兵作战，深入敌境，进不得食，退无所掠，必然要逃跑啸聚，这是四不可。随军运输粮饷，不是民力所能办到。沿边人户，赋役繁重，非常疲困。失业流亡到河南的，衣食都不能自给。如果宋人招诱，作为向导，我们内有叛民，外有劲敌。这是五不可。现是春耕气节，如果进兵不还，必违农时，关系国家大计，不只是战场的利害。这是六不可。"尤虎高琪等说："大军已进，无复可议"。金军自秦、巩、凤翔三路，分道南侵。

一二一七年四月，金出兵攻襄阳，宋将赵方、李珏部署抵抗。宋将孟学汉在枣阳击败金兵。五月，宋宁宗下诏：许诸将便宜抗敌。十二月，金宣宗拒绝胥鼎议和的建策。完颜赟领兵万人攻打四川，败宋守军。一二一八年二月，又击败宋安丙军，焚大散关。三月，宋利州统制王逸率领抗金民兵十万夺回大散关，追击金军，完颜赟战死。四月，金军再攻大散关，连破诸州，抢掠粮九万斛，钱数千万。金兵另一路由完颜赛不率领围攻随州、枣阳，与宋孟学汉军激战三月，不能攻下，战败而走。

义军反金 金兵侵宋，金朝境内的红袄军等人民起义队伍，纷纷投宋抗金。兴定二年（一二一八年）正月，李全率部投宋，宋朝加给李全京东路总管的职衔。九月间，李全攻破金密州、寿光县。十月，攻破邹平、临胸、安丘等县。石珪、夏全、时青、陈孝忠、季先等相继投宋抗金，给予金朝以极大的威胁。十二月，金宣宗派开封府治中吕子羽联络，试探议和。吕子羽至淮水，被宋朝拒绝。宣宗下诏，命左副元帅、枢密副使仆散安贞（仆散揆子）辅太子守绪大举南侵。

一二一九年初，金兵攻下成州、凤州和兴元府，又破洋州，遭到宋都统张威军的邀击。完颜讹可率领的另一路，再次围攻枣阳。宋赵方部三万人出兵攻打唐、邓二州。左副元帅仆散安贞亲自率领金兵围攻宋安丰军及滁、濠、光三州。先锋到达采石扬林渡，震动建康。投宋的抗金民兵分道出击。陈孝忠部去滁州，石珪、夏全、时青向濠州，季先、杨德广等援滁、濠，李全、李福兄弟截击金兵归路。金兵解围走。李全部追击，金兵败退。

七月，完颜讹可部再围枣阳，攻城八十余日。宋孟宗政部出击，金兵溃败。完颜讹可单骑败逃。宋兵乘胜入邓州而还。汉族人民数万人南投宋朝。

金兵在江淮战败，宋兵乘势反击。十二月，李全率军渡淮，偷袭泗州，见金兵有备，退还。宋京湖制置使赵方出兵六万，分道反攻唐、邓，金兵拒战。宋军退师。

内部倾轧　宣宗侵宋累年，不得成功。尤虎高琪向南方扩大疆土的图谋，实际上遭到失败。尤虎高琪在女真贵族朝臣中更为孤立。尤虎高琪专权日久，为女真贵族所仇恨。宣宗也早已在盘算除掉高琪。一二一五年，监察御史完颜素兰曾向宣宗密奏尤虎高琪奸恶,说:"高琪本无勋劳,也无公望,以前是因怕死而杀胡沙虎。一旦得志,嫉妒贤能,树立奸党,窃弄国权,自作威福。在臣看来,此贼变乱纪纲,戕害忠良,实有不要国家平治之心。以前东海侯(卫王允济)时,胡沙虎跋扈无上,天下人都知道,而不敢言。东海侯终于受他的害。现在高琪之奸,远过于胡沙虎。内外臣民见他恣横,无不扼腕切齿,想要杀他。陛下为什么还怜惜而不除掉呢?"宣宗说:"这是大事,你敢提出,很好。"又说:"今天你对我说的话,慎勿对外泄露。"平章政事、英王守纯(宣宗第二子)密谋除高琪。因密谋泄露,守纯见高琪党羽势大,不敢发动。一二一九年十一月,尤虎高琪指使家奴赛不杀高琪妻,然后归罪赛不,送开封府杀赛不灭口。此事败露后,宣宗乘机逮捕高琪下狱。十二月,斩尤虎高琪。

一二二一年,宣宗再议南侵。金、宋间再次交战。正月,宋将时青率部攻破泗州西城,金提控王禄被杀。宣宗诏令各道兵会集蔡州,再次南侵。仆散安贞出兵息州。二月,金泗州行元帅府事纥石烈牙吾塔反攻泗州,时青中箭败走。金兵收复泗州西城。三月,牙吾塔西掠定远而回。四月,仆散安贞进兵宋蕲、黄等州,杀掠而回。俘掳宋宗室和臣民七十余口,献于汴京。

左副元帅、枢密副使仆散安贞是驸马都尉(妻邢国长公主),父、祖三世为大将。宣宗朝先后领兵镇压杨安儿等红袄军。仆散安贞在侵宋战争中不杀宋俘虏,用以作向导，又把宋宗室俘回献给朝廷。尚书省即以此为借口，奏仆散安贞谋反。宣宗对守纯说："朕观此奏，多是饰词不实，还需要复按。"示意守纯铸成罪状。宣宗下诏指责仆散安贞："独于宋族，曲活全门。示其悖德于敌仇，豫冀全身而纳用。"仆散安贞以这样的罪名被处死，二子也同时被杀。女真贵族在面临灭亡之际，依然相互倾轧诛杀。金朝的统治更为削弱了。

三、河北、山东地区地主武装的叛附

一二一七年以来，成吉思汗把主要兵力转向西辽、西夏。金宣宗把金军主力转向南侵宋朝。山东、河北地区成为地主武装活动的场所。木华黎大批任用金朝的叛将和地主武装去攻掠金朝。金宣宗也大批招纳地主

浙江杭州发现贞祐五年（一二一七年）山东路行部造"传字号行军万户所印"铜印印文

安徽阜阳出土兴定元年（一二一七年）十二月礼部造"都提控人字印"铜印印文

411

武装，封官加爵，利用他们去抵抗蒙古。投宋抗金的红袄军的一些民兵，由于宋朝的压迫，也在蒙古和金、宋之间或降或叛。在蒙古西侵，金朝南侵的同时，山东、河北地区也在展开着错综而频繁的战争。

招纳地主武装 一二一八年秋，太原失陷后，形势发生了重大的变化。一二一九年正月，金宣宗召集百官商议形势变化后的对策。翰林学士承旨徒单镐等人说："制兵有三策，一是战，二是和，三是守。现在要战，兵力不足，要和，敌人不准，只有守。河朔州郡残破，不能一律都守。应将愿意迁徙的人迁到河南、陕西。不愿迁的，许自推首领，保聚险阻。"刑部侍郎奥屯胡撒合等人说："河北诸部，推选有才干为众所信服的人，率领民众迁徙到河南或晋安、河中，授以旷土，尽力耕种，并教之作战，以渐图恢复"。宣徽使移刺光祖等说："太原虽暂失，还可以收复。应当召募当地土人（大地主）有威望的，给以一方之权。能收复一道，就做本道总管。能守州郡，就做本地长官。使他们各保一方，令百姓复业。"宣宗和朝臣都赞助移刺光祖的建策，招纳各地地主武装去收复或保聚河北州郡。

河北一带，势力最大的地主武装是占据真定的威州人武仙。早在一二一四年，蒙古军侵掠河北时，武仙的地主武装即聚保威州西山。宣宗诏授武仙权威州刺史。一二一七年，真定石海叛金。武仙领兵斩石海，据真定。宣宗又授武仙权知真定府事。

易州定兴的地主武装张柔，为苗道润委为定兴令。一二一八年，苗道润谋复中都，被贾瑀（音羽yǔ）杀死。张柔在易州军市川誓师，声言为苗道润复仇。金朝又加授张柔为中都留守，兼大兴府尹。蒙古出紫荆关，张柔迎战于狼牙岭，兵败，投降蒙古。蒙古仍命张柔任旧职，领兵攻金。张柔攻下雄、易、安、保诸州。在孔山击败贾瑀，杀贾瑀祭苗道润。贾瑀部众都归张柔。张柔军据满城。武仙领兵来攻，被张柔击败。张柔进而攻下完州。一二一九年，进围中山府。武仙再派兵来攻，又败走。

一二一九年秋，木华黎统率的蒙古军再次攻掠山西。八月，攻下武州，金军事判官郭秀战死。九月，蒙古军攻掠东胜州。金东胜州节度使伯德窊哥（窊音蛙wā奚人）招募义军坚守。城中粮尽，伯德窊哥率众突围，走保长宁寨，又被围，窊哥战死。宣宗派行省胥鼎领兵赴河中，又采纳蒙古纲的建策，对各地抗蒙义军，置都统、副都统。十一月，地主武装张开、郭文振合兵收复太原。

一二二〇年初，金朝的宰臣因移剌光祖和石抹穆之议，再议对各地的地主武装封公设府之事。御史中丞完颜伯嘉说："宋人以虚名招致李全，遂有山东实地。只要能统众守土，虽封三公，又有什么可惜？"宣宗说："他日事定，公府不是太多了么？"完颜伯嘉说："如能事定，以三公就节镇（节度使），有何不可？"二月，宣宗采朝臣的建策，对山东、河北、山西等地势力较大的地主武装首领王福等九人，封为九公，分别统辖山东、河北和山西地区。

王福——河北地主武装首领王福，曾领兵收复沧州，一二一九年九月，宣宗任王福为沧州经略使，又升为权元帅右都监，统领地区与益都张林、棣州张聚接境。一二二〇年，封为沧海公。管领地区包括清、沧、观州、盐山、无棣、乐陵、东光、宁津、吴桥、将陵、阜城、蓨县。

移剌众家奴——契丹人移剌众家奴以抗蒙积战功，累任河间路招抚使、开州刺史、权元帅右都监。被赐姓完颜氏，封为河间公，管领献州、蠡州、安州、深州、河间、肃宁、安平、武强、饶阳、六家庄、郎山寨等地。

武仙——武仙原已升任知真定府事，兼经略使，权元帅右都监，又封为恒山公，管领中山、真定府、沃州、冀州、威州、镇宁、平定州、抱犊寨、栾城、南宫县等地。

张甫——河北张甫曾投降蒙古，后为金涿州刺史李癞驴招降之。一二一八年，苗道润死。靖安民代领部众。李癞驴为中都东路经略使。张甫与贾仝相互攻击。张甫夺取贾仝地，掠贾仝马赠李癞驴。贾仝再来攻，败死，部众均归张甫。李癞驴降蒙古。张甫为中都东路经略使。一二二〇年封张甫为高阳公，受领雄州、莫州、霸州、高阳、信安、文安、大城、保定、静海、宝坻、武清、安次县等地。

靖安民——初隶苗道润部下。苗道润死，安民代领其部众。一二一九年任中都西路经略使，统领易州以西。一二二〇年，又权元帅左监军，行中都西路元帅府事。封易水公。管领涿州、易州、安肃、保州、君氏川、季鹿、三保河、北江、矾山寨、青白口、朝天寨、水谷、懽谷、东安寨等地。

郭文振——辽州刺史太原人郭文振，曾受命配合苗道润收复中都。郭文振招降太原东山二百余村，迁老幼于山寨，得壮士七千人，驻营防护秋收。一二一九年十月，与潞州招抚使张开合兵收复太原。一二二〇年，封为晋阳公，管领河东北路。

胡天作——管州人胡天作，以乡兵守御本州，受任为管州刺史。一二一九年，收复平阳府，受任充便宜招抚使，一二二〇年，封为平阳公，受领平阳府、晋安府、隰州、吉州。

张开——景州张开，宣宗初年，在蒙古兵攻掠河北时结集地方武装固守，一二一六年领兵收复清州。一二一九年，充潞州招抚使，与郭文振合兵收复太原。一二二〇年，封为上党公，管领泽、潞、沁三州。

燕宁——莒州提控燕宁，守天胜寨，与益都田琢、东平蒙古纲控制山东。曾镇压沂州红袄军王公喜，占领沂州，招降红袄军叛徒胡七、胡八等人，复任为山东安抚副使。一二二〇年，封东莒公，管领益都府路。

宣宗加封的九公，都兼宣抚使，赐号"宣力忠臣"。

九公总帅本路兵马,并有权署置官吏,征收赋税,赏罚号令可以便宜行事,实际上成为割据一方的公侯,当时号称"封建"。

三月,宣宗又派签枢密院事完颜赛不出兵河北招降。河北各地的地主武装坚守堡寨力战破敌者甚多。完颜赛不上书说:"这类人忠赤可嘉,如不旌表酬赏,无以激励人心,请朝廷量加官赏,万一敌兵再来,将会争先效力。"宣宗看到奏章,下令对义军给予封赏。赛不招降晋安府事皇甫珪、正平县令席永坚五千余人,得粮万石。四月,升任枢密副使。

金宣宗企图用"封建"和赏官的办法,利用地主武装守土抗敌。木华黎统率的蒙古军也越来越着重于招降和利用金朝的叛将和地主武装,去扩大对金朝统治区的占领。木华黎军中原来已有石天应和史天倪、史天泽的汉军、石抹明安的纠军、石抹也先的黑军(也先死,由子查刺统领),形成侵掠金朝的中坚力量,又利用陆续收降的藁城地主董俊去攻打真定,石抹孛迭儿攻掠固安,攸兴哥攻掠太原,李守忠攻掠平阳,田雄(金北京降将)攻掠隰、吉等州,石抹特末儿攻掠岢岚。在金、蒙作战中,附金和降蒙的地主武装,越来越显示出重要的作用。

地主武装的战降 一二一九年,藁城董俊曾夜入真定,逐走武仙。一二二○年春,武仙收复真定。五月,武仙派兵万五千人屯驻黄山和尧山,进逼曲阳,败董俊于黄山下。木华黎自中都发兵攻武仙，武仙退守真定。八月，木华黎至满城，遣史天祥攻真定城。史天祥往见武仙说降。武仙投降蒙古。九月，木华黎驻军真定，以史天倪为河北西路兵马都元帅，武仙为副。宣宗封建九府中，武仙的恒山公府，财最富，兵最强。武仙叛金降蒙，金朝遭到沉重的打击。

木华黎军自大名至林州，指向济南。据守济南的长清地主武装严实，曾由东平行台蒙古纲任为百户，镇压泰安张汝楫的红袄军，升为长清令。金朝南侵，严实接受宋朝封授的官职，为济南治中。太行以东，都受严实节制，统领彰德、大名、磁、洺、恩、博、滑、浚等州。木华黎军至济南，严实以所领三十万众叛宋降蒙。金黄陵岗经略使乌古论石虎领兵二十万屯黄陵岗，遣步兵二万袭济南，败走。木华黎指挥蒙、汉军进逼黄陵岗。金兵大败，溺河死者无数。宣宗斩乌古论石虎。

严实降蒙，领兵攻占楚丘和曹、濮、单三州。木华黎、史天祥军围东平。东平行省蒙古纲与东莒公燕宁军坚守。木华黎久攻不能下。一二二一年初，蒙古军解围而去。燕宁自东平退天胜寨，遇蒙古军，力战而死。

燕宁战死。蒙古纲率所部女真、契丹、汉军五千人，势孤力弱，放弃东平，移军邳州。严实军进驻东平。

河北一带的形势是一二二〇年七月，降宋的益都张林军来攻沧州，沧海公王福投降张林。十月，靖安民出兵至矾山，收复檐车寨驻守。蒙古兵围山寨，守寨提控马豹等劫靖安民妻子出降。靖安民及经历官郝瑞等拒不投降，被部下杀死。

投宋抗金的红袄军等义兵，也在作战中不断分化，转战山东、河北地区。一二二一年，宋江淮制置使贾涉阴谋消灭抗金投宋的红袄军等义兵，（参见本书第五册）利用李全兵除涟水军石珪等。石珪投降蒙古。木华黎授石珪为济、兖、单三州都总管。宋京东安抚使益都张林也投降蒙古，被任为行山东东路益都府、沧、景、滨、棣等州都元帅府事。彭义斌战败李全，收李全兵，进攻京东州县，有兵数十万人。严实部将晁海在济南青崖降彭义斌。彭义斌率军西下，郡县多降。一二二五年，围攻东平。严实被围，城中食尽，与彭义斌谈和。七月，彭义斌暗中与武仙联合，攻下真定。李全向宋朝诬告彭义斌叛变，宋朝不敢向彭义斌行赏。严实奔赴蒙古孛里海军反攻彭义斌。彭义斌提军北上，与蒙古军战于赞黄五马山，兵败被擒，拒不降蒙，大骂而死。

一二二三年秋七月，降蒙的石珪领兵攻曹州。金守将郑从宜奋战得胜，擒石珪送至汴京处死。

四、陕西、山西地区的抗蒙战争

延、鄜之战　一二二一年秋，木华黎统率的蒙古军又经丰州向陕西，自东胜渡河。十月，由云中攻破葭州。葭州是金朝和西夏接壤的冲要。木华黎采石天应的建策，命石天应领兵五千留葭州，造舟建浮桥驻守。蒙古军分兵四出，攻破绥德州。十一月，蒙古、西夏兵进攻延安。金知延安府事完颜合达出兵拒战，夜袭西夏兵营。西夏兵大败，金军追杀四十里。木华黎在延安三十里外驻营，完颜合达出兵三万列阵城东。蒙古军佯败，诱金军进击，在山谷间设伏兵出击。金军大败。完颜合达退入延安城坚守，保住了延安城。

木华黎久攻延安不下，领兵南下攻掠。闰十二月，攻破鄜州。金同知河中府事、权元帅右都监蒲察娄室战死。保大军节度使完颜六斤战败，投崖自杀。鄜州行元帅府事纥石烈鹤寿突围出城，被蒙古兵追及。纥石烈鹤寿据土山力战，战败而死。部下将官张铁枪被蒙军俘获。木华黎向他劝降。张铁枪坚持不屈，厉声说："今天事已至此，我只有一死。"被杀牺牲。

木华黎率领的蒙古军自丹州西行，再次攻破隰州，金经略使轩成战死。木华黎任田雄为隰吉州刺史镇守。

太原、桢州之战　一二二二年春，驻东平的严实与蒙古军合兵攻掠泽州、潞州。金上党公张开驻守马武寨，遣部下李松守潞州。蒙古兵围潞州，李松突围而逃。公府吏阎载之以州城降蒙。完颜合达分兵二万与平阳胡天作、上党张开、晋阳郭文振三公府兵合力守御河东。七月，张开领兵收复泽州。

八月，木华黎率领蒙古兵回云中，再攻太原府。太原人赵益与当地土豪建立武装，保聚山险，曾在郭文振指挥下率领地主武装收复太原城，受任为同知太原府事兼招抚使。蒙古兵围攻太原，赵益兵不能敌，烧毁府库，杀掉妻子后，自杀殉职。太原再度失陷。

蒙古木华黎兵至孟州。地主武装首领刘某受任金孟州太守，率部民降蒙。蒙古军进逼平阳青龙堡，胡天作领兵驻守，形势危急。十月，宣宗诏令权左都监古里甲石伦与上党张开、晋阳郭文振合兵救援，中途因蒙军阻道，不能前进。知平阳府事尤虎忽失来挟胡天作降蒙。宣宗诏令张开、郭文振招胡天作返回金朝。胡天作至济源，准备逃走，被蒙古军发觉杀死。

金桢州刺史女奚烈斡出按照行省牒文，把州民迁徙到金胜堡抵抗。蒙古兵到来，地主武装花帽军坚守抗蒙。女奚烈斡出出兵与蒙古军作战，身中流矢，负伤卧床。花帽军提控张某说："兵势不可当，应该赶快投降。"斡出说："我们坐食官禄，可以忘记国家吗？我辈只当力战而死。"夜间，张某执兵仗闯入，威胁斡出投降。斡出坚决反驳说："你要怎么干由你，我终归不能屈服。"张某杀斡出，投降蒙古。桢州军事判官王谨率领部分州民，驻屯周安堡，坚持抵抗，与蒙古军激战十余日，兵败被俘，不屈牺牲。

青龙堡和金胜堡被蒙古军攻破后，花帽军五千人被木华黎、史天祥招降。

河中府之战 一二二二年十月，木华黎军经绛州，

420

攻破荣州，汾水以东堡邑相继降蒙。木华黎在汾水东召见石天应，策划南侵。石天应还葭州，与诸将计议，说河中北接汾、晋，西连同、华、地五千余里，户数十万，占据河中，就可定关内，定关内就可进而攻取河南。石天应自葭州进军河中，围攻河中府城。

金朝新任的河中府判官、权河东南路安抚副使侯小叔，原来是河津水手，被籍充军，以军功升任判官。石天应围河中，侯小叔保护农民入城，以家财犒赏将士，并立死守。提控吴德劝侯小叔出降，侯小叔给以痛斥，立即斩首。侯小叔表兄张先说："大兵势重，出降可保妻子。"侯小叔大怒，说："我是个船夫，现在到达这样地步，怎么能说出降！"把张先捆绑在柱上处死。石天应攻城不下。河中围解。十二月，宣宗诏令侯小叔权元帅右都监，便宜从事。

金枢密院派遣都监完颜讹论到河中与侯小叔议兵事，侯小叔出城会见讹论。石天应乘机攻城，占领河中府。木华黎以石天应权河东南北路陕右关西行台，驻守河中。平阳李守忠、太原攸兴哥、隰州田雄都受石天应节制。

河中城破，侯小叔领兵退驻中条山乐李山寨，会集兵众十余万反攻。元光二年（一二二三年）正月，侯小叔军乘蒙古大兵西去，城中守备空虚，夜半登城，焚烧城上的楼橹，火照城中。石天应军惊惶奔逃。金兵乘势四面围攻。蒙古军大乱，石天应败死。木华黎领军侵金以来，金朝叛将石天应一直是蒙古军中的重要将领。侯小叔军收复河中，斩石天应，对蒙古军是一个沉重的打击，是金军抗蒙战争的一个重大胜利。宣宗加封侯小叔为昭毅大将军，遥授孟州防御使，同知河中府事。

蒙古军遭此惨败，发骑兵十万，再围河中。金总帅完颜讹可遣提控孙昌领兵五千，枢密副使完颜赛不遣李仁智领兵三千，救援河中。侯小叔与孙昌、李仁智等约定日期，夜中鸣钲为号，内外夹攻。侯小叔如期出兵，孙昌、李仁智临阵不敢动。侯小叔兵败入城。蒙古兵加紧围攻。侯小叔密遣使者突围到汴京告急。河中府城被蒙古军攻破，侯小叔英勇战死。

凤翔之战 一二二二年冬，在石天应攻掠河中的同时，木华黎统率的蒙古军经蒲城直趋京兆。原延安知府完颜合达抗蒙有功，在这年任参知政事、行省于京兆，领兵二十万固守。木华黎见蒙古军进攻不利，留兵六千屯驻，派蒙古不花率领先锋军去围攻凤翔，计划攻下凤翔后再取京兆。

原花帽军首领完颜仲元（郭仲元）一二二二年调知凤翔府事，统帅军兵。兵马都总管判官马庆祥（汪古人）为副，受京兆行省完颜合达指挥。十一月，蒙古不花军将攻凤翔，行省令马庆祥与治中胥谦，分道清野。马庆祥出兵前，命画工为他画像付给家人，决心死战。马庆祥军在浍水与蒙古先锋军相遇，作战不利，且行且

422

战，将及城，遭蒙古军邀截归路。金军被围。马庆祥对部下说：“我们受国厚恩，竭力效死，乃是本分”。全军拚死力战，弓矢用尽。蒙古军围数重，迫使投降。马庆祥不屈而死。胥谦也力战不屈，牺牲。

木华黎亲率大军数十万围攻凤翔，数百里间，遍设营栅。金朝廷以完颜仲元兵力不足守御，派左监军赤盏合喜领兵来援。完颜仲元让赤盏合喜总兵事，自己身先士卒。合喜大力坚守。同知临洮府事颜盏虾蟆奋力作战，多有战功。木华黎围攻月余不下，哀叹说：“我奉命专征，不数年，取辽西、辽东、山东、河北，不劳余力。前攻天平、延安，今攻凤翔，都不能攻下，岂是我命将尽么？”一二二三年二月，木华黎领兵退走，三月，还军至闻喜县病死。

延安、凤翔的保卫战一再挫败木华黎军，取得胜利，意义是重大的。宣宗把凤翔的战功，通报各地，并褒奖完颜合达，完颜仲元升为元帅右监军，赤盏合喜升左监军。

蒙古军退后，宣宗随即任命完颜伯嘉行尚书省于河中，率领陕西精锐与平阳公史咏（胡天作死后，袭封）合兵收复河东。四月，收复霍州汾西县。五月，完颜合达收复河中府。史咏收复霍州及洪洞县。金朝抗蒙作战又出现了转机。

这时，金、宋战争仍在边地进行。八月，邳州从宜经略使纳合六哥，杀行尚书省蒙古纲，据州反，与投宋的李全相联络。宣宗命牙吾塔率领侵宋的行枢密院兵进讨。九月，破邳州南城。十一月，斩纳合六哥，收复了邳州。

元光二年（一二二三年）十二月，金宣宗病死。

（四）抗蒙斗争的发展和金兵的败溃

一、金哀宗即位，并力抗蒙

元光二年（一二二三年）十二月，宣宗病危，诏立太子守绪（宣宗王后子）继位。平章政事、英王守纯（庞妃子）抢先进宫。太子守绪后至，忙遣枢密院官及东宫亲卫军三万屯东华门街，命护卫四人监视守纯于近侍局。守绪奉遗诏即帝位（哀宗），改年号正大。

哀宗守绪在宣宗初年曾任枢密使，立为皇太子后，仍控制枢密院事。哀宗即位，正当金朝濒临灭亡，而人民抗蒙斗争又有所发展的年代。金哀宗采取了一系列的新措施，任用抗蒙有功将帅，集中兵力，抗蒙救亡。

任用抗蒙将相 哀宗即位后，在正大元年（一二二四年）正月，罢免守纯平章政事的相位。三月，丞相高汝砺病死。五月，平章政事把胡鲁病死。哀宗任用一批抗蒙有功将帅，分掌军政。赤盏合喜权枢密副使，枢密副使完颜赛不为平章政事，权参知政事石盏尉忻为尚书右丞，起复致仕官张行信为尚书左丞。一二二五年四月，又起用已致仕的胥鼎为平章政事、行省于卫州（一二二六年七月病死）。太常卿李蹊权参知政事。在"金国将亡"的年月，金哀宗任用文武朝臣，并力救亡。哀宗又下诏为抗蒙死难的将佐十三人建立褒忠庙，以激励将士。

蒲察合住在宣宗时权吏部侍郎，声势煊赫，残酷苛刻，朝臣都知道他的奸恶而不敢言。哀宗即位，贬蒲察合住为恒州刺史，贬左司员外郎泥庞古华山同知榁州军州事。正大元年（一二二四年）十二月，又把蒲察合住处死。《金史·哀宗纪》说："逐二奸臣，士大夫相贺。"朝中为之一振。

一二二三年，宣宗病死前，曾遣人招降武仙。武仙降蒙后，与史天倪同治真定，相互攻讦。一二二五年春，武仙杀史天倪，以真定府降金。武仙叛蒙归金，对金朝的抗蒙救亡，显然也是有利的。

停止侵宋战争　宣宗面对蒙古的侵掠，利用地主武装在北方抗蒙，而把金军主力南侵宋朝。由于南宋人民的坚决抵抗，金宋战争连年不决。尤虎高琪向南方"扩地"的图谋难以实现，反而使金朝背腹受敌，兵力分散。哀宗即位后，改变战略，迅速停止侵宋战争。一二二四年六月，派遣枢密判官移剌蒲阿领兵到光州，四处张榜，告谕宋界军民，金朝"更不南伐"。一二二五年，又下诏禁止宿州、泗州、青口等地巡边的官兵擅杀过淮的红袄军。金军停止侵宋，得以集中兵力，抗御蒙古了。

与西夏议和 在蒙古侵掠金、夏的过程中，西夏和金朝不断在边境地带发生小规模的战事。宣宗多次下诏对夏作战。成吉思汗北返后，集中兵力西向，西夏遭到蒙古的侵掠，处在灭亡的威胁之中。哀宗也对西夏改变战略，遣使谈和。一二二五年九月，金、夏和议：夏对金称弟，不称臣，不用金朝年号。哀宗对谏官完颜素兰、陈规等说："夏人从来臣属我朝，现在称弟和好，我不以为是耻辱。果能和好，使人民安定，还要对他们用兵吗？你们应当知道我的用意"。

金哀宗对宋、夏和好，集中力量进行抗蒙斗争。

山西失地的收复 一二二六年秋，哀宗派遣权枢密副使移剌蒲阿进兵山西。八月，移剌蒲阿收复曲沃，进而收复绛州（晋安），蒙古守将刘德仁（辽东降蒙地主）败死。一二二七年初，纥石烈牙吾塔领兵攻平阳。蒙古知平阳府事李守忠出战，兵败入城。蒙古平阳副帅夹谷常德（金降将）开城门迎金兵。牙吾塔收复平阳，俘李守忠。蒙古行平阳元帅府事李伯温（李守忠兄）据守青龙堡，金兵进攻，李伯温败死。五月，武仙领兵攻太原，金降人自城中内应。武仙收复太原，蒙古大将攸兴哥（攸哈剌拔都）败死。金朝出兵山西，一年之间，连续收复平阳、太原等重镇，蒙古丧失守将多人。金取得了胜利。

山东、淮北地区的斗争 一二二六年初，李全自楚州北上，攻山东，占据青州益都，擒降蒙的红袄军首领

426

张林。蒙古郡王带孙领兵围攻李全于益都。宋朝任刘琸知楚州，投宋的红袄军首领夏全在楚州起兵反刘琸，刘琸逃跑。夏全进兵盱眙，十一月，领兵投降金朝。楚州的王义深、张惠、范成进等也相继降金。哀宗封四人为郡王。张甫叛金投附李全，与刘庆福谋杀李福，不成，被杀。李全妻杨妙真据楚州。哀宗遣总帅完颜讹可等领兵往攻，败还。

济南地主武装张荣逐渐扩充势力，据有章丘、邹平、济阳等地。一二二六年，领兵降蒙。李全在青州被围攻一年，大小百战，伤亡惨重，城中军民仅余数千人。一二二七年四月，李全投降蒙古。蒙古军帅孛鲁（木华黎子，权国王）以李全为山东、淮南、楚州行省。蒙古兵乘胜攻下登、莱、胶、淄、滕等三十余城。山东地区都为蒙古所占有。

蒙古侵掠陕西 一二二六年，成吉思汗亲自统领蒙古大军进攻西夏，企图一举灭亡西夏。十一月，蒙军围攻西夏中兴府。金哀宗急召陕西行省及陕州总帅完颜讹可、灵宝总帅纥石烈牙吾塔等到汴京商议军事。又下诏给陕西两行省说："倘若边地有警，内地可忧，如不早图，就要受害。一旦事势不同，可以随机应变。如再逐级奏报，恐失事机，可由行省从宜规画。"

一二二七年四月，成吉思汗到达隆德，企图侵占金朝的德顺州，作为驻地。金朝在德顺州，没有驻军，形势危急。德顺节度使爱申书招凤翔人马肩龙来州共守。州城中只有地主武装"义兵"和乡军八九千人。蒙古兵围攻，金军死守，力战一百二十昼夜。城破，爱申自杀，马肩龙战死。

五月，蒙古军进攻临洮府。金临洮府总管陀满胡土门战败被俘，拒绝蒙军诱降，见蒙古军帅不跪拜，蒙军用刀砍胡土门膝胫。胡土门始终不屈，被杀死难。

金哀宗召集朝官，商议对策。陕西行省奏上三策，上策是哀宗亲自将兵出战，中策是哀宗去陕州，下策是弃陕西，保潼关。朝官集议，以为只可助陕西军决战，如陕西不守，河南也不可保。六月，西夏帝睍降蒙，西夏灭亡。金哀宗遣使去蒙古军中求和。

蒙军拒绝金朝的求和，经清水县，进攻凤翔，直指京兆，关中大震。七月，金哀宗在汴京签民为军，劝百姓入城迁避。人们议论说，蒙兵未到，河南先乱。蒙古军攻灭西夏，长驱入陕，千里之间，汹汹不安。屯驻在泾、邠、陇三州间的金节度使杨沃衍（唐括迪剌部人），原为北边屯田小吏，抗蒙作战有功，升任节度使，立志以身许国，说："为人不死于王事，而死于家，不算大丈夫。"蒙古兵东下，杨沃衍与部将刘兴哥（凤翔虢县人，出身起义农民）在邠州、陇州之间，往来作战，抗御蒙古，屡战屡胜。蒙古兵不能前进。

正当金朝的汴京，面临着成吉思汗大军的严重威胁时，七月，成吉思汗在清水县军中病死。八月，哀宗令撤去汴京城防丁壮和修城民夫，并暂停非急需的军需差发。汴京渡过了危机。

成吉思汗死后由幼子拖雷监国。一二二八年，继续侵金。蒙古军在陕西者，渐至泾州，断绝庆阳粮道，进入大昌原。平章政事、平凉行省完颜合达问军中诸将谁愿为前锋出战。忠孝军提控完颜陈和尚应命。陈和尚出兵前，沐浴更衣，表示决心死战。擐甲上马，不再回视，急出抗敌。陈和尚领骑兵四百，大破蒙古军八千之众，三军战士踊跃奋战，获得重大胜利。哀宗手诏褒奖，授陈和尚定远大将军、平凉府判官。大昌原的全胜，为金朝多年所未有，捷报传来，满朝振奋。

完颜陈和尚，名彝，丰州人。父乞哥曾为同知阶州军事。章宗泰和侵宋时，宋军攻占阶州，乞哥阵殁。宣宗时，蒙古侵金，陈和尚被俘，杀蒙古监卒，渡河逃回金朝。兄斜烈任行寿泗元帅府事，陈和尚充宣差提控。一二二五年，陈和尚因处理军中官吏相殴事，被诉入狱。一二二六年，斜烈死，哀宗释放陈和尚。一二二七年，为忠孝军提控。所谓忠孝军，是在蒙古侵掠中投附金朝的各族军队，包括畏兀儿、乃蛮、羌、浑及中原被俘逃来的汉人。忠孝军勇于作战，但难于统制。陈和尚统帅有方，军纪严明。军队过处，秋毫不犯，街市间不再喧杂。作战则充当先锋，疾如风雨。大昌原之战，陈和尚声名大振，忠孝军日益成为金朝抗蒙战争中的一支劲旅。一二二九年，枢密副使移剌蒲阿率陈和尚忠孝军驻邠州，防御北边。

二、蒙古窝阔台侵金

一二二九年八月，蒙古在克鲁伦河边举行贵族大会(库里尔台)，成吉思汗第三子窝阔台(蒙古太宗)继承了汗位。窝阔台统领蒙古军的主力，大举侵掠金朝。金朝抗蒙救亡的斗争，进入了更加艰苦的阶段。

庆阳之战 一二二九年冬十月，蒙古军进驻庆阳界。哀宗诏陕西行省遣使奉羊酒币帛去蒙军求和，以为缓兵之计。蒙古也派使臣斡骨栾到陕西行省来招降。哀宗密遣枢密院判官白华去邠州，告谕移剌蒲阿，候春初去庆阳作战。十二月，哀宗诏令移剌蒲阿与总帅纥石烈牙吾塔、权签枢密院事完颜讹可等领兵援庆阳。正大七年(一二三○年)正月，金军与蒙古军再战于大昌原，蒙古朵忽鲁军战败，退走。庆阳围解。移剌蒲阿遣还蒙古使臣斡骨栾，说："我已准备军马，可来战斗！"

卫州之战 蒙古在庆阳战败，斡骨栾回报。窝阔台大怒，决意亲自领兵南侵。一二三○年七月，窝阔台与弟拖雷、侄蒙哥统率大兵，向金朝的山西进攻。蒙古军攻下天成堡，经西京，至应州，在雁门关激战，先后攻破代州和石州。

武仙归金后，在一二二八年置府卫州。一二三○年九月，武仙领兵围攻潞州的蒙古军。窝阔台命塔思领兵救援。武仙退保潞州东原上。金将移剌蒲瓦领兵

430

夜袭蒙古军,塔思战败,蒙古辎重、人口都被金军俘获。武仙还军,攻占潞州。十月,窝阔台再遣万户宴只吉台与塔思等攻潞州。武仙遁走,还屯卫州。蒙古真定万户史天泽等率领河北蒙、汉军围攻卫州。哀宗调遣完颜合达、移剌蒲阿领兵十万救卫州。完颜合达等先遣完颜陈和尚忠孝军及亲卫军等三千人作先锋出击,蒙古兵败退。卫州围解。陈和尚的忠孝军又立了战功。

卫州解围后,哀宗登城门劳军。以移剌蒲阿权参知政事,与完颜合达行省于阌乡,领兵防守潼关。调武仙兵去鹘岭关扼守金州路。

潼关、凤翔之战 一二三〇年十一月,蒙古兵攻潼关、蓝关,不能下,退军。正大八年(一二三一年)正月,蒙古速不台军攻破小关,攻掠卢氏、朱阳。潼关总帅纳合买住领兵拒战,求援于行省。行省派陈和尚忠孝军一千,都尉夹谷浑军一万来援。蒙古速不台军败退,金兵追到倒回谷口而还。

金完颜合达、移剌蒲阿屯兵于潼关东。蒙古按察儿军围攻凤翔。完颜合达、移剌蒲阿以蒙古兵势大,不敢轻动。哀宗派白华驰谕合达、蒲阿,领兵出关与渭北蒙军交战,诱蒙古军救援,以解凤翔之围。完颜合达、移剌蒲阿领旨提兵出关,至渭北,与蒙古军交战,正值窝阔台、拖雷率领的主力军来援,金军当晚收兵入关。一二三一年二月,蒙古兵攻陷凤翔。

窝阔台出兵侵金以来,金、蒙互有胜负,蒙古兵并没有能取得多少进展。一二三一年五月,窝阔台在官山九十九泉驻夏,召集蒙古诸王将领商议灭金的战略。蒙古军兵分三路,中军由窝阔台率领,攻河中府,转向洛阳。左军由斡陈那颜率领,进兵济南。右军由拖雷率领,自凤翔过宝鸡,入小潼关,经过宋境沿汉水而下,自唐、邓攻汴京。计划在一二三二年春季三路大军合围汴京,消灭金朝。

九月,蒙古兵三路齐发,窝阔台兵临河中府,拖雷军过凤翔南下。金朝面临着灭亡的危险,将领们在议论着抗蒙救亡的对策。枢密判官白华主张调陕西兵守河中,说:与其到汉水去防御,不如直往河中,黄河一日可渡。倘作战顺利,蒙古去襄、汉的军马必当迟疑不进。利用北方作战机会,使南方掣肘。完颜合达自陕州上奏,也主此议。哀宗召移剌蒲阿到汴京商议。移剌蒲阿以为,如金军北渡,蒙古兵必将屯驻平阳之北,放我师渡河,然后断我归路与我决战,恐怕不利。蒲阿请召合达来同议。合达对哀宗说,河中时势已经不同以前,所奏也不敢自信。合达、蒲阿仍还驻陕西,只以一支军马出冷水谷,为河中府声援。

十月,窝阔台猛攻河中。合达、蒲阿派遣元帅王敢率领步兵一万救援。十一月,王敢救兵赶到,金军拚死守城,日夜不休。城西北楼橹被攻破,又血战半月。十二月初,力尽,城陷。守将完颜讹可被俘遇害。

拖雷率领的右军四万,攻破宝鸡,九月,破大散关,侵入宋境，屠洋州，攻兴元。宋兵弃饶峰关不守。蒙古兵攻入饶峰关，由金州东下，直指汴京。邓州告急。

十一月，哀宗急诏完颜合达、移剌蒲阿移兵屯邓州，完颜陈和尚随行。杨沃衍军留守阌乡。两省军入邓，札付宋襄阳制置司，约同御蒙古，被宋朝拒绝。十二月初，杨沃衍领兵八千，武仙自胡陵关领兵万人来邓州会师，屯驻于顺阳。

拖雷军渡汉江。金提控步军、临淄郡王张惠建策，乘蒙军半渡邀击。移剌蒲阿不听。蒙古兵约四万人渡江至禹山。金军已屯顺阳二十日。完颜合达在邓州两山隘间设伏兵二十余万。合达、蒲阿立军高山，分据地势。步军列阵山前，骑兵屯于山后，计划夹击蒙军。蒙古军只有四万。拖雷得到谍报，留大军辎重，只派少数轻骑前进。蒙将速不台设计说："金军不耐劳苦，不利野战。多次挑战使他们劳乏，战乃可胜。"蒙古轻骑兵到，合达见形势不利，列阵以待。蒙古兵突击攻阵。都尉高英督军力战，蒙兵少退。蒙兵又突击都尉樊泽（即夹谷泽）军，合达斩一千夫长，金军殊死战，蒙军又退。

钧州三峰山之战 蒙古轻兵自禹山退走。两省奏报获胜。拖雷留下一支蒙古军牵制金军。蒙古军已分散行进，分道直趋汴京。完颜合达、移剌蒲阿恐蒙军乘虚入京，自邓州发大军赶赴汴京。正大九年（一二三二年）正月初二日，完颜合达、移剌蒲阿率骑兵二万、步兵十三万，自邓州出发。骑兵统帅蒲察定住、郎将按得木、忠孝军总领夹谷爱答、提控步军张惠、殄寇都尉高英、樊泽，及中军陈和尚等随行。至五朵山，与杨沃衍、武仙军合。杨沃衍问："禹山之战如何？"合达说："我军虽胜，而蒙古大兵已散漫趋京师了。"杨沃衍愤慨地说："平章（合达）、参政（蒲阿）蒙国厚恩，掌握兵权，失去事机，不能战御，竟然纵敌兵深入，还有什么话可说！"金军北行，蒙古伏兵不断在中途邀击。十二日，金军渡沙河，去钧州。蒙古兵渡河袭击，金军不得扎营休息，又不得军食。行至黄榆店，遇雪不能前进，就地扎营。十四日，合达在军中接到哀宗的制旨，令两省军全部赴京师，然后出战。又有密旨，说蒙古骑兵渐近，已迁卫、孟二州。合达、蒲阿立即启行。蒙古军聚集，阻挡道路。杨沃衍夺得一条去路，陈和尚占据山上，金兵急进，距钧州只有十余里。蒙古军退至三峰山的东北和西南。武仙和高英领兵袭击西南，杨沃衍、樊泽袭击东北，蒙古兵退到三峰山东。张惠、按得木率骑兵万余，自上而下冲击，蒙古兵又退。金军沿途作战，极度疲劳。军士甚至三日未食。至三峰山，天又大雪，军士被甲胄僵立雪中，枪槊结冻如椽。蒙古军与河北降军聚集在四围，燃薪煮肉，轮番休息。乘金军疲困，有意让开去钧州的一条路，放金军北走，然后出伏兵夹击，金军大败，杨沃衍、樊泽、张惠三军争路，张惠持枪奋战而死。蒙古兵围攻杨、樊及高英兵，战于柿林村南，樊泽、高英也都战死。武仙率三十骑逃入竹林。

移剌蒲阿领兵北走，蒙古军追到，被擒。金朝的大军全部崩溃。

完颜合达与完颜陈和尚率领金兵残部数百骑败入钧州。蒙古军继续围攻钧州城。合达军在城中不得出。蒙古兵入城，合达败死。陈和尚被擒，拒绝蒙古的劝降，坚不跪拜。蒙古兵用刀砍断他的膝胫，陈和尚从容说："我就是忠孝军总领完颜陈和尚。大昌原战胜你们的是我，卫州战胜你们的是我，倒回谷战胜你们的也是我。今天要死个明白。"蒙古兵用刀斫断他的足胫，又割他的嘴，直割到耳边，血流不止。陈和尚至死不屈，英勇就义。

蒙古军帅派遣降蒙的杨沃衍部下将官呆刘胜去向杨沃衍劝降，说投降当授大官。杨沃衍愤怒地说："我出身细微，蒙国大恩，你要这样玷污我吗？"拔剑斩呆刘胜。杨沃衍向汴京哭拜说："无面目见朝廷，只有一死了。"自缢殉难。

移剌蒲阿被蒙古军押送到官山。蒙古军多次劝他投降。移剌蒲阿只是说："我是金国大臣，只当死在金国境内。"不屈，被杀。

钧州三峰山之战，是一次决定性的战役。完颜合达和移剌蒲阿身列相位，行省陕西，是金朝两名主要的统帅。抗蒙作战的主要将领也都在他们的部下。金宣宗以来，河北、山东地区委用当地地主武装抵抗蒙古。金兵主力二、三十万由合达和蒲阿指挥。蒙古军分三路进攻。金朝统治集团内意见不一，缺少策划。两省兵往来抗敌，疲于奔命。钧州三峰山一战，金朝的主要将领大部牺牲，金兵主力全部败溃。金朝遭到这一严重的失败，灭亡不可免了。

（五）哀宗迁蔡和金朝的灭亡

正大九年（一二三二年）正月，哀宗派遣完颜合达等自阌乡去邓州后，调徐州行省徒单兀典行省阌乡，守御潼关。徒单百家为关陕总帅。钧州三峰山败后，哀宗又急调徒单兀典来守汴京。徒单兀典与潼关总帅纳合合闰、秦蓝总帅都点检完颜重喜等撤除秦蓝各处守兵，领兵十一万，从虢入陕。

兀典自阌乡发兵前，将库藏全部拿出赏给军士，每人白金三两。又要抢劫州民财物以资军用，同华安抚使完颜素兰力谏而止。军士都以老幼随行，州中商贾也依军从行，妇女多嫁给军士。大军不走洛阳一路，而由州西南走入大山冰雪中。随行军将葭州统帅及都尉张翼都在中途领兵叛去。军至铁岭，遇蒙古军，完颜重喜先降，被蒙古军斩于马前。军兵多叛降或散走，溃不成军。徒单兀典、纳合合闰领数十骑逃到山中，被蒙古兵追及杀死。完颜素兰逃回陕州，与徒单百家守陕。徒单兀典率领的关陕兵十余万，是金朝另一支重兵。这支大军溃散，金朝的兵力更加空虚了。

436

一、汴京守卫战

钧州三峰山败后,汴京危急,召完颜白撒还朝。完颜白撒原在平凉十年,一二二八年被召还朝拜尚书右丞,后又任平章政事。白撒贪怯无能,专愎自用。正大九年(一二三二年)正月,蒙古兵长驱汴京,杨居亿请乘其远来,出兵进击,白撒不听。白撒派遣完颜麻斤出等率部众万人开短堤,决河水,以守汴京。工程未毕,蒙古骑兵已到,麻斤出等被害,修河丁壮逃回的不到二三百人。

汴京围急。城中空虚。驻军不满四万。城周百二十里,甚至不能遍守城口。白撒召集在京军官和防城有功者,截长补短,假借而用,得百余人领兵守城。又

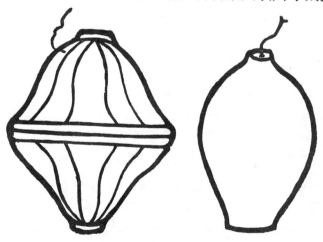

震天雷或铁火炮示意图

结集京东西沿河旧屯和卫州迁来的义军约四万人，募集丁壮六万人，分守四城。二月，又征募京师民军二十万，分隶诸帅。每人每月给粟一石五斗。

三月，窝阔台驻兵郑州，令忽都忽等领兵攻南京。金哀宗命白撒宿上清宫，枢密副使赤盏合喜宿大佛寺，以备缓急。蒙古从郑州遣使臣唐庆持国书来招降，要哀宗献出翰林学士赵秉文、衍圣公孔元措等二十七家，又索取降人家属，移剌蒲阿妻子、绣女、弓匠等数十人。哀宗封荆王守纯子讹可为曹王，由尚书左丞李蹊把他送到蒙古军营作为人质，向蒙古求和。窝阔台和拖雷率领蒙古大军北还，留军三万由速不台率领攻汴京。

哀宗求和，蒙古兵仍在继续作进攻的准备。汴京城外，蒙军沿城壕设列木栅，用薪草填壕。白撒等主帅因正在与蒙古议和，不敢出兵，在城上坐视蒙军备战。军民愤怒，要求出兵，在城中喧呼。哀宗亲自出端门慰劳军士。有军士五、六十人对哀宗说："蒙古兵负土填壕，已过一半。平章不准放一箭，说怕坏和议"。哀宗说："等曹王去，蒙古兵不退，你们再死战，也不算晚。"人们哭泣说："事已紧急，皇帝不要只盼望讲和!"千户刘寿控哀宗马，说："皇帝不要相信贼臣。贼臣尽，才能退敌兵。"卫士们要打他，哀宗说："他喝醉了酒，不要理他!"

蒙古军向汴京城发动进攻。哀宗命大臣分守四城。枢密使赤盏合喜守西北角。蒙军来攻，合喜吓得语言失序，面无人色。平章政事白撒守西南隅。募壮士千人，从地道出城渡壕，烧蒙军炮座。约定城上悬红灯为记，被蒙军发觉失败。又放纸鸢（风筝）送文书招诱蒙古军中金人。人们议论说："前天点纸灯，今天放纸鸢，宰相只靠这个，要退敌兵难矣。"

将帅怯懦无能。守城军民，人人激昂，奋勇抵抗。城中取宋朝遗留的假山的石头，制造圆球状的炮弹，每个约重一斤。每城一角置炮弹百余枚，更递下上，昼夜不停。堆积的炮石几乎与里城城墙一样高。一种叫做"震天雷"的火炮，用铁罐盛药，炮起火发，其声如雷，可以烧透铁甲。蒙古兵在城外墙掘出龛穴，城上不能射到，用铁绳系震天雷，顺城墙而下，至掘处火发，穴中蒙古兵就被炸死。又有飞火枪，注入火药，点火后，火焰喷射，可到十余步远。蒙古兵攻城，最怕这两种火器。金朝汴京军民，合力守城。与蒙古兵奋战十六昼夜，保卫了汴京城。哀宗又派使臣去蒙古军营求和。蒙古速不台见汴京城难以攻下，说："已在讲和，还相攻么？"领兵退去。

三月十四日，哀宗登端门赏赐军士，改年号开兴为"天兴"。赤盏合喜说他守城有功，主张朝中庆贺蒙古退兵。几个宰相都出来反对。权参知政事完颜思烈说："城下之盟，诸侯以为耻，怎么能以（敌军）罢攻为可贺呢？"赤盏合喜大怒说："社稷不亡，帝后免难，你们不高兴吗？"翰林学士赵秉文拒不起草贺表。朝贺事不再举行。

蒙兵退后，舆论纷纷要求罢免白撒。哀宗被迫罢去白撒平章政事。军士恨他不战误国，声言非杀他不可。白撒吓得躲起来，一天搬几次家避祸。

蒙古围攻汴京时，各地居民都迁入城中避难。蒙兵退后，城中疾病流行。五十天内，死亡几十万人。速不台蒙古军分处在河南各地。汴京外无援兵，内缺粮饷，仍然处在危急之中。

五月间，哀宗派完颜思烈行省于邓州，招募援兵。又任武仙为参知政事、枢密副使，行省河南，诏令领兵入援。武仙自三峰山败后，率残部到南阳留山，收集溃卒，招募兵士，渐至十万人，聚集粮食、武器，声势稍振。七月，思烈自汝州发兵，会武仙部入援汴京。哀宗任赤盏合喜为枢密使，率京城兵万五千人出师接应。赤盏合喜抗命不成，才勉强出兵。行至中牟故城，屯兵不进。

八月，武仙领兵至密县东，遇速不台部蒙古军。武仙按兵眉山店。武仙与思烈联络，要思烈阻涧结营，等武仙兵到，合兵并进，说不然就要失败。思烈急于去汴京，不听武仙的建策，独自领兵到郑州西京水，遭到蒙古军的袭击，不战而溃，思烈败走。武仙退兵留山。赤盏合喜在中牟，听说思烈军败，放弃辎重，当夜逃回汴京。官员们说："赤盏合喜始则抗命不出，中则逗留不进，最后弃军逃跑，损失军资不可胜计，不斩之，无以谢

440

天下"。哀宗罢赤盏合喜枢密使,免官为民。

汴京城中缺粮,驻军无粮饷。八月初,置局括粟,向城中居民强征粮米。括粟官对居民说:"如果一旦粮尽,拿你们的妻、子作军食,你们还能吝惜吗?"括粟十八日,八月二十八日改为"进献"。九月,令上党公张开等率步军保护陈留通许间的粮道,停止贫民献粮。前御史大夫完颜合周又建策说,京城括粟,还可得百余万石。哀宗以合周权参知政事,再次括粟。合周下令每家自报存粮。年壮者每人只许存一石三斗,年幼者减半。各家自己把存粮写在门口,如有隐匿,即按隐匿的升斗数治罪。城中三十六坊,都选严酷官吏主持,向居民括粟。有寡妇两口人,交豆六斗,内有蓬子三升,被括粟官吏发现捉去示众。寡妇哭诉说:"我丈夫战死,姑婆年老,不能奉养,所以夹杂蓬秕自食,不是敢用来充军储。而且这三升,是在六斗之外多余的。"官吏不听她申诉,当众把她杖死。京城居民为之战栗。有存粮的也都赶快扔掉。有人报告给合周。合周说:"京师危急,是保存国家呢?还是保存百姓呢?"人们有话都不敢再说。从此家无余粮,只有束手待毙。饿死者甚多。哀宗只好拿出些太仓的粮米作粥救济。汴京城内,至于人相食。兵士只好出城就食。

汴京援绝粮尽,不待蒙古军来攻,已难以继续维持了。

二、哀宗出逃

天兴元年（一二三二年）六月，左丞李蹊与曹王自蒙古军还汴京。七月，蒙古使臣唐庆等来汴京，令哀宗去帝号称臣，投降蒙古。金朝守城军士愤而杀唐庆及从行人员。哀宗赦免军士。蒙、金和议断绝。速不台蒙古军散处河南各地，汴京仍处在蒙古军进攻的威胁之中。

朝廷上议论着弃汴出逃。十月间，哀宗以援兵不至、将帅缺人，又起用白撒为平章政事、权枢密使、右副元帅。十二月，起用白华为右司郎中。哀宗遣近侍向白华问计。白华献计说："现在耕种已废，粮食将尽。四外援兵都不可指望。圣主可出就外兵，留皇兄荆王守纯在汴京监国，由他裁处。圣主既出，遣使告语蒙古，我外出不是收整军马，只因军卒擅杀唐庆，和议断绝，现在把京师交付荆王，我只求一二州养老。这样，太后皇族可以保存，圣主也可以宽心了。"哀宗决意出逃。次日，又召白华说："出巡之计已定。但到哪里去，群臣议论未定。有的说归德四面皆水可以自保，有的说可沿西山入邓。也有人说要入邓，蒙古大将速不台现在汝州，不如取陈、蔡路转往邓州。你以为如何？"白华又说："归德城虽坚，久而食尽，坐以待毙，决不可往。欲往邓州，既然汝州有速不台，断不能往。今日的事势，如同赌徒所谓的孤注。孤注只有背城之战。为今之计，当直赴汝州，与之决一死战。但汝州战不如半途战，半途战不如出城战。如出京太远，军食日减，事情就难了。倘若我军得战，存亡在此一举。外可以激三军之气，内可以慰都人之心。如只为逃避迁移之计，人心顾恋家业，未必都肯从行。应当仔细考虑。"哀宗再召诸相商议，仍有人主张去归德，有人主张去邓州。明日，哀宗又向守城军士宣布，因京城食尽，打算外出。诸帅将佐一起奏报说："圣主不可亲出，只可命将，三军欣然愿为国家效死"。哀宗又有些犹豫，打算命将守城。权参政完颜讹可等激烈反对留汴京。汴京民间已在盛传皇帝要去归德，坐视城中饿死。哀宗召集起复的老将丞相完颜赛不、讹出、合周等数人密议，决议出京。以完颜赛不为右丞相、枢密使兼左副元帅，白撒为平章政事、权枢密使兼右副元帅，讹出为右副元帅兼枢密副使、权参知政事，李蹊为兵部尚书、权尚书左丞，徒单百家为元帅左监军行总帅府事，高显为东面元帅，完颜猪儿为南面元帅，刘益为西面元帅，娄室为北面元帅，各领兵五千，受总帅百家统辖，扈从哀宗出奔。

哀宗把皇太后、皇后和诸妃留在汴京。以完颜奴申为参知政事兼枢密副使，完颜斜捻阿不为枢密副使兼知开封府、权参知政事，撒合为外城东面元帅，尤甲咬住为南面元帅，崔立为西面元帅，孛术鲁买奴为北面元帅，留守汴京。又命完颜合周留管宫内事。

十二月二十五日，哀宗与皇太后和后妃告别，自汴京出发，采白华议，西往汝州。这天，陕州总帅完颜仲德经秦、蓝、商、邓，提兵来援汴京。巩昌元帅完颜忽斜虎从金昌入援，对哀宗说：京西三百里之间无井灶，不可往。哀宗又改变计划，决策东行，经陈留、杞县，到达黄陵冈。

完颜仲德留任尚书右丞，随哀宗扈从。

十二月三十日，哀宗和群臣在黄陵冈集议。白撒主张哀宗驻归德，由白撒率河北降将取大名、东平，经略河北。哀宗已采白撒议，蒲察官奴又奏报卫州有粮，主张攻取卫州。白撒说："京师还不能守，得了卫州有什么用？在臣看来，还是取东平之策为好。"哀宗放弃东平之策，决计攻卫州。天兴二年（一二三三年）正月元旦，归德总帅石盏女鲁欢运来三百余船粮食助军。哀宗即命乘粮船渡河北上取卫州。哀宗随从军士渡河之间，突然北风大作，后面的兵士万人还在南岸。蒙古兵赶到袭击，元帅完颜猪儿战死。都尉完颜讹论出投降蒙古。

哀宗驻兵河北岸，留三千亲卫军护从。正月初四日，仍命白撒督军取卫州。右丞完颜赛不领马军先行。元帅蒲察官奴、总帅徒单百家，及郡王范成进、王义深、上党公张开、元帅刘益等领步兵自蒲城进发。大兵出发前，右丞相完颜仲德扣哀宗马苦谏，说："存亡在此一举，卫州决不可攻。"哀宗不听，命白撒督军进发。

金兵自蒲城行军，迁延八日才到卫州城下。蒙古

444

骑兵三千来袭,被蒲察官奴等击退。金军围攻卫州,缺少攻具,连攻三日,不能破。蒙古派大兵来援,至卫州西南。金兵闻讯退师。蒙古兵跟在后面追击,金兵大败。白撒弃军逃跑。刘益、张开都在逃跑途中被民家所杀。刘益一军叛去。这时,哀宗在蒲城东三十里。白撒赶到,仓皇对哀宗说:"现在我军已溃,蒙古兵近在堤外,请赶快去归德。"哀宗在深夜四更匆忙乘船逃往归德,侍卫都还不知道。次日,金朝败军得知哀宗逃走,相继溃散。白撒收聚溃兵二万到归德,哀宗把攻卫之败,归罪于白撒。白撒下狱七日,饿死。完颜赛不辞官致仕。完颜仲德受命行省徐州。蒲察官奴请再领兵北渡,被女鲁欢阻止。

汴京自哀宗出逃后,城内暂时还平静。卫州败报传来,城中骚动。这时,速不台蒙古军又来攻。汴京内外不通,粮价高涨。一升米卖银二两。百姓粮尽,饿死甚多,甚至自食妻子。卫州军败,人们看到金朝将亡,更加不安。二十三日,汴京西面元帅崔立发动政变,杀完颜奴申、完颜斜捻阿不二相及其他留汴官员,投降蒙古。速不台进兵汴京。四月,速不台杀荆王守纯、梁王从恪(允济子),将后妃等送回蒙古。汴京陷落,金朝失国都,形势更为严重了。

三、归德变乱,哀宗迁蔡

哀宗留驻归德,二月,以知归德府事石盏女鲁欢为枢密副使、权参知政事。河北溃军相继来归德。归德军多粮少。女鲁欢请令溃军去徐、宿、陈三州就食。三月,女鲁欢又请将亲卫军出城就食。哀宗勉强听从,又告元帅蒲察官奴说:"女鲁欢尽散卫兵,你当小心。"归德城内,只有官奴统率的忠孝军四百五十人,和马用率领的七百人留在府中。马用原是一个都尉,到归德后升为统兵元帅。蒲察官奴与马用不和。官奴统领的一支军队,四出剽掠,官奴不加禁止。左丞相李蹊等奏官奴将谋反。哀宗说:"官奴从微贱中起为大帅,何能负我而反。你们不要过虑。"哀宗怕官奴、马用不和,因而成乱,令在尚书省设宴和解。马用撤去守卫,官奴乘机攻马用,马用败走被杀。官奴又乱杀军民,劫持朝官,杀石盏女鲁欢、李蹊等将相以下三百余人,军民死者三千人。官奴入见哀宗,说:"女鲁欢等谋反,我已经杀了。"官奴兵权在握,哀宗无法,只好承认官奴无罪,任他为枢密副使、权参知政事。

　　蒲察官奴年少时曾被蒙古军俘掳,往来河北。后自狱中逃归金朝,编入忠孝军万户。母亲仍在蒙古军中。哀宗令官奴以此为缘由向蒙古军谈和。蒙古忒木得放还官奴母,遣使者来招降。忠孝军一百五十人听说官奴要劫哀宗降蒙,纷纷围住官奴的住宅,责问说:"你要献出皇帝投降,我们都是蒙古军不能赦的人,该到哪里去?"官奴恐惧,把母亲交出作人质,说:"你们如因此对我有怀疑,就把我母亲杀掉,我绝不怨恨。"官奴

446

聚集军士到北草场，说他不降蒙，不要再怀疑，并告谕军士，计划出兵袭击蒙古军营。

哀宗到归德后，蒙古诸军逐渐会集到归德附近。蒙古撒吉思卜华军在归德城北，临城背水扎营。在忠孝军广大军士的推动下，五月间，哀宗、官奴令军中准备火枪战具。官奴率忠孝军四百五十人，自南门登船，由东而北，乘夜间至城北王家寺。哀宗到城北门观战，如果劫营失败，就乘船逃往徐州。四更时，两军接战。金军奋勇杀敌，腹背夹攻，用火枪袭击。蒙古军溃败，溺水死三千五百余人。撒吉思卜华败死，一军覆没。蒙古藁城元帅董俊也在作战中败死。金军取得劫营的重大胜利。

蒙兵败退。哀宗真授官奴参知政事，兼左副元帅，又在暗地密谋杀官奴。官奴声势日盛。朝臣都不敢向哀宗奏事。哀宗慨叹说："自古无不亡之国，不死之主，但恨我不知用人，以致被此奴所囚。"五月，官奴领兵去亳州。哀宗与近侍官设计，六月间把官奴召还，在官奴入见时，哀宗和近侍当场把他杀死。

哀宗到归德后，蒲察官奴曾建策迁往国安用（李全余部）占据的海州。哀宗不听。蔡、息等州总帅乌古论镐请哀宗去蔡州。官奴说蔡州不可守，宣告"敢言南迁者斩"。哀宗杀官奴后，决计迁往蔡州。

正当哀宗准备自归德南迁时，蒙古军又攻陷了中京（洛阳）。中京在一二三二年三月，曾被蒙古军攻破，留守撒合辇战败，投水自杀。蒙古兵退后，元帅右监军任守真重立府事。河中射粮军子弟强伸，充官军戍陕州，兵败，逃来中京，任守真署为警巡使。任守真随完颜思烈入援，死于郑州。中京人推强伸领军二千五百人拒守。蒙古兵再来攻战，强伸多次战退敌兵，守住中京城。哀宗下诏褒奖，以强伸为中京留守、行元帅府事。十月间，完颜思烈自南山败走后，领军民十余万人入洛，行省事。一二三三年三月，蒙古兵入汴京后，将留在汴京的思烈的儿子押到中京城下，胁迫思烈投降。思烈不理，命左右在城上射箭。思烈知崔立以汴京叛降蒙古，忧病而死。总帅乌林答胡土代行省事，强伸行总帅府事。五月，蒙古兵再来攻城，命降蒙的韩某隔河向强伸诱降。强伸说："先生不是国家臣子么？不能勤王，还要诱我投降吗？我本一军卒，现在作到留守，只能誓死报国。"强伸出兵击退蒙古骑兵。六月间，行省胡土弃中京南逃。部下开城西门投降。强伸见城不能守，自城东门突围而出，转战到偃师，力尽被擒。蒙古兵把强伸强拥在马上，说："你能北面一屈膝，就饶你的命。"强伸不从。蒙古兵强迫他向北，强伸扭头南向，被杀殉国。

　　汴京、中京相继陷落。六月十八日，哀宗自归德出发，二十六日进入蔡州。留元帅王璧守归德。

四、蒙、宋联合灭金

　　哀宗逃到蔡州。蔡州地处淮水支脉汝水上，与宋朝接壤。蔡州无险可守,并且又面临着宋朝的威胁。

　　哀宗在归德时,曾派白华到邓州召援兵。邓州节度使移剌瑗叛金降宋,白华也叛降宋朝。哀宗离归德去蔡州,临淄郡王王义深又在灵璧叛变,经涟水入宋。哀宗到蔡州后,又召武仙领兵入援。移剌瑗降宋后,宋兵袭击顺阳武仙军,被武仙击败。七月,武仙迁到淅川,谋取宋金州。军队缺粮,兵士都散去,溃不成军。

　　哀宗自归德逃往蔡州时,从徐州把完颜仲德调来领省院事,主持军政。随后,又自徐州调回军帅抹撚兀典,再次起用老将完颜赛不领行尚书省事于徐州。完颜仲德在蔡州亲自整顿兵马,自诸道征兵万人,又命工修缮器甲,限一月完工,军威稍振。九月,鲁山元帅元志领兵千余来援蔡州,息州忠孝军元帅蔡八儿、王山儿等也领兵到蔡州。完颜仲德整肃军纪,赏罚严明,准备迎战。哀宗入蔡州,以为可以苟安,又想修宫室、选室女,都被完颜仲德力谏阻止。

　　完颜仲德早在入援汴京时,就曾主张哀宗西迁秦巩。哀宗到蔡州,见守御困难。八月,以蜡书密谕秦州元帅粘葛完展,打算九月间出饶峰关会师,乘宋朝不备,攻取兴元,向宋朝的四川扩地。但是,金哀宗没有料到,这时的宋朝已和蒙古达成协议:联合攻灭金朝,金亡后,河南地归宋,河北归蒙古。宋朝的大兵已经向金朝出发了。

　　八月,宋兵围攻唐州。金唐州守将乌古论黑汉遣

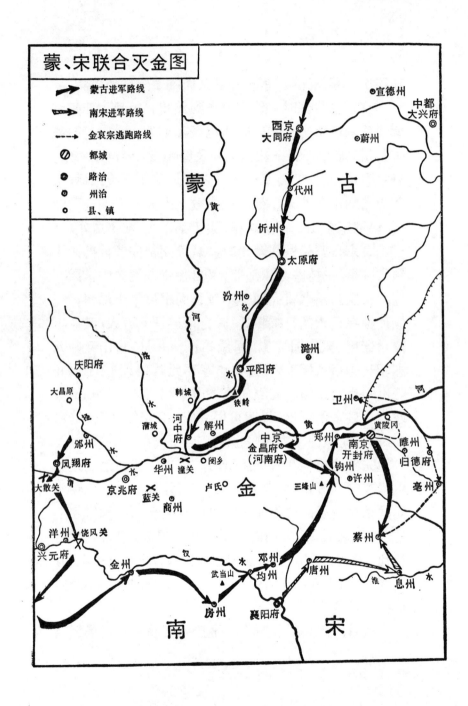

蒙、宋联合灭金图

蒙古进军路线
南宋进军路线
金哀宗逃跑路线
都城
路治
州治
县、镇

蒙　古

宋

金

南　　　　　宋

使求援。金哀宗命权参政乌林答胡土领忠孝军百人，征西山招抚乌古论换住等军赴援。宋兵乘金援军一半入城时，出伏兵夹攻。换住战死。胡土大败，领三十骑逃回。乌古论黑汉在唐州城坚守。城中食尽，黑汉及军士杀妻子作军粮。部下开西门降宋。黑汉率众巷战，杀伤宋军无数。黑汉最后战败被俘，不屈，被杀。

宋兵攻下唐州后，又进兵息州南。哀宗派抹撚兀典领兵救援。兀典派忠孝军百余骑在中渡店袭击宋军。宋军误以为是蒙古军来袭，溃散而去。金军获胜。

哀宗见宋朝助蒙攻金，派皇族完颜阿虎带去宋朝谈和，说："蒙古灭国四十，以及西夏，夏亡及于我，我亡必及于宋。唇亡齿寒，自然之理。若与我连和，所以为我也是为宋"。宋朝拒绝，不许和议。

蒙古军由塔察儿率领，宋军由孟珙率领，分道向蔡州进攻。九月，蒙古兵到达蔡州城下。蔡州危急。哀宗在重九日拜天，对群臣说："国家自开创以来，养你们一百多年。你们或因先世立功，或因功劳起用，都已很多年了。现在国家危急，和我同患难，可谓忠矣。蒙古兵将到，正是你们立功报国之秋，纵死王事，不失为忠孝之鬼"。说罢，哀宗向群臣赐酒。这时，蒙古兵数百骑已到城下。金兵踊跃请战。哀宗分军防守四面。总帅孛术鲁娄室及完颜承麟守东面，乌古论镐、元志守南面，乌林答胡土守西面，蔡八儿、王山儿、纥石烈柏寿等守北面，完颜斜烈守子城。次日，忠孝军蔡八儿率百余骑潜出城门，渡汝水，向蒙古兵射击。蒙古兵筑长垒，作久困计。

十月，徐州守将郭恩与郭野驴等叛降蒙古。完颜赛不拒降，自杀。

蔡州被围。哀宗放城内饥民老弱出城。又给饥民以船，到城壕采菱茨水草充饥。十一月，宋将孟珙率两万兵至蔡州，运粮三十万石助蒙古军需。宋、蒙会师。孟珙从俘虏处得知，蔡州城中粮尽，与蒙兵协力围困，防止金兵突围。宋兵攻南面。蒙古肖乃台、史天泽部攻北面。东、西两面也由蒙古兵包围。蔡州城外有柴潭，潭外即汝水。柴潭筑楼，伏巨弩设防。十二月，宋兵决柴潭入汝水，用薪草填潭，从潭上行军攻城。肖乃台、史天泽自城北偷渡，与金军血战。十二月初九日，蒙古军攻破蔡州外城。金外城守将宿州总帅高腊哥战死。蒙古攻东城，总帅孛术鲁娄室随机备御。蒙军攻南城，炮击城楼。完颜仲德领兵救援，蒙古兵退。蒙古及宋军四面来攻，完颜仲德难于四面援助，荐承麟权总帅，代娄室守东面。十九日，蒙军攻破西城。完颜仲德先在城中筑栅浚壕，蒙兵不能前进。完颜仲德选三面精锐，昼夜抗御，蒙军始终不能入城。都尉王爱实战死。二十四日，哀宗率领兵士夜出东城逃跑，到城栅处，与蒙军遇，被迫退回。

蔡州被围三月，城中粮尽。哀宗杀上厩马五十四、官马一百五十匹赏给将士食用。城中居民用人畜骨和芹泥充饥。天兴三年（一二三四年）正月元旦，蒙军在城外会饮鼓吹。哀宗命近侍分守四城，各级官吏都出供军役。初九日，蒙军在西城凿通五门，整军入城。完颜仲德督军巷战。直到傍晚，蒙古兵暂退。哀宗见蔡州不守，说："我为金紫十年、太子十年，人主十年，自知无大过恶，死而无恨。只恨祖宗传国百年，至我而绝"。又说："自古以来，没有不亡之国。亡国之君往往被人囚执成为俘虏，或在阶庭受辱。我必不至于此。你们看着吧！"当夜传帝位给东面元帅承麟，说："你矫捷有将略，万一能逃走，使国家不绝，是我的志愿。"次日晨，承麟受诏即皇帝位。正在行礼，城南已树起宋朝旗帜。诸将急忙赶出来作战。宋军攻下南城，乌古论镐被俘。乌林答胡土战死。蒙古塔察儿军攻破西城。完颜仲德领精兵一千巷战。自卯时坚持战斗到巳时。哀宗见金朝将亡，在轩中自缢死。完颜仲德对诸将说："皇帝已死，我还怎么作战。我不能死于乱兵之手，要去投汝水殉国。诸君善自为计吧！"仲德投汝水自杀。诸将都说："宰相能死，我们就不能吗？"孛术鲁娄室、元志、王山儿、纥石烈柏寿等及军士五百余人都投河自杀。承麟被乱兵杀死，金亡。

金朝亡后，各州先后降蒙，只有巩州郭虾蟆坚守孤城拒战。会州人郭虾蟆金宣宗时以善射应募从军，与西夏作战，曾被西夏俘掳，誓死不降，乘隙逃回，受命为巩州钤辖。一二二三年，与巩州元帅田瑞收复会州。

哀宗即位,田瑞据巩州叛,郭虾蟆领兵击田瑞。田瑞被弟济杀死。郭虾蟆以功为本路兵马都总管、元帅左都监。一二三三年初,哀宗策划迁巩昌,以粘葛完展为巩昌行省。蔡州城破,完展率众守城以待金朝继立的皇帝。绥德州帅汪世显约郭虾蟆杀粘葛完展,郭虾蟆严词拒绝,说:"粘葛公奉诏为行省,谁敢不从。你要背叛国家,你自己去办好了,何必找我!"汪世显劫杀粘葛完展降蒙,又遣使者二十余人招郭虾蟆投降,都被郭虾蟆拒绝。郭虾蟆力守孤城,近三年之久。一二三六年十月,蒙古大兵并力攻城。郭虾蟆日与血战,力抗蒙军,兵士死伤甚众。郭虾蟆见不能守。自行烧毁庐舍积聚,又自州廨积柴薪,把家人和将校妻女禁闭一室,准备自焚。城破,郭虾蟆率兵士鏖战。士卒弓尽矢绝者,即挺身入火中自焚。郭虾蟆战到最后,独自走上大草堆,依门扉遮掩,发二三百箭射向蒙军,箭无不中。箭矢发尽,把弓投入火中,自焚死。城中无一人投降。

金朝的统治,在我国北方延续了一百二十年之久,最后灭亡了。女真族人民在和汉族人民长期相处中,交流了经济和文化。在元朝统治下,女真族逐渐与汉族融合,和各族人民一起,继续展开了反抗元朝地主阶级统治的斗争。

辽、夏、金纪年表

辽 代 纪 年 表

公元纪年	干支纪年	辽 朝 纪 年	
九〇七	丁卯	太　　祖（耶律阿保机）	
九一六	丙子		神册元年
九二二	壬午		天赞元年
九二六	丙戌		天显元年
九二七	丁亥	太　　宗（耶律德光）	天显二年
九三八	戊戌		会同元年
九四七	丁未		大同元年
		世　　宗（耶律阮）	天禄元年
九五一	辛亥	穆　　宗（耶律璟）	应历元年
九六九	己巳	景　　宗（耶律贤）	保宁元年
九七九	己卯		乾亨元年
九八三	癸未	圣　　宗（耶律隆绪）	统和元年
一〇一二	壬子		开泰元年
一〇二一	辛酉		太平元年
一〇三一	辛未	兴　　宗（耶律宗真）	景福元年
一〇三二	壬申		重熙元年
一〇五五	乙未	道　　宗（耶律洪基）	清宁元年
一〇六五	乙巳		咸雍元年

公元纪年	干支纪年	辽　朝　纪　年	
一〇七五	乙卯		大康元年
一〇八五	乙丑		大安元年
一〇九五	乙亥		寿昌元年
一一〇一	辛巳	天祚帝（耶律延禧）	乾统元年
一一一一	辛卯		天庆元年
一一二一	辛丑		保大元年
一一二四	甲辰	德　宗（耶律大石）	
一一三一	辛亥		延庆元年
一一三四	甲寅		康国元年
一一四四	甲子	感天后（塔不烟）	咸清元年
一一五一	辛未	仁　宗（耶律夷列）	绍兴元年
一一六四	甲申	承天后（耶律普速完）崇福元年	
一一七八	戊戌	末　主（耶律直鲁古）天禧元年	
一二一一	辛未	屈出律	
一二一八	戊寅	辽　亡	

西 夏 纪 年 表

公元纪年	干支纪年	西 夏 纪 年	
一〇三二	壬申	景　宗（元昊）	显道元年
一〇三四	甲戌		开运元年
			广运元年
一〇三六	丙子		大庆元年
一〇三八	戊寅		天授礼法延祚元年
一〇四九	己丑	毅　宗（谅祚）	延嗣宁国元年
一〇五〇	庚寅		天祐垂圣元年
一〇五三	癸巳		福圣承道元年
一〇五七	丁酉		奲都元年
一〇六三	癸卯		拱化元年
一〇六八	戊申	惠　宗（秉常）	乾道元年
一〇六九	己酉		天赐礼盛国庆元年
一〇七五	乙卯		大安元年
一〇八六	丙寅		天安礼定元年
		崇　宗（乾顺）	天仪治平元年
一〇九〇	庚午		天祐民安元年
一〇九八	戊寅		永安元年
一一〇一	辛巳		贞观元年
一一一四	甲午		雍宁元年
一一一九	己亥		元德元年

公元纪年	干支纪年	西　夏　纪　年	
一一二七	丁未		正德元年
一一三五	乙卯		大德元年
一一四〇	庚申	仁　宗（仁孝）	大庆元年
一一四四	甲子		人庆元年
一一四九	己巳		天盛元年
一一七〇	庚寅		乾祐元年
一一九四	甲寅	桓　宗（纯祐）	天庆元年
一二〇六	丙寅	襄　宗（安全）	应天元年
一二一〇	庚午		皇建元年
一二一一	辛午	神　宗（遵顼）	光定元年
一二二三	癸未	献　宗（德旺）	乾定元年
一二二六	丙戌	末　主（睍）	宝义元年
一二二七	丁亥	西夏亡	

金 代 纪 年 表

公元纪年	干支纪年	金 朝 纪 年	
一一一五	乙未	太　祖（完颜阿骨打）	收国元年
一一一七	丁酉		天辅元年
一一二三	癸卯	太　宗（完颜晟）	天会元年
一一三五	乙卯	熙　宗（完颜亶）	天会十三年
一一三八	戊午		天眷元年
一一四一	辛酉		皇统元年
一一四九	己巳	海陵王（完颜亮）	天德元年
一一五三	癸酉		贞元元年
一一五六	丙子		正隆元年
一一六一	辛巳	世　宗（完颜雍）	大定元年
一一九〇	庚戌	章　宗（完颜璟）	明昌元年
一一九六	丙辰		承安元年
一二〇一	辛酉		泰和元年
一二〇九	己巳	卫绍王（完颜永济）	大安元年
一二一二	壬申		崇庆元年
一二一三	癸酉		至宁元年
		宣　宗（完颜珣）	贞祐元年
一二一七	丁丑		兴定元年
一二二二	壬午		元光元年
一二二四	甲申	哀　宗（完颜守绪）	正大元年
一二三二	壬辰		开兴元年

公元纪年	干支纪年	金　朝　纪　年	
一二三四	甲午	末　帝（完颜承麟）	天兴元年 盛昌元年
		金　亡	天兴三年

辽、夏、金地名表

本表依照辽、夏、金三章的顺序，分别收录各章的地名，少数见于各章的前代和周邻各族的地名也附带收入，在括号内注明。古地名按笔画顺序排列。今地名只表示辽、夏、金的府、州、县治所所在地和一些山川的大致方位。不能确指者，暂不收录；有异议者，暂取一说。本表只供读者阅读本书时参考，并非历史地理学的考订结论。不妥之处，请读者指正。

辽 代 地 名 表

二 画

八剌沙衮　苏联楚河南伏龙芝

三 画

大　宁　辽宁宁城西大名城
大同府（西京）　山西大同市
大定府（中京）　辽宁宁城西大名城
大营山　辽宁赤峰市西北
大福河　辽宁境乌力吉木伦河支流呼虎尔河
兀纳水　蒙古鄂尔浑河上游
土　河　**辽宁辽河上游老哈河**

土纥真水　即土河
于越王城　辽宁巴林左旗西南西哈达英格附近王拐山山顶之上
三河（后晋）　河北三河县
三河（投下州县）　辽宁沈阳市
上京临潢府　辽宁巴林左旗南波罗城
上　都　辽宁巴林左旗林东镇南波罗城（古代通称京都为上都，此指上京）
义　州　吉林奈曼旗西
义　县　吉林奈曼旗西
广义县　辽宁翁牛特旗西北境

461

广平淀　辽宁西拉木伦河及老哈
　　　　河汇合处东南
广晋府(后晋)　河北大名东
广信军(宋)　河北徐水东
卫　州　辽宁彰武西南
飞　狐　关名,河北涞源北境

四　画

五台山　山西代县东
天德军　内蒙呼和浩特市东
木叶山　辽宁西拉木伦河及老哈
　　　　河汇合处
开京(高丽)　朝鲜开城
开封(宋)　河南开封市
云中(唐)　山西大同市
云州　山西大同市
太子山　辽宁宁城西南
瓦桥关　河北雄县旧南关
中京大定府　辽宁宁城西大名城
内　丘　河北内丘
贝州(宋)　河北清河西
长平(辰州)　辽宁盖县境
长安(宋)　陕西西安市
长宁(川州)　辽宁北票西北
长春路　辖境大致以吉林查干泡
　　　　为中心,北至嫩江,东至
　　　　松花江,西至洮儿河下
　　　　游
长春州　吉林扶余他虎城
长泰县　辽宁巴林左旗附近
长乐县　辽宁巴林右旗巴林石桥
　　　　西北

丹州(宋)　陕西宜川
丰　州　内蒙呼和浩特市东
手山(首山)　辽宁辽阳市西南
乌　州　约吉林双辽西北
巴达哈伤　阿富汗兴都库什山区

五　画

东京辽阳府　辽宁辽阳市
东京道黄龙府　吉林农安
东都(唐)　河南洛阳市
东平府　辽宁辽阳市
东牟山(天柱山)　辽宁沈阳市东
龙化州　辽宁老哈河与敖来河中
　　　　间八仙筒一带
龙化县　辽宁老哈河与敖来河中
　　　　间八仙筒一带
龙泉府　黑龙江安南东京城
玉　田　河北玉田
玉河县(五代)　北京市西
平州(后唐)　河北卢龙
平郭(金,辽咸州)　辽宁开原老
　　　　城镇
平卢军(唐)　营州,辽宁锦州市
　　　　西
可敦城　蒙古鄂尔浑河上游哈达
　　　　桑北,辽设镇州
古北口　北京市密云东北
古汉城　河北沽源北
古回鹘城　蒙古鄂尔浑河上游,
　　　　哈达桑北哈剌巴剌哈
　　　　孙
甘州(西夏)　甘肃张掖

462

巨母古城　黑龙江海拉尔河入额
　　　　　尔古纳河处左侧
叶尔羌　新疆莎车
叶密立　新疆塔城附近
归化州　河北宣化
归顺州（唐）　北京市顺义
瓜州（西夏）　甘肃安西东南
代　北　山西代县北
代　州　山西代县
白马岭　山西盂县东北
白团卫村　河北完县阳城南
乐寿县（宋）　河北献县西
仪坤州　即广义县
永　州　辽宁西拉木伦河与老哈
　　　　河汇合处附近某地
永安山　辽宁昭乌达盟宁城西
玄州（唐）　北京市通县附近
宁江州　吉林扶余东南石头城子
出河店（肇州，金）　黑龙江肇源
　　　　　　　　县西南
辽　东　辽宁辽阳市

六　画

西京大同府　山西大同市
西州（回鹘）　新疆吐鲁番县高昌
　　　　　　故城
西峡石　河北卢龙东南
西孤山　辽宁锦西境
夹　山　内蒙萨拉齐西北
邢州（宋）　河北邢台
达鲁河（长春河）　吉林洮儿河
成　州　辽宁阜新市西北

同州（宋）　陕西大荔
曲阳（宋）　河北曲阳
伏虎林　辽宁西拉木伦河及老哈
　　　　河汇合处西北
好水川（宋）　宁夏隆德至宁静两
　　　　　　县间
庆　州　辽宁林西县北庆州故城
安　平　河北安平
安远军（后晋）　天津市
安阳水（洹水，宋）　河南安阳市
　　　　　　　　　北
安肃军（宋）　河北徐水
安肃州　河北徐水
祁　州　河北安国
兴化城（高丽）　朝鲜义州东南
兴中府　辽宁朝阳
阴　山　内蒙中部东西走向山脉
阳台山　北京市西妙峰山麓
阳　城　河北完县东南

七　画

来　州　辽宁绥中前卫镇
束　鹿　河北束鹿
邯　郸　河北邯郸市
扶风（宋）　陕西扶风
扶　余　吉林农安境
别失八里　新疆吉木萨尔县北破
　　　　　城子（护堡子）
忻　州　山西忻县
忻　口　山西忻县北
怀　州　辽宁巴林左旗林东镇境
岐　沟　河北涿县西南

463

妫州（后晋） 河北怀来境

宋州（宋） 河南商丘市南

应　州　山西应县

沙　岭　河北宣化西

沈州（昭德军） 辽宁沈阳市

沈　阳　辽宁沈阳市

沧州（宋） 河北沧县

汴州（宋） 河南开封市

良　乡　北京市房山县良乡镇

灵　州　辽宁大凌河岸

灵　河　辽宁大凌河

灵　丘　山西灵丘

阿力麻里　新疆霍城西北

邺　都　河北临漳西

八　画

苦　叉　新疆库车

奉圣州　河北涿鹿

青冢寨　内蒙呼和浩特市大黑河
　　　　南昭君坟侧

武州（后晋） 河北宣化

武　州　山西五寨

居庸关　北京市昌平西北云台

昌　州　内蒙锡林郭勒盟太仆寺
　　　　旗白城子

易　州　河北易县

易　水　源出易县西北，流入白
　　　　河

固　安　河北固安

郃　阳　陕西合阳

和　州　新疆吐鲁番县高昌故城

和　龙　辽宁朝阳

鱼儿泊　吉林镇赉县南月亮泡

忽汗城（渤海） 黑龙江宁安南东
　　　　　京城

建　州　辽宁朝阳西

陕州（宋） 河南陕县

九　画

南京析津府　北京市

南京东平郡　辽宁辽阳市

南　宫　河北南宫

相州（宋） 河南安阳市

柳河县（韩州） 辽宁昌图八面城
　　　　　东南古城址

柳　城　辽宁锦州市西

柳河馆　河北承德市西北，伊逊
　　　　河西侧

带州城（唐） 辽宁朝阳境

炭山（陉头、凉陉） 河北沽源东、
　　　　　　西之地

显　州　辽宁北镇县北镇店

恒　州　河北正定

幽州（唐） 北京市

临潢府（上京） 辽宁巴林左旗林
　　　　　东镇南波罗城

顺州（后晋） 北京市顺义

信州（唐） 北京市境

香　河　河北香河县

饶　州　辽宁巴林右旗巴林石桥
　　　　西北

饶乐水　辽宁西拉木伦河

胪朐河　蒙古克鲁伦河

洺州（宋） 河北永年旧县

464

祖　州　辽宁昭乌达盟林东镇西南

十　画

原　州　辽宁康平西北
泰　州　吉林白城市东南
泰州（五代旧州）　河北保定市
泰州路　吉林洮儿河上游地区
夏津（宋）　山东夏津
莫州（宋）　河北任丘
都　山　河北迁安北
晋州（宋）　山西临汾市
晋安寨（后晋）　山西太原市西北
晋　阳　山西太原市西南
鸭子河　吉林境月亮泡以东，黑龙江省肇源县以西的一段嫩江，称鸭子河
鸳鸯泊　河北张北县西北安固里淖
徐州（宋）　江苏徐州市
铁利州　辽宁沈阳市西南
祥古山　河北宣化境
朔　州　山西朔县
益津关　河北霸县北
海北州　辽宁义县南开州屯
海押立　伊犁河流域塔尔迪库尔干东
海勒水　黑龙江省海拉尔河
海滨县（来州）　辽宁绥中县前卫镇
亳州（宋）　安徽亳县
高　平　山西高平

高　昌　新疆吐鲁番县高昌故城
高　阳　河北高阳东旧城镇
高老镇　河北清河县南
高梁河　大通河上游，北京市西北
郭州（高丽）　朝鲜平安北道郭山
栾城（宋）　河北栾城
涞　水　河北涞水县
涞流河　又作来流河，黑龙江与吉林两省间拉林河
浮图城　新疆吉木萨尔县南古城
唐兴城　河北安新东南
通州（高丽）　朝鲜平安北道林东郡
通　州　吉林四平市西侧一面城古城

十 一 画

乾　县　陕西乾县
乾　州　辽宁北镇县西南
营州（柳城郡，隋、唐）　辽宁朝阳
营　州　河北昌黎西南
黄獐谷　河北卢龙东南
戚　城　河南濮阳北
堂　阳　河北新河县西北
野固口　山西大同市北
银　州　辽宁铁岭
密云（投下州县）　辽宁康平东南
密　云　北京市密云
密州（宋）　山东诸城
望都（后晋）　河北望都
清　河　河北清河县西

465

深州(宋)　河北深县西南
淤口关　河北霸县东
混同江　松花江自哈尔滨市往北至同江县一段，黑龙江自同江县往北直至入海一段，称混同江
弹汗州　北京市怀柔

十 二 画

韩州(柳河县)　辽宁昌图八面城东南古城址
塔剌思　苏联哈萨克共和国江布尔城南
雁　门　山西代县北
雄州(宋)　河北雄县
粟末水　吉林境，北流入松花江
黑　水　内蒙百灵庙北艾不改河
黑水(唐)　黑龙江
黑　山　辽宁巴林右旗西北白塔子庙东汗山
喀什喀尔　新疆喀什市东北
景　州　河北遵化
焦　山　山西大同市西北内蒙丰镇县南旧长城附近
遂　州　辽宁彰武西北哈尔套一带
遂城(宋)　河北徐水西
疏　勒　新疆喀什市东北

十 三 画

榆　关　河北山海关
榆林店　河北临漳西南

蓟　州　天津市蓟县
蓟　县　天津市蓟县
蒺藜山　辽宁阜新北、吉林库伦旗南
蓬山郡(高丽)　朝鲜平安北道龟城西南
楚　河　苏联哈萨克共和国境楚河
锦　西　辽宁锦西
锦　州　辽宁锦州市
新州(后晋)　河北涿鹿西南
新　州　辽宁敖汉旗东白塔子
新城(宋)　河北新城县旧新城
滏阳(宋)　河北磁县
福　州　辽宁康平北
鄜州(宋)　陕西富县
满城(宋)　河北满城

十 四 画

磁州(宋)　河北磁县
斡难河　蒙古肯特山东鄂嫩河
蔚　州　河北蔚县
潢　河　辽宁境西拉木伦河
肇　州　黑龙江省肇源县西南茂兴南吐什吐
滹沱河　源出山西，流经河北至天津入海

十 五 画

镇　州　蒙古鄂尔浑河上游哈达桑北古回鹘城
镇州(宋)　河北正定

镇　阳　河北栾城北
德　州　内蒙凉城东北
德清军（宋）　河南清丰西北

十 六 画

燕乐县　北京市密云东北
冀　州　河北冀县
儒　州　北京市延庆
寰　州　山西朔县东北马邑镇
潞　河　北京市密云北白河
潞县（唐）　北京市通县
澶州（宋）　河南濮阳境
澶渊（宋）　河南濮阳境

十 七 画

檀州（投下州县）　辽宁康平东南
檀州（唐）　北京市密云

壕州（豪州）　辽宁彰武南
徽　州　辽宁阜新市鹜欢池北
魏　州　河北大名

十 九 画

瀛　州　河北河间

二十一画

霸州（宋）　河北霸县
霸州（柳城）　辽宁朝阳

二十二画

懿　州　辽宁阜新东北塔营子古
　　　　城

二十三画

麟州（建宁军，宋）　陕西神木北

夏国地名表

三　画

大　漠　内蒙阴山以北的沙漠
大理水　陕西绥德西北
大顺城　甘肃庆阳西北
三川口　陕西安塞
三岔口　陕西横山县北
三角川　山西河曲县南入黄河
于　阗　新疆和田
兀剌海城　甘肃阿拉善右旗西南

四　画

天都山（天都塞）　宁夏固原西
　　　　　　　　　北
韦　州　宁夏中宁东南山水河西
　　　　侧韦州镇
中兴府　宁夏银川市
长安　陕西西安市
水洛城（宋）　甘肃庄浪
丰州（宋）　陕西府谷西北庙沟以
　　　　　　北
丰州（宋初）　内蒙五原西南
凤翔（宋）　陕西凤翔

五　画

平　夏　陕西横山县北长城外
平夏城（宋）　甘肃镇原西
平　阳　山西临汾市

平凉府　甘肃平凉
古渭州　甘肃陇西
石　州　陕西横山东北
玉门关　甘肃敦煌西北小方盘城
甘州（镇夷军）　甘肃张掖
甘肃军　甘肃张掖
龙　州　陕西靖边东南杨桥一带
龙德州　宁夏隆德
东京（宋）　河南开封市
东胜城（辽）　内蒙托克托县
四门寨（宋）　甘肃天水市北
田州镇　宁夏银川市东北
瓜　州　甘肃安西县双塔堡附
　　　　近
乐州（邈川城，吐蕃）　青海乐都
　　　　　　　　　　南
宁州（金）　甘肃宁县
宁边军　山西偏关境
兰州（宋）　甘肃兰州市
永　州　宁夏银川市东南
永兴军（宋）　陕西西安市
永乐城（银川城，宋）　陕西米脂
　　　　　　　　　西横山附
　　　　　　　　　近

六　画

西平府（灵州）　宁夏灵武西南
西戎州（宋）　甘肃庆阳

西市城（西使城，宋） 甘肃定西南

西安州（宋） 宁夏海源北

西宁州（宋） 青海西宁市

西凉府（宋、夏） 甘肃武威

地斤泽 陕西横山县东北

夹　山 内蒙萨拉齐北、武川西

同家堡 甘肃静宁北

邠州（宋） 陕西彬县

伊　州 新疆哈密

会州（宋） 甘肃靖远

好水川（宋） 宁夏隆德东甜水河

米　脂 陕西米脂

庆州（宋） 甘肃庆阳

庆阳（宋） 甘肃庆阳

庆原州（金） 甘肃庆阳

交河（回鹘） 新疆土鲁番县西雅尔和图城

兴　州 宁夏银川市

兴庆府 宁夏银川市

安远寨 甘肃通渭东南

安北路 内蒙乌拉特前旗黄河北岸一带

安庆泽 内蒙乌审旗西

安疆寨 甘肃庆阳西北

刘沟堡 甘肃天水市北

关、陇 陕西西部、甘肃东部地方

阴　山 内蒙东西走向山脉，此指大青山

朵陇地区 西藏拉萨市附近

七　画

抚　宁 陕西米脂西

折姜会 甘肃环县北宁夏韦州镇西南一带

克夷门 宁夏银川市西贺兰山一带

赤沙川 宁夏盐池县西北

灵　州 宁夏灵武西南

删　丹 甘肃山丹

怀远镇（宋） 宁夏银川市

怀德军（平夏城，宋） 宁夏固原北三营附近

延州（宋） 陕西延安市

延安府（宋） 陕西延安市

龟　兹 新疆库车

沙　州 甘肃敦煌西

应　理 宁夏中卫

陇　山 陕西陇县西北，甘肃清水县境

阿剌筛 宁夏境贺兰山

八　画

青唐城 青海乐都境

武　州 山西神池县北

武胜军 甘肃临洮

松州（宋） 四川松潘北

环州（宋） 甘肃环县

居延故城 甘肃额济纳旗黑城镇

岷州（宋） 甘肃岷县

鸣沙州 宁夏中宁东北

岢岚军　山西岚县北
卓啰和南　甘肃永登东南红城子
金明寨（宋）　陕西安塞东南
质古堡　甘肃兰州市东
定　州　宁夏平罗南、贺兰山北
定西城　甘肃定西县南
定川寨（宋）　甘肃镇原西北
定边军　甘肃庆阳北
宜　水　陕西榆林东北
府州（宋）　陕西府谷
河　州　甘肃临夏
河东八馆　内蒙土默特旗东、大
　　　　　同市西一带
泾　川　甘肃泾川
泾　州　甘肃泾川
肃　州　甘肃酒泉
屈野河　陕西神木屈野河
弥陀洞　陕西榆林东南旧德堡东
　　　　北
建宁寨　陕西府谷北

九　画

枹　罕　甘肃临夏
威　州　宁夏中宁东南山水河西
　　　　侧韦州镇
南威州　宁夏灵武西北
省嵬城　宁夏石嘴山西南
临洮府（金）　甘肃临洮
胜　州　内蒙托克托县黄河南境
顺宁寨　陕西志丹东北
顺安寨　陕西清涧东北无定河右
　　　　岸

保安州　陕西志丹
保安军（宋）　陕西志丹
保泰军　甘肃天水市北
结河川　甘肃临洮北入洮河
洪德寨　甘肃环县西北洪德镇
洮　州　甘肃临潭
洮　河　甘肃洮河，源出甘、青两
　　　　省交界，经西固城入黄
　　　　河
宥　州　陕西靖边西北长城外红
　　　　柳河左岸
闻喜县　山西闻喜
贺兰山　宁夏西北与内蒙交界，
　　　　南北走向
柔狼山　甘肃靖远西北

十　画

夏州（定难军）　陕西横山县北长
　　　　城外红柳河北岸
秦　川　甘肃清水县东北
秦州（宋）　甘肃天水市
盐　州　陕西定边境
盐川城　陕西定边境
原州（宋）　甘肃镇原
绥州（宋）　陕西绥德
积石州　青海循化
凉　州　甘肃武威
高平寨　宁夏固原西北
浮图寨　陕西绥德东
浦洛河　宁夏灵武南，入山水河
　　　　再入黄河
通济监　内蒙乌拉特前旗境

十 一 画

萧　关　宁夏固原北
黄羊平　内蒙乌审旗西北
黄河九渡　宁夏中卫以上黄河附
　　　　　近弯曲处
崇信军　甘肃崇信
啰兀城　陕西米脂北
银　州　陕西米脂西北榆林河与
　　　　无定河汇合处东南
龛谷川　甘肃榆中南
清远军　宁夏银川市东

十 二 画

葭　州　陕西佳县
葭芦川(宋)　源出内蒙，流经陕
　　　　　西佳县入黄河，宋
　　　　　人在川旁立寨
黑水城　甘肃额济纳旗黑城镇
黑水寨　陕西安定北
黑韩国　新疆喀什市
渭州(宋)　甘肃平凉
湟州(邈川城)　青海乐都南
敦煌(沙州)　甘肃敦煌西党河西
　　　　　岸

十 三 画

廓州(宋)　青海尖扎北黄河北岸

塞门寨　陕西安塞北

十 四 画

静　州　陕西米脂西北
静边寨　甘肃静宁东南
鄯　善　新疆罗布泊西南

十 五 画

横　山　陕西横山县
犛牛城(宣威城)　青海西宁市北
　　　　　　　大通河东南
震威城　陕西榆林境
德顺军　甘肃静宁
德威城　甘肃靖远西
镇戎军(宋)　宁夏固原
镇夷郡(宣化府)　甘肃张掖
潼　关　陕西潼关县旧潼关

十 六 画

橐驼口　陕西神木西北

二十三画

麟　州　陕西神木西北屈野河东
　　　　侧，后移治绥德西北吴
　　　　儿堡

471

金 代 地 名 表

二　画

九十九泉　内蒙卓资县境卓资山

三　画

大　城　河北大城县
大散关　陕西宝鸡西南
大昌原　甘肃宁县东南
大名府(宋)　河北大名
大鱼泊(鱼儿泊)　辽宁克什克腾
　　　　　　　旗西北达里诺
　　　　　　　尔
大宁镇　辽宁岫岩逦北
大兴府(中都)　北京市
大定府(北京)　辽宁昭乌达盟宁
　　　　　　城西大名城
大房山　北京市房山县西
大沫崮　山东费县西南
大小峻角子山　山东费县一带
三白渠　陕西泾阳引泾水为渠名
　　　　太白渠、中白渠、南白
　　　　渠，总名三白渠
三保河　河北涿鹿境
三峰山　河南禹县西南
三河之源　蒙古境内克鲁伦河、
　　　　　鄂嫩河及土拉河上游
下　蔡　安徽凤台
下邽(宋)　陕西渭南县北

下　寨　内蒙四子王旗大青山南
万善镇　河南沁阳西北
上　谷　河北易县
上　党　山西长治市
小　关　陕西潼关县境（旧潼关
　　　　西小谷，又名禁谷、禁
　　　　坑即小关）
小潼关　即小关
小　崮　山东胶西附近
义　州　辽宁义县
千乘(宋)　山东广饶
川州(辽、金)　辽宁北票东北黑
　　　　　　　城子古城
广宁府　辽宁北镇县
卫　州　河南汲县
马耳山　山东诸城西南
马武寨　山西陵川县东马武山

四　画

开　义　辽宁义县南开州屯
开　州　河南濮阳
开州(辽)　辽宁凤城
开德府(宋)　河南濮阳
太原府　山西太原市
太和岭　山西朔县东南马邑镇勾
　　　　注山
天　山　内蒙呼和浩特市北大青
　　　　山

天平军(郓州)　山东东平
天井关　山西晋城南
天成堡　山西天镇县
无　极　河北无极
无　棣　山东无棣西北
云中府　山西大同市
云梦(宋)　湖北云梦
云内州　内蒙土默特左旗西北
五朵山　河南镇平西北
五马山　河北赞黄东
五指山　河北承德市南
水谷寨　河北完县西北
中山府　河北定县
中京(金昌府)　河南洛阳市
中条山　山西西南部，主峰在运
　　　　城西南
中都大兴府　北京市
中渡店　河南光山北,淮水侧
中牟故城　河南中牟东
日　照　山东日照
长宁寨　山西朔县北
长　泊　吉林乾安、农安之间
长垣县　河南长垣
长　清　山东长清
内　乡　河南内乡
内　黄　河南内黄
丰州(唐)　内蒙五原西南
凤　州　陕西凤县东北凤州镇
凤翔府　陕西凤翔
乌月营　山西大同市东北，内蒙
　　　　兴和附近
乌沙堡　河北张北县西北旧兴和

西

火鲁火疃谋克　苏联外兴安岭南
　　　　　侧阿尔巴金诺城
文　安　河北文安
文登县　山东文登
方　城　河南方城
方山原(宋)　陕西陇县西南
六家庄　河北高阳西南
邓　州　河南邓县
孔　山　河北易县西南

五　画

石　州　山西离石
正　平　山西新绛
龙　山　辽宁朝阳东北凤凰山
龙门山　山西河津西北
龙首渠　自陕西大荔引洛水，西
　　　　流经西安市境
龙驹河　蒙古境克鲁伦河
兰　州　甘肃兰州市
平水县　山西临汾市西南
平　州　河北卢龙
平江(宋)　江苏苏州市
平　定　山西平定
平阳府　山西临汾市
平凉府　甘肃平凉
古北口　北京市密云北古口
东平府　山东东平
东　光　河北东光
东京(宋)　河南开封市
东京(辽阳府)　辽宁辽阳市
东安寨　河北完县西北

东胜州　内蒙托克托县

东　莱　山东掖县

东海县　江苏连云港市东南

巨蒙崮　山东费县西北

北口(居庸北口)　北京市昌平西
　　　　　　　　八达岭

北羊城　河北沽源西南小河子镇
　　　　一带

北京大定府　辽宁宁城县西大名
　　　　　　城

北琴海　黑龙江省兴凯湖

北清河　古济水,上游自山东东
　　　　平北入黄河

卢　氏　河南卢氏

归　德　河南商丘市南

归仁县　辽宁昌图北四面城

归化州　河北宣化

白　山　长白山

白　泊　内蒙多伦西南

白土镇　安徽萧县东南

代　州　山西代县

乐州(邈川城,吐蕃)　青海乐都
　　　　　　　　　　南

乐　陵　山东乐陵西南

瓜洲渡　江苏扬州市长江北岸老
　　　　运河入江处

汉川(宋)　湖北汉川北

宁　晋　河北宁晋

宁　津　山东宁津

宁江州　吉林扶余东南小城子

宁边州　内蒙清水河县西南

宁海州　山东牟平

永兴县　河北涿鹿

永清县　河北永清

辽　州　山西左权

辽西州(阜成军,辽)　辽宁义县
　　　　　　　　　　东南大凌
　　　　　　　　　　河东侧

辽阳府(东京)　辽宁辽阳市

六　画

西京大同府　山西大同市

西子城(西市城)　甘肃定西东南

西和州　甘肃西和西白石镇城

西湖(宋)　浙江杭州市西湖

邢　州　河北邢台市

吉　州　山西吉县

老鹳河(宋)　江苏南京市黄天荡
　　　　　　南

成州(宋)　甘肃成县

成　纪　甘肃天水市

扬州(宋)　江苏扬州市

巩　州　甘肃陇西

巩昌府　甘肃陇西

尧　山　河北唐山市西北

回怕川　吉林境辉发河

同　州　陕西大荔

曲　沃　山西曲沃

曲阳县　河北曲阳

曲阜县　山东曲阜东

达鲁古城　吉林拉林河西扶余附
　　　　　近

光　州　河南潢川县

光化军(宋)　湖北光化境旧西集

474

朱阳镇　河南灵宝西南
朱寒寨　山东胶西附近
迁　州　河北山海关
华　州　陕西华县
会　州　甘肃靖远西南
会宁府(上京)　黑龙江阿城南白
　　　　　城子
会河堡　会一作浍，在河北怀安
　　　　东洋河与柳川河汇合处
任　城　山东济宁市
邠　州　陕西彬县
伊春县　黑龙江伊春
红罗山　辽宁锦州市西
延安府　陕西延安市
好水川　辽宁巴林左旗林东镇附
　　　　近
兴　州　河北滦平县喀喇河屯
兴化县　河北丰宁县博洛河屯
兴中府　辽宁朝阳
兴元府(宋)　陕西汉中市
江东城(高丽)　朝鲜平壤市东
羊城泊　河北沽源东北
庆　州　甘肃庆阳
庆　州　辽宁林西县北庆州故城
　　　　白塔子镇
庆　云　辽宁康平东南齐家屯
庆　源　河北赵县
庆阳府　甘肃庆阳
齐州(宋)　山东济南市
安　平　河北安平
安　州　河北安新旧安州
安　丘　山东安丘

安　次　河北安次东南旧东安
安陆(宋)　湖北安陆
安丰军(宋)　安徽寿县西南
安肃州　河北徐水县
安肃县　河北徐水县
汤　阴　河南汤阴
汤池县　辽宁营口东南汤池堡
汲　县　河南汲县
汝　州　河南临汝
汝　水　流经河南省南部，在淮
　　　　滨县入淮河
许　州　河南许昌市
祁　州　河北安国
阴　山　内蒙中部东西走向的山
　　　　脉，总称阴山。东部大马
　　　　群山，西部狼山，中部
　　　　大青山为主峰
阶　州　甘肃武都
阳　谷　山东阳谷
阳　武　河南原阳东北
阳曲县　山西太原市北旧阳曲
观　州　河北景县东北

七　画

抚　州　内蒙兴和境
抚　顺　辽宁抚顺市
均州(宋)　湖北均县西北
坊州(宋)　陕西黄陵
束　鹿　河北束鹿旧城村
李山寨　山西永济西南
来远军　辽宁丹东市九连城东鸭
　　　　绿江中黔定岛上

杞　县	河南杞县
杏花营	河南开封市西
邳　州	江苏邳县西南古邳城
芦沟河	北京市西南
护步答冈	黑龙江省五常以西，吉林榆树一带
孝　义	山西孝义
孝感(宋)	湖北孝感
寿　光	山东寿光
寿　州	安徽凤台
寿　张	山东梁山县西北
邯　郸	河北邯郸市
花　道	辽宁赤峰市东南
苏滨水	又作苏濒、速濒、率宾、恤品，黑龙江省境绥芬河
杨林渡	安徽和县东
吴山(宋)	浙江杭州市西南，亦称城隍山
吴　桥	河北吴桥东旧吴桥
岚　州	山西岚县北
岐　州	陕西凤翔南
怀　来	河北怀来东南
怀　州	河南沁阳
怀柔(辽)	北京市顺义
利　州	辽宁喀剌沁左翼蒙古族自治县东大土城
利州(宋)	四川广元
利涉军(隆州)	吉林农安
秀州(宋)	浙江嘉兴
邹　平	山东邹平
沧　州	河北沧州市东南
沂　州	山东临沂

沃　州	河北赵县
汴　河	故道在河南荥阳北，东经开封市南流入淮河
汴　京	河南开封市
汾　州	汾阳军，山西汾阳
汾　西	山西汾西
沙　河	又名潋水，河南北汝河下游，自许昌市东南，经郾城等地入颍水
辛　河	山东临朐东南
应城(宋)	湖北应城
庐　州	安徽合肥市
良　乡	北京市房山县良乡镇
冷水谷	陕西临潼东
即　墨	山东即墨
鸡鸣山	河北宣化
灵　武	宁夏灵武南
灵　璧	安徽灵璧
君氏川	河北涿鹿境
陈　留	河南开封市东南陈留镇
陈　州	河南淮阳
陈　仓	陕西宝鸡市
陇　州	陕西陇县
阿不塞水	又名阿跋斯水，吉林敦化福勒成河

八　画

青　口	安徽潜山县东北
青　岭	吉林境哈达岭
青　州	山东益都
青白口	河北完县西北
青龙堡	山西吉县东南

476

青崖山　山东长清东南

盂　州　山西盂县

武州（辽）　山西神池北

武　清　天津市武清北旧武清

武　强　河北武强西南旧武强

林　州　河南林县

杭州（宋）　浙江杭州市

抱犊寨　河北获鹿西

耶懒水　又名移懒、押懒，苏联东
　　　　滨海省雅兰河

枣阳军（宋）　湖北枣阳

直屋铠水　黑龙江巴彦县境哲特
　　　　依河

固　安　河北固安

呼歇水　黑龙江省辉河

岷　州　甘肃岷县

明州（宋）　浙江宁波市

峄　山　山东邹县东南

易　州　河北易县

盱眙（宋）　江苏盱眙

昌　州　内蒙锡林郭勒盟太仆寺
　　　　旗白城子

居庸关　北京市昌平西北云台

季　鹿　河北涿鹿境

和州（宋）　安徽和县

和　众　辽宁凌源西

和尚原（宋）　陕西宝鸡市西南

金　山　吉林白城市西北大兴安
　　　　岭

金州路　治所在陕西安康西北西
　　　　州故城

阜　城　河北阜城

舍很水　黑龙江宁安附近

采石镇（宋）　安徽当涂西北

府州（宋）　陕西府谷

房州（宋）　湖北房县

京　水　河南郑州市西南

京兆府　陕西西安市

兖　州　山东兖州县

宝　丰　河南宝丰

宝　坻　天津市宝坻

宝　鸡　陕西宝鸡市

定　兴　河北定兴

定平县　河北蔚县东北

定羌城　甘肃临夏东南

定　远　安徽定远

定远军城（宋）　甘肃榆中西北

宗州（瑞州）　辽宁绥中境

宜风（宜丰）　辽宁辽阳市东南

宜州（辽）　辽宁义县

宜春县　吉林扶余东南

郎山寨　河北保定市西北

泽州（辽）　河北平泉南察汉城

泽　州　山西晋城

矾山寨　河北怀来官厅水库西南
　　　　矾山镇

岢岚军　山西岢岚

兔耳山　河北抚宁西

河东县　山西永济南旧永济

河　州　甘肃临夏东北旧临夏
　　　　镇

河　间　河北河间

河　津　山西河津县

河中府　山西运城蒲州镇

河南府　河南洛阳市

泗　水　源出山东泗水县蒙山，
　　　　南流入黄河

泗水县　山东泗水县

泗　州　安徽泗县

泾州(宋)　甘肃泾川北

单　州　山东单县

郑　州　河南郑州市

泓忒城　兴凯湖东

官山九十九泉　内蒙卓资县北

孟　州　河南孟县

孟　阳　河南孟县

陕　州　河南陕县

肃　宁　河北肃宁

建　州　辽宁朝阳西

建康府(宋)　江苏南京市

终南山　陕西西安市南

九　画

净　州　内蒙四子王旗西北

封　丘　河南封丘

南　口　北京市昌平西北南口

南京(宋)　河南商丘市

南京开封府　河南开封市

南　宫　河北南宫

南　阳　河南南阳

咸　阳　陕西咸阳市

咸　州　辽宁开原老城镇

威　州　河北井陉北旧威州

赵　州　河北赵县

赵　城　山西洪洞北赵城镇

相　州　河南安阳市

胡陵关(鹘岭关)　湖北郧西西北

胡里改路　路治在黑龙江省依兰
　　　　喇嘛庙

柿林村　河南禹县西南

柘沟村　山东泗水县西北

柳河县　辽宁昌图八面城古城

按出虎水　黑龙江省哈尔滨市东
　　　　南阿什河

荣　州　山西万荣西

莒　州　山东莒县

荆山(宋)　湖北南漳西

荆州(宋)　湖北江陵

荔　川　甘肃岷县东南

显州(辽)　辽宁北镇县西南

星显水　吉林布尔通河，流经延
　　　　吉市南入图们江

贵德州　辽宁抚顺市抚顺城北

虹　县　安徽泗县

曷苏馆路　路治在宁州，辽宁熊
　　　　岳城西永宁城

恒　州　河北正定

临安(宋)　浙江杭州市

临河城　河南濮阳西

临　沂　山东临沂

临　洮　甘肃临洮

临　朐　山东临朐

临泉县(晋宁军)　陕西佳县

临潢府　辽宁巴林左旗林东镇南
　　　　波罗城

临潭(宋)　甘肃临潭西南

贴割水　黑龙江宁安附近

禹　山　河南邓县西南

478

禹　州　河南禹县
信　州　吉林怀德西北新集城
信安军　河北霸县东信安镇
信阳军（宋）　河南信阳市
剑　门　四川剑阁北
保州（高丽）　朝鲜平安北道义州
　　　　　　　与新义州之间
保　州　河北保定市
保定军　河北霸县西南新镇
保安州　陕西志丹
饶　阳　河北饶阳
饶峰关　陕西石泉西
顺　州　北京市顺义北
顺阳城　河南旧淅川东北
顺昌府（宋）　安徽阜阳
钧　州　河南禹县
胙　城　河南延津
绛　州　山西新绛
绛阳军　山西新绛
统门水　吉林境图们江
将　陵　山东德州市
济州（宋）　山东巨野
济　州　吉林农安
济　源　河南济源
济　阳　山东济阳
济北塌　山东长清境
济南府　山东济南市
洪　洞　山西洪洞
浍　水　源出山西翼城东南的浍
　　　　山，流经曲沃西入汾河
洛　水　源出陕西华山，至河南
　　　　巩县洛口入黄河

洛阳县　河南洛阳市
洺　州　河北永年旧县
洮　州　甘肃临潭
洋州（宋）　陕西洋县
浑　河　源出辽宁清原东龙冈
　　　　山，西南流会太子河入
　　　　辽河
宪州（宋）　山西静乐
宣平县　河北旧怀安东北
宣德州　河北宣化
闻　喜　山西闻喜
祐川城（宋）　甘肃岷县东南
神　山　山西浮山县
神隐水　吉林境牡丹江支流
费　县　山东费县
眉山店　河南密县东

十　画

原州（宋）　宁夏固原
晋　阳　山西太原市
晋宁军（宋）　陕西佳县
晋安府（绛州）　山西新绛
真　定　河北正定
真州（宋）　江苏仪征
秦　州　甘肃天水市
秦淮河（宋）　江苏南京市境
泰　州　金承安二年（一一九七
　　　　年）移置长春县，吉林扶
　　　　余东北他虎城
泰　安　山东泰安
泰安军　山东泰安
泰神忒保水（泰伸必刺水）　朝鲜

479

咸镜南道北部

盐　山　河北盐山县

栖　霞　山东栖霞

桓　州　内蒙正蓝旗西北

莫　州　河北任丘

莱　州　山东掖县

莱　阳　山东莱阳

莱芜县　山东莱芜

速频路（恤品路）　路治率宾府，今苏联乌苏里斯克（双城子）

鸭子河　吉林境月亮泡以东、黑龙江省肇源县以西的一段嫩江,称鸭子河

恩　州　山东平原西恩城

胶　州　山东诸城

胶西县　山东胶县

铁岭（车箱谷）　河南卢氏县北

息　州　河南息县

狼牙岭　河北易县西北

绥德州　陕西绥德

积石州（宋）　青海贵德西

积翠山　山西离石西境方山

鸳鸯泊　河北张北县西北安固里淖

留山镇　河南南召西

倒回谷口　陕西蓝田东南

宾州（辽）　吉林农安东北红石垒

唐州（宋）　河南唐河县

栾　城　河北栾城

高　州　辽宁赤峰市东北

高　阳　河北高阳

高　密　山东高密

亳　州　安徽亳县

涞　水　河北涞水县

涞流河（来流河）　黑龙江与吉林省间拉林河，在双城西入松花江

涟　水　江苏涟水县

浚　州　河南浚县

润州（辽）　辽宁绥中前所镇

涉　县　河南涉县

涡　口　涡河在安徽怀远入淮河处，名涡口

海　州　江苏连云港市旧海州

朔　州　山西朔县

朔　平　辽宁林西县北白塔子庆州故城

益都府　山东益都

祥州（辽）　吉林农安境

陵川县　山西陵川县

通　州　北京市通县

袅　岭　河北围场东

陷　泉　辽宁巴林左旗境

十 一 画

曹　州　山东菏泽

曹娥江（宋）　源出浙江东阳，入杭州湾

黄山（少容山）　河北曲阳南

黄　州　湖北黄冈

黄天荡（宋）　江苏南京市东北

黄龙府（辽）　吉林农安

480

黄陵冈　山东曹县西南黄河故道
　　　　上
黄榆店　河南禹县西南
萧　县　安徽萧县北
崮上（大沫崮）　山东费县西南
崤　函　崤山在河南洛宁西北，
　　　　函谷在河南灵宝西南
郾　城　河南郾城
偃　师　河南偃师县旧偃师
阌　乡　河南灵宝西旧阌乡
符　离　安徽宿县北
移米河　黑龙江省西部额尔古纳
　　　　河上游伊敏河
银　山　山西翼城北
商　州　陕西商县
宿　州　安徽宿县北
盖　州　辽宁盖县境
淅　川　河南淅川南旧淅川
清　州　河北青县
清水县　甘肃清水
清河口　山东东平西
淮阳军（宋）　江苏邳县东
密　州　山东诸城
密　县　河南密县
渑　池　河南渑池
深　州　河北深县西南
淄州（宋）　山东淄博市东
涿　州　河北涿县
梁山泊　山东东平境西南
章　丘　山东章丘北旧章丘
率河（帅水）　黑龙江省境通肯河
率·胡剌温地区　黑龙江省通肯

河一带
率·督畔窟地区　黑龙省江通肯
　　　　河一带
混同江　松花江自哈尔滨市往北
　　　　至同江县一段，黑龙江
　　　　自同江县往北直至入海
　　　　一段，称混同江
婆速府路　路治在辽宁丹东市东
　　　　北九连城西北古城
随州（宋）　湖北随县
隆　德　宁夏隆德
隆德府（宋）　山西长治市
隆安府（济州）　吉林农安

十 二 画

御河（如浑水）　山西大同市东北
惠州（辽）　辽宁宁城北敖汉旗境
　　　　博罗科旧城
惠　和　辽宁宁城北敖汉旗境博
　　　　罗科旧城
韩　州　吉林梨树县北偏脸城
朝天寨　河北完县西北
棣　州　山东惠民
越州（宋）　浙江绍兴
蒋州（光州）　河南潢川
葭　州　陕西佳县
雄　州　河北雄县
博　州　山东聊城
雁门关　山西代县北
景　州　河北东光
颍　上　安徽颍上
颍　州　安徽颍阳

481

颍昌府（宋）　河南许昌市东
紫荆关　河北易县西北紫荆岭
鲁　山　河南鲁山县
阘头堌水　山东日照西南境
遂　城　河北徐水县西
湖州（宋）　浙江吴兴
温州（宋）　浙江温州市
滑州（宋）　河南滑县东旧县
滁州（宋）　安徽滁县
富　庶　辽宁喀喇沁旗左翼蒙族
　　　　自治县北公营子土城子
　　　　东南
登　州　山东蓬莱

十　三　画

瑞　州　辽宁绥中前卫村
楼峰口　河北抚宁西
楚　丘　山东曹县东南
楚　州　江苏淮安
献　州　河北献县
桢　州　陕西韩城
蓨　县　河北景县
蓝　关　陕西蓝田东南
蓟　州　天津市蓟县
蒲　州　山西永济蒲州镇
蒲　城　华州属县，陕西蒲城
蒲　城　开州长垣县属镇，河南
　　　　长垣
蒲与路　路治在黑龙江省克东县
　　　　北克东城
睢　州　河南睢县
睢　阳　河南商丘市南

嵩　山　河南登封北
嵩　州　河南嵩县
蜀束水　吉林省吉林市北松花江
　　　　支流
蒙　山　山东蒙阴西南
锦　州　辽宁锦州市
解　州　山西运城西南旧解州
遥落河（饶乐水）　辽宁西拉木伦
　　　　　　　　　河
缙山县　北京市延庆
滨　州　山东滨县
滦　州　河北滦县
溜石山堡　辽宁锦州市北
鄜州（宋、金）　陕西富县
廓州（宋）　青海尖扎西北
新　泰　山东新泰
新　乐　河北新乐东北旧新乐
新　息　河南息县
新罗寨　辽宁巴林左旗东南
辟沙河　黑龙江省兴安岭南一
　　　　带
满　城　河北满城

十　四　画

磁　州　河北磁县
蔡　州　河南汝南
蔚　州　河北蔚县
暮棱水　黑龙江省境拉林河支流
　　　　牛牛河
翰泯水　吉林通化市东北哈密泥
　　　　河，又名额尔敏河
翰里札河　蒙古乌勒吉河

482

静海(靖海)　天津市静海
静安镇(宋)　江苏南京市西北
辖里尼要(狗泊)　内蒙锡林郭勒
　　　　　　　　盟太仆寺旗炮
　　　　　　　　台营子西南九
　　　　　　　　连城诺尔
潍　州　山东潍坊市
彰德府　河南安阳市
豪州(辽)　辽宁彰武西南绕阳河
　　　　　西白城子

十 五 画

蕲州(宋)　湖北蕲春南
撒里乃　辽宁巴林左旗林东镇西
　　　　北
熙州(宋)　甘肃临洮
稷　山　山西稷山县
滕　州　山东滕县
滕阳军　山东滕县
德兴府　河北涿鹿西南
德安府(宋)　湖北安陆
德顺州　甘肃静宁
镇　宁　河北获鹿
镇江(宋)　江苏镇江市
镇州(真定府)　河北正定
镇　州　卫绍王时升西京路德兴
　　　　府缙山县为镇州，北京
　　　　市延庆
虢　州　河南灵宝
潼　关　陕西潼关县东旧潼关
澄　州　辽宁海城
褒　信　河南息县东北

十 六 画

霍　州　山西霍县
燕　京　北京市
燕子城(辽)　旧桓州，内蒙正蓝
　　　　　　旗南
冀　州　河北冀县
磨云山　辽宁宁城西南
磨旗山(马鬐山)　山东莒县境
潞　州　山西长治市
隰　州　山西隰县
隰州(平海军，辽)　辽宁兴城县
　　　　　　　　　西南

十 七 画

藁　城　河北藁城
磻　溪　陕西宝鸡市东南
檀　州　北京市密云
襄阳(宋)　湖北襄樊市
濠　州　安徽凤阳
濮州(宋)　山东鄄城北旧城镇

二 十 画

懂　谷　河北完县西北
耀县(宋)　陕西耀县
耀州(宋)　陕西耀县

二十一画

霸　州　河北霸县
霧淞河　辽宁开原境马鬃河
蠡　州　河北蠡县
蠡　县　河北蠡县

483

人名索引

本索引主要收录本册三章所见辽、夏、金时代的人名。有关史事的唐、五代及宋、元时代的人名和某些外国人名，也一并收录。书中引述前代史事和后人著述而涉及的人名，没有录入。

488

491

494

498

504

十 画

507

508